新版
スポーツ統計学概論
基礎から学ぶスポーツ科学実験計画法

福岡大学教授
青柳　領

九州大学出版会

まえがき

　本書は福岡大学スポーツ科学部2年次生対象の「スポーツ統計学」のテキストとして書かれたものである。内容は、数学が入試科目にない学部の事情を考慮し、難解な内容を極力排除し、4年次に作成する卒業論文で必要な手法のみを扱っている。したがって、実験計画法と呼ばれている分野の手法や多変量解析法などについては言及していない。

　また、本書は基本的には電卓を用いて計算することを前提に、計算の方法を説明している。これは理論的理解を促すために、あえてそうしているだけで、実際に、教育の現場や卒業論文作成時のデータ処理ではパソコンを使用する。特に、近年は表計算の分野では、Excelが最も普及しているので、それらの関数についても手短かに言及している。さらに詳細にExcelを用いたデータ処理に関して知りたい場合は、本書と対応した内容となっている『Excelによるスポーツ統計学』（九州大学出版会）を参照していただきたい。

　本書の大部分は、筆者がカナダ海外研修中（平成12年8月〜平成13年8月）にまとめたものである。この間、研修先であるカナダ　オンタリオ州西オンタリオ大学キネシオロジー学部測定評価研究室のDr.Mike Yuhasz氏からは、本書をまとめるにあたり多大な支援と助言をいただいた。また、九州大学出版会の皆様には出版に際してご尽力いただいた。ここに感謝の意を表したい。

平成14年4月

筆　者

増補版　まえがき

　初版が出版されて3年が経ち、その後も各領域からの統計学のニーズが絶えなかった。特に、実験系からは「実験計画法」、行動科学系からは「尺度構成法」、そして、数の少ないデータを扱う必要にせまられる分野からの「ノンパラメトリック法」である。そのような教員や学生のニーズに応えるために、今回、実験計画法からは「ラテン方格」「直交配列」「枝分かれ実験」「共分散分析」、尺度構成法からは「リッカート法」「一対比較法」、そして、ノンパラメトリック法からは「ウィルコクスンの順位和検定」「クラスカル・ワリスの検定」「フリードマンの検定」をあらたに加えることにした。もちろん、統計学的手法は数え切れないほどあり、この本でそれらをすべて網羅することは不可能であるが、より基本となる手法であるという認識で利用していただきたい。

平成17年4月

筆　者

新版　まえがき

　本書は初版「スポーツ統計学概論」、そして、その後出版された「スポーツ統計学概論 増補版」の新版である。今回は運動生理学、スポーツ医学、スポーツ心理学などの実験系の教員や学生のニーズに応えるために、実験計画法を中心にその構成を変え、一部加えたものである。ただし、初学者も十分利用できるように基礎から学べるように配慮されている。

　実験計画法を中心に構成した関係で、増補版で含まれていた「統計学を理解するために必要な数学の基礎知識」「いろいろな統計グラフの活用法」「いろいろな検定で用いられる各種分布の説明」「二項分布からみた多肢選択形式テスト」「比率や度数の検定法」「ピアソンの積率相関係数以外のいろいろな相関係数」「リッカート法による尺度構成法」「一対比較法」は削除されている。これらに興味のある方は「増補版」も併せてご覧いただきたい。

　最後に、五十川直行理事長をはじめとする九州大学出版会の活動を支えるすべての方々に多大なご尽力いただいた。ここに感謝の意を表したい。

平成23年4月

筆　者

目　次

まえがき i

1. 実験計画法とは 1
　　1.1 実験の順序　1
　　1.2 実験回数　3
　　1.3 乱数　3
　　1.4 標本抽出法　8

2. 記述統計学 11
　　2.1 度数分布表　11
　　2.2 データ分布の特性（基本統計量）　20
　　2.3 正規分布　31
　　2.4 Tスコア　34

3. 検定と推定の基本 45
　　3.1 二項分布と検定　45
　　3.2 正規分布と検定　55

4. 2群間の平均値の差の検定 61
　　4.1 母平均と標本平均の差の検定　61
　　4.2 母平均の推定　65
　　4.3 2つの標本平均間の検定　67
　　4.4 対応のある平均値の差の検定　76

5. 分散の検定 81
　　5.1 2群の等分散性の検定　81
　　5.2 多群の等分散性の検定　85

6. 一元配置の分散分析 91
　　6.1 一元配置の分散分析　91

7. 繰り返しのない二元配置の分散分析 101
　　7.1 繰り返しのない二元配置の分散分析　101

8. 繰り返しのある二元配置の分散分析 113
　　8.1 繰り返しのある二元配置の分散分析　113

9. 繰り返しのない三元配置の分散分析 129
　　9.1 繰り返しのない三元配置の分散分析　129

10. 繰り返しのある三元配置の分散分析 139
　　10.1 繰り返しのある三元配置の分散分析　139

11．ラテン方格 149
      11.1　ラテン方格　149

12．2水準の直交配列表 155
      12.1　2水準　155

13．3水準の直交配列表 161
      13.1　3水準　161

14．多水準法・擬水準法 169
      14.1　多水準法　169
      14.2　擬水準法　172

15．乱塊法 175
      15.1　乱塊法　175

16．分割法 183
      16.1　分割法　183

17．枝分かれ実験 193
      17.1　枝分かれ実験　193

18．ノンパラメトリック検定法 201
      18.1　ウィルコクスンの順位和検定　201
      18.2　クラスカル・ワリスの検定　204
      18.3　フリードマンの検定　209

19．相関係数と回帰係数 213
      19.1　相関係数　213
      19.2　回帰係数　226
      19.3　相関係数の有意性の検定　242

20．共分散分析 245
      20.1　共分散分析　245

21．多重比較検定 257
      21.1　多重比較検定　257
      21.2　ボンフェローニの方法　257
      21.3　テューキーの方法　261
      21.4　シェフェの方法　264

付表 269

Excel関数一覧 293

引用・参考文献 295

1 実験計画法とは

1.1 実験の順序

　実験を行う場合、研究の対象として関心のあるデータ（特性値）と関連のありそうな変数（要因、A因子）を何通りかに変化させ、観測（測定）されたデータに違いがあるかを検討する。変数の変化するレベルを「水準」と呼ぶ。実験の結果には必ず何かしらの誤差が伴うものであるので、この誤差の存在を認めた上で、その誤差に比べて観測結果が意味のある（有意）変化であるかを確認する。

　実験で最も大切な概念は、実験の順序はランダム（無作為）でなければならないという点である。実験の水準の設定には、時間が要するものがあったり、設定を変えるには人手、時間、経費がかかるものもあり、なるべく設定を変えないで実施した方が簡便である。したがって、他の要因の水準を変えず、特定の要因の水準のみを順番に変えていきたいと考えがちだが、これは間違いである。例えば、各3水準ある要因A（A1、A2、A3）と要因B（B1、B2、B3）を組み合わせた実験をする場合、まず、A1を固定して、（A1B1）（A1B2）（A1B3）を実施して、次にA1をA2に変えて、（A2B1）（A2B2）（A2B3）、最後に、（A3B1）（A3B2）（A3B3）を実施するのは間違いで、正しい要因の影響を反映した測定結果を得ることはできない。

表1-1　間違えている実験順序

	A1	A2	A3
B1	1	4	7
B2	2	5	8
B3	3	6	9

　それは、時間の経過と共に、実験を行っている者が要領や「コツ」がだんだんとわかり、その結果、観測値が高く出る場合もあるだろうし、逆に、最初は元気に作業していた者も、実験の後半には疲労でやる気がなくなり、それが影響して観測値が低く出る場合もあるだろう。機械についても、実験回数を重ねることにより、機械の温度が高くなり、調子が出てきたり、摩耗が激しくなり結果

が悪く出る場合もあろう。このような場合、条件を変えたことによる変化ではなく、系統的な誤差によることになる。つまり、実験はこの系統誤差を取り除くために、ランダムな順序で実施しなければならない。もし、考慮した要因以外の誤差の方が著しい場合でも、ランダムな順序で実施することにより、その誤差を相殺することができる。

表1－2　ランダムな実験順序

	A1	A2	A3
B1	2	7	5
B2	3	1	9
B3	8	4	6

　同じ水準の条件設定を繰り返すことを「繰り返し」と呼ぶ。実験順序のランダム化はこの繰り返しを含めてランダムでなければならない。同じ水準設定内でも繰り返してはいけない。「繰り返し」とは、水準の再設定を含めた概念である。例えば、表1－2の実験を2回繰り返す場合の実験順序は表1－3のようになる。（A3B1）の水準は、実験をはじめて5回目で終わってしまうがかまわない。

表1－3　繰り返しのある実験のランダムな順序

	A1	A2	A3
B1	1　12	11　18	3　5
B2	7　16	2　8	9　15
B3	6　13	14　17	4　10

　人間は完全な「ランダムな順序」を考えることはできない。「無くて七癖」「好み」などが出てしまう。そこで、ランダムな順序をつくるためには、「条件設定を書いたカードを実験回数だけ用意し、よく切ったのち、上からひいたカードに書かれた順番で実験をする」などの方法をとる。

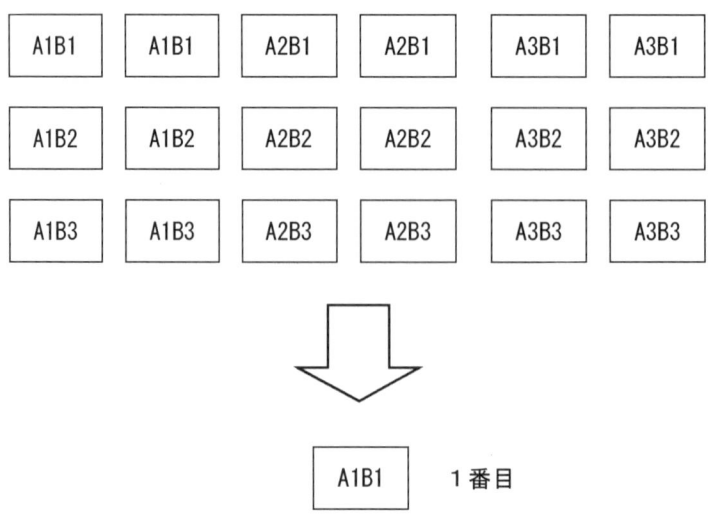

| A2B2 | 2番目 |

| A3B1 | 3番目 |

図1-1　カードによるランダムな実験順序の決定

しかしながら、状況によっては完全にランダムな順番で実施できない場合も多い。例えば、1日に各水準設定が1回しかできない場合などもある。そこで、完全にランダムな順番で実施できない場合の分析法として、乱塊法や分割法などが考えられている。

1.2　実験回数

繰り返しのある実験では、すべての水準設定で同じ回数実施しなければならない。ある設定では1回、他は2回で・・・というのはできない。例えば、3つの要因を、各3水準設定して各3回繰り返すと、81回（＝3×3×3×3）もしなければならない。これはかなり負担である。そこで、多くの要因を組み合わせる場合にも、できるだけ少ない実験回数ですむような直交配列表を用いた実験が考えられている。

1.3　乱数

1.3.1　乱数表の使い方

まず、1から5までの数値を使って、でたらめに100個並べてみよう。

5143254231542315423154235423154234154231325423541325342432543152431524 3524
1325242231425345241254323 43

表面上は1から5までの数値がでたらめ（無作為）に選ばれ、並んでいるようにみえる。本当にでたらめであるか調べてみる。まず、1から5までの度数分布表を作ってみる。さらに、数値の順番について、前の数値とその後ろの数値に関してクロス表を作ってみよう。表1-4は度数分布表、表1-5は縦に「前」の数字、横に「後」の数値をとったクロス表である。

表1-4　度数分布表

1	13
2	23
3	22
4	23
5	19

表1-5 数値のつながりについてのクロス表

	後				
	1	2	3	4	5
1	0	1	3	2	7
2	0	0	10	6	7
3	8	6	0	4	3
4	4	11	7	0	1
5	1	5	2	11	0

前

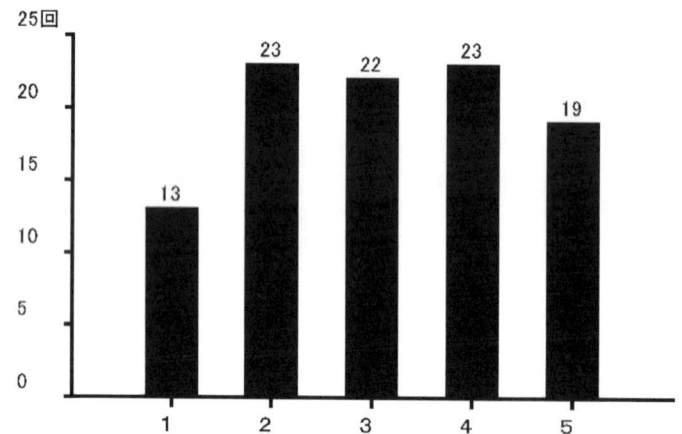

図1-2 乱数の出現頻度

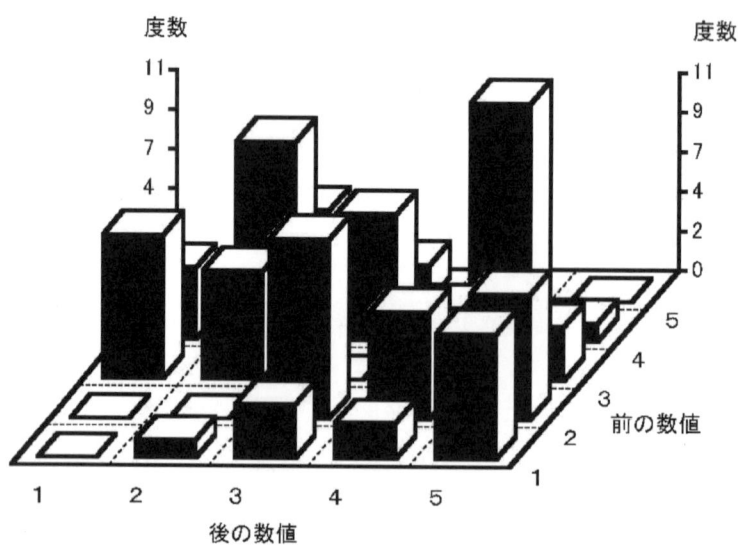

図1-3 数値のつながりについての立体棒グラフ

― 4 ―

度数分布図からわかるように、1から5までの数値が一様に出現しているわけではなく、1が少ない傾向がある。そして、クロス表の対角線、つまり、同じ数値が続く回数はすべて0である。また、すべて一様に、すべての数値に関してつながると各セルの度数は平均の4になるはずであるが、クロス表を立体棒グラフに図示した図1－3からわかるように、度数は0から11までかなりのばらつきがある。

この結果は、筆者が1回行った結果であるが、このような結果は誰が何回やっても同様である。人間にはかならず、「くせ」「好み」などがあるため、完全なでたらめを作ることはできない。そこで、あらかじめ作られた「でたらめ」、つまり、乱数表を使うことになる。

乱数表の一例を付表1に示した。また、表1－6は乱数表の一部である。数値は便宜上2桁にまとめてあるが、1桁ずつの数値としても、4桁の数値としても使える。例えば、「38　12」は「3」「8」「1」「2」と解釈しても、「3812」と解釈してもよい。乱数の読みとりは、最上段左側から必ずしも始めなくてよい。どこからはじめてもよい。そこから横に、順番に読みとっていく。例えば、3行7列から始めたならば、56→34→65→96→‥‥となる。

表1－6　乱数表の一部

38	12	92	78	82	38	24	34	57	97	11	61	97	44	26	43	24	18	20	77
71	29	72	53	53	30	54	23	36	41	46	84	42	99	48	61	54	00	20	07
95	12	82	98	69	31	56	34	65	96	66	29	13	59	16	91	18	67	06	21
47	77	03	51	61	83	37	91	79	04	60	95	61	26	47	42	30	09	23	41
74	09	21	34	98	07	37	78	47	36	51	54	93	65	53	26	79	90	89	34
36	05	79	08	61	53	65	49	19	89	62	57	30	35	57	95	85	99	37	06
82	93	16	71	84	58	20	29	67	30	12	08	64	79	48	41	65	72	72	27
72	84	30	42	06	53	24	09	92	62	73	11	80	66	27	65	74	31	69	41
52	04	59	92	35	26	01	75	13	95	70	77	22	04	41	93	95	70	00	18

まず、乱数表を用いて、集団からランダムに特定の人数（個数）を選ぶ方法について説明する。乱数表を用いて、必要な人数（個数）を選ぶ方法は以下の通りである。

① 対象となる者（物）に適当に通し番号をつける。
② 乱数表の適当な箇所から逐次、乱数を読みとり、乱数に該当する者（物）を選んでいく。
③ 選ばれる人数（個数）が少ない場合は、区切りのよい数値で割った余りを使う。
④ 対象となる者（物）以上の乱数や既に使われたことのある重複する乱数は使わない。

【例題1－1】40人の部員から7人をランダムに選べ。

一般的手順	実際の手続き
① 対象となる者（物）に適当に通し番号をつける。	対象となる部員全員に1から40までの通し番号をつける。
② 乱数表の適当な箇所から逐次、乱数を読みとる。	56　34　65　96　66　29　・・・　などとなる。
③ ②で求めた乱数を50で割った余りを求め、該当する者を選ぶ。ただし、既に選ばれた乱数、余りが41以上の乱数は捨てる。これを7人ま	選択の過程は表1－7に示した。

で繰り返す。	
④ 結果	乱数96は余りが41以上になるので捨てる。また、重複して選ばれた乱数はなかった。したがって、選ばれる者は、通し番号の6，9，13，15，16，29，34の7人である。

表1－7　乱数選択の過程

乱数	余り	選ばれた者	選ばれない理由
56	6	6	
34	34	34	
65	15	15	
96	46		41以上
66	16	16	
29	29	29	
13	13	13	
59	9	9	

【練習問題1－1】3on3（スリーオンスリー）のスターティングメンバーを考えている。メンバーの能力に差がないので、毎回スターティングメンバーをランダムに変更したい。6人のエントリーメンバーから3回戦までのスターティングメンバーを選べ。

次に、乱数表を用いて、ランダムな順番を得る方法について説明する。ランダムな順序は以下のように求める。

① 順番をつけたい者（物）に適当に通し番号をつける。
② 乱数表の適当な箇所から順序の数だけ乱数を読みとる。
③ 読み取った乱数を昇順（降順）に並べ、順序をつける。これがランダムな順序になる。

【例題1－2】6人をランダムに並べよ。

一般的手順	実際の手続き
① 対象となる者（物）に適当に通し番号をつける。	対象となる6人に1から6までの通し番号をつける。
② 乱数表の適当な箇所から乱数を6個読みとり、対象者に付す。	56(1) 34(2) 65(3) 96(4) 66(5) 29(6) となる。
③ ②で求めた乱数を昇順に並べる。これがランダムな順序になる。	29(6) 34(2) 56(1) 65(3) 66(5) 96(4) となる。ここで、各乱数に対応する括弧内の数値がランダムな順序になる。

【練習問題1－2】柔道団体戦の7人の選手のオーダーを考えている。相手チームにわからないように毎回オーダーを変更したい。乱数表を用いて選手をランダムに並べよ。ただし、各選手の特徴

や作戦上の配慮はないものとする。
　最後に、乱数表を用いて、特定の確率で特定の数値をランダムに得る方法について説明する。手順は以下の通りである。

① 確率に応じて乱数を分類する。例えば、２つの数値（０と１）を５０％ずつ発生させるのであれば、奇数なら０，偶数なら１とする。
② 乱数表の適当な箇所から乱数を読みとる。
③ ②で求めた乱数を①により変換する。

【例題１－３】ＡとＢをそれぞれ１：１の割合でランダムに並べよ。

一般的手順	実際の手続き
① 乱数を分類する。	０から９の乱数のうち、０から４をＡ、５から９までをＢに分類する。
② 乱数表の適当な箇所から１桁の乱数を読みとる。	５　６　３　４　６　５　９　６　・・・・　となる。
③ ②で求めた乱数を①の方法で分類する。	各乱数を分類すると次の通りになる。 　　５　６　３　４　６　５　９　６　・・・ 　　Ｂ　Ｂ　Ａ　Ａ　Ｂ　Ｂ　Ｂ　Ｂ　・・・

注）ここでの結果はＡとＢの割合が１：１にならないが、さらに乱数を増やせば１：１に近づく。

【演習問題１－３】捕手が自分のチームの投手の投げる球種のサインを考えている。特定の球種ばかりでは相手に球種を読まれてしまうのでランダムに球種を決めたい。ただし、この投手の場合はストレートとカーブとシュートを３：１：１の割合で投げさせたい。最初の１２球の球種を乱数表を使って求めよ。

1.3.2　Excelによる乱数の求め方

　乱数表によらなくても Excel には RANDBETWEEN（　）関数があるので特定の数値間の（一様）乱数を求めることができる。RANDBETWEEN（　）関数の書式は表１－８の通りである。（注：Excel2007より前のバージョンでは分析ツールをアドインする必要があるが、本書ではExcel2007を前提に説明する。）

表１－８　関数ＲＡＮＤＢＥＴＷＥＥＮの書式

RANDBETWEEN	一般書式	書式	＝ＲＡＮＤＢＥＴＷＥＥＮ（最小値、最大値）
		説明	最小値と最大値の間の乱数を求める。
	事例	例	＝ＲＡＮＤＢＥＴＷＥＥＮ（１，２０）
		説明	１から２０の間の乱数を求める。

1.4 標本抽出法

1.4.1 標本抽出方法

先に述べたように、標本は母集団のよい見本、よい代表となっていなければならない。そのために、いくつかの方法が考えられている。

(1) 単純無作為抽出法

N個の母集団すべてに通し番号をつけ、乱数表などを用いてn個の標本を選ぶ。この方法は標本抽出法の基本である。しかし、この方法は母集団すべてを把握できないと使えない。また、標本数が多いと煩雑である。

(2) 系統抽出法

N個の母集団からn個の標本を選ぶ場合、母集団の（N／n＋i）番目を母集団に選ぶ方法である。iは乱数などを使い、1≦i≦N／nの範囲から選ぶ。この方法は最初の標本は乱数を使って選ぶが、それ以後は等間隔に選んでいくので、標本数が多くとも煩雑にはならない利点がある。ただし、母集団が特定の周期を持って並んでいれば、偏ってしまう場合があるので注意が必要である。

(3) 層化抽出法

母集団があきらかにグループに分けられることがわかっている場合は、そのグループごとに無作為抽出を行う。グループ分けすることを「層化」と呼ぶ。例えば、層には「男女」「地域」「年齢」「競技種目」「ポジション」などがある。陸上競技種目の選手の特性を調べるには、「男女」「種目（短・中・長距離、投擲、跳躍など）」に層化する必要があるだろう。層化する場合は、層内の標本の属性はお互いに類似するように、層間の属性はできるだけ異なるようにする必要がある。

(4) 集落抽出法

抽出する標本を1つ1つではなく、集合体単位で行う。多くの標本を広範囲の地域から選ぶような社会学的調査などで用いる。集合体は「集落」と呼ばれ、学校、市町村などの地域、家族などが含まれる。選ばれた「集落」ではすべてが標本として用いられる。1つの集落にはできるだけ属性の異なった標本が含まれる方が望ましい。広範囲な地域を対象に調査する場合などは便利であるが、集落数が少ないと抽出が偏る心配がある。

そして、層化抽出法や集落抽出法などでは、層や集落から抽出する標本数を一定にする場合と、層や集落の大きさに比例して標本数を決定する場合の両方がある。また、集落抽出法でも、集落全部（全員）を調査するのではなく、その中から無作為抽出をする場合もある。

1.4.2 Excel による方法

単純無作為抽出は、Excelの分析ツールを用いると簡便に行うことができる。まず、メニューバーから「ツール」を選び、「分析ツール」の中から「サンプリング」を左クリックする。すると、入力ダイアログが表示されるので、「入力範囲」欄に、シートをドラッグして「母集団」（選ぼうとする数値群）を入力し、「ランダム」をチェックする。そして、選ぶ標本数を「標本数」に入力する。すると、次のシートにランダムに選ばれた数値群が表示される。

例えば、下のような、母集団の各個人を識別する番号群の中からランダムに１０人選んでみよう。

表1－9　無作為抽出しようとする集団

1	101	201	301	401	501	601	701	801	901
2	102	202	302	402	502	602	702	802	902
3	103	203	303	403	503	603	703	803	903
4	104	204	304	404	504	604	704	804	904
5	105	205	305	405	505	605	705	805	905
6	106	206	306	406	506	606	706	806	906
7	107	207	307	407	507	607	707	807	907
8	108	208	308	408	508	608	708	808	908
9	109	209	309	409	509	609	709	809	909
10	110	210	310	410	510	610	710	810	910
11	111	211	311	411	511	611	711	811	911
12	112	212	312	412	512	612	712	812	912
13	113	213	313	413	513	613	713	813	913
14	114	214	314	414	514	614	714	814	914
15	115	215	315	415	515	615	715	815	915
16	116	216	316	416	516	616	716	816	916

結果、下のような番号群が抽出されている。

11
706
516
314
211
215
807
810
906
910

　もちろん、この結果は毎回異なり、同じ結果にはならない。ただし、数値でない名前などは、このツールでは使えないので注意が必要である。
　表1－10は、分析ツールを使った無作為抽出の手順をまとめたものである。

表1－10　分析ツールを使った無作為抽出の手順

順序	操　作　手　順
1	「ツール」を左クリック
2	「分析ツール」を左クリック
3	「サンプリング」を左クリック
4	「入力範囲」欄に、シートをドラッグして母集団を入力し、「ランダム」を チェックし、同時に選ぼうとする標本数を入力する。

注）もし、メニューバーに分析ツールが表示されていない場合は、分析ツールがアドインされていないのであらかじめアドインしておく必要がある。アドインは「Excelオプション」から「アドイ

ン」「設定」を選択・クリックし、表示されるダイアログの中から「分析ツール」にチェックするとアドインされる。

2 記述統計学

2.1 度数分布表

2.1.1 連続量データの集計

　測定あるいは調査した結果、つまり（素）データのままでは、そのデータから有益な情報を得ることはできない。例えば、幼稚園児を対象にソフトボール投げの測定を行い、５７名の園児から次のようなデータを得たとしよう。

表２－１　幼稚園児を対象としたソフトボール投げの測定結果

3	5	17	18	13	5	10	10	9	12
8	11	12	9	9	11	11	6	12	12
13	13	14	14	14	15	4	19	16	8
10	10	6	6	8	8	16	8	9	8
11	20	15	16	17	13	1	10	12	9
9	10	7	8	11	12	22			

（単位：m）

　しかし、単に眺めていても、この数値だけからは何もわからない。例えば、
（１）代表的な、中心的な値は？
（２）そのまわりにどの程度の個人差があるのか？
（３）特定の測定値（１８m）を持つ園児は相対的に優れているのか、劣っているのか？　などはすぐにはわからない。この数値の羅列から以上のような有益な情報を得るためには資料（データ）の集計・整理が必要である。連続量のデータに対する最も基本的な処理の１つは度数分布表（ヒストグラム）の作成である。

2.1.2　度数分布表の作成

度数分布表の作成は次のような手順で行う。

① 全データの中から最大値と最小値をみつける。データが非常に多い場合は各列や各行から最大値と最小値をみつけ、最後にそれらの中から最終的な最大値と最小値をみつけるようにすると間違いが少ない。
② 階級の幅を決める。大き過ぎても、小さ過ぎてもいけない。一般には１０〜２０が望ましいといわれている。そのためには最大値と最小値の差を１０で割った時と２０で割った時の間で適当な数を階級の幅とする。適当な数値とは小数点がつかない、５あるいは１０で割り切れるような、区切りのいい数値である。
③ 最初の階級の区間を定める。測定の精度の　１／２だけ少ない値から始める。測定の精度とは測定した時の目盛りの最小単位のことである。１ｋｇ単位で測定したのであれば、精度は「１」であり、１ｍｍ単位で測定した身長であれば精度は「０．１（ｃｍ）」となる。
④ すべての階級の区間、各中心点を定める。中心点は各階級区間の平均値である。
⑤ 各階級の度数を求める。日本ではよく「正」を使うが、欧米ではターリーマークを使う。ターリーマークの意味は、１から４までは右上から左下への斜線で示し、５で反対に左上から右下に斜線を引く。ちょうど４個の木片をひもで縛ったような形をしている。

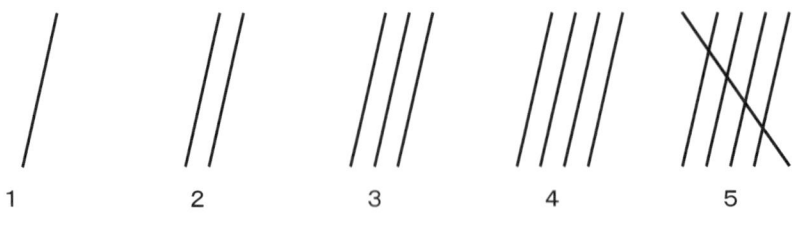

図２－１　ターリーマークの意味

⑥ 最後に、求められた度数をもとにヒストグラム（グラフ）を作る。グラフは横軸に各境界点をとり、縦軸に度数をとる。

【例題２－１】表２－１のデータをもとに度数分布表を作成せよ。

一般的手順	実際の手続き
① 全データの中から最大値と最小値をみつける。	最大値は２２ｍ、最小値は１ｍである。表２－２では各行単位で最大値と最小値を右側に書き出している。最終的な全体の最大値と最小値は最下行にまとめている。
② 階級の幅を決める。	表２－２では最大値２２、最小値１なので、その差（レンジ）は２１である。２１を１０で割ると２．１、２０で割ると１．０５となる。したがって、階級幅は２．０が適当であろう（表２－２を参照）。
③ 最初の階級の区間を定める。	表２－２では数値に小数点がなかったので測定は１ｍ単位で行われていると考えることができる。したがって、最初の階級の区間は最小値１から０．５を減じた０．５から始まり、２．５ま

		でとなる。
④	すべての階級の区間、各中心点を定める。	表2－3に示したように境界値が最大値を超えるまで繰り返す。
⑤	各階級の度数を求める。	「正」の字（表2－4）あるいはターリーマーク（表2－5）を使って数え上げる。
⑥	グラフを作る。	図2－2に示した。

表2－2　最大値と最小値から境界値を求める

										最大値	最小値
3	5	17	18	13	5	10	10	9	12	18	3
8	11	12	9	9	11	11	6	12	12	12	6
13	13	14	14	14	15	4	19	16	8	19	4
10	10	6	6	8	8	16	8	9	8	16	6
11	20	15	16	17	13	1	10	12	9	20	1
9	10	7	8	11	12	22				22	7
									計	22	1
									レンジ	21
									÷20	1.05
									÷10	2.1

表2－3　度数分布表の集計用の枠

階級	境界値	中央値	頻度	相対頻度（％）
1	0.5　－　2.5	1.5		
2	2.5　－　4.5	3.5		
3	4.5　－　6.5	5.5		
4	6.5　－　8.5	7.5		
5	8.5　－　10.5	9.5		
6	10.5　－　12.5	11.5		
7	12.5　－　14.5	13.5		
8	14.5　－　16.5	15.5		
9	16.5　－　18.5	17.5		
10	18.5　－　20.5	19.5		
11	20.5　－　22.5	21.5		

表2－4　正の字を使った集計

no.	境界値	中央値	チェック	頻度	相対頻度
1	0.5 － 2.5	1.5	一	1	1.8 %
2	2.5 － 4.5	3.5	T	2	3.5 %
3	4.5 － 6.5	5.5	正	5	8.8 %
4	6.5 － 8.5	7.5	正下	8	14.0 %
5	8.5 － 10.5	9.5	正正T	12	21.1 %
6	10.5 － 12.5	11.5	正正一	11	19.3 %
7	12.5 － 14.5	13.5	正T	7	12.3 %
8	14.5 － 16.5	15.5	正	5	8.8 %
9	16.5 － 18.5	17.5	下	3	5.3 %
10	18.5 － 20.5	19.5	T	2	3.5 %
11	20.5 － 22.5	21.5	一	1	1.8 %

表2－5　ターリーマークを使った集計

no.	境界値	中央値	チェック	頻度	相対頻度
1	0.5 － 2.5	1.5	/	1	1.8 %
2	2.5 － 4.5	3.5	//	2	3.5 %
3	4.5 － 6.5	5.5	卌	5	8.8 %
4	6.5 － 8.5	7.5	卌 ///	8	14.0 %
5	8.5 － 10.5	9.5	卌 卌 //	12	21.1 %
6	10.5 － 12.5	11.5	卌 卌 /	11	19.3 %
7	12.5 － 14.5	13.5	卌 //	7	12.3 %
8	14.5 － 16.5	15.5	卌	5	8.8 %
9	16.5 － 18.5	17.5	///	3	5.3 %
10	18.5 － 20.5	19.5	//	2	3.5 %
11	20.5 － 22.5	21.5	/	1	1.8 %

2. 記述統計学

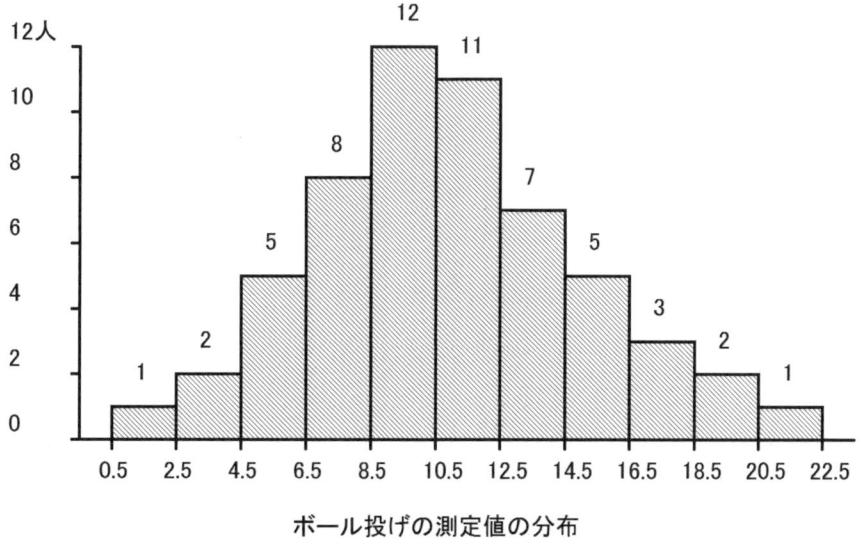

ボール投げの測定値の分布

図2-2　ヒストグラム

このヒストグラムから10m前後の記録の園児が最も多く、代表的な（平均的な）値を選ぶとすれば「10」前後の数値になることがわかる。そして、その代表的な値の前後に±10した1から22まで測定値がばらついていることもわかる。また、特定の値（18m）の記録はかなり右端に近い場所に位置していることから、相対的にかなり優れた記録であることも直感的にわかる。

【練習問題2-1】次のデータは50名を対象に閉眼片足立ちを行った結果である。このデータを用いて度数分布表を作れ。

```
51, 34, 41, 46, 78, 47, 52, 55, 48, 78
36, 67, 56, 67, 57, 67, 44, 90, 53, 34
45, 66, 89, 62, 56, 67, 29, 21, 23, 39
63, 62, 82, 77, 99, 58, 43, 21, 50, 54
52, 41, 36, 85, 37, 99, 88, 54, 26, 31
```

（単位：秒）

2.1.3　ヒストグラム作成上の注意

ヒストグラムは棒グラフと形状が非常によく似ているが、棒グラフは横軸に離散変量をとるのに対して、ヒストグラムは連続量である項目をとる点が違っている。本来連続である量を便宜的に区切っていることから、そのグラフ部分は離さずに、作図する必要がある。図2-2は不適当な例である。

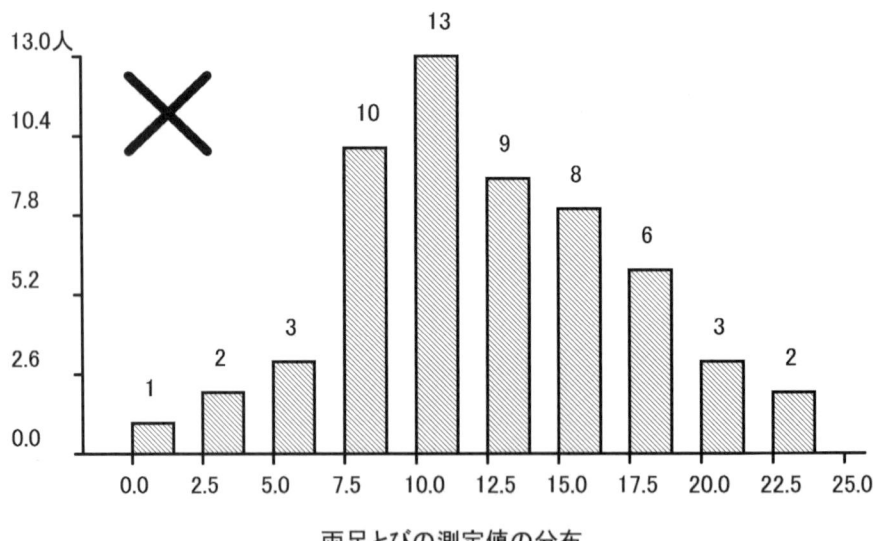

図2-3　ヒストグラムの棒は離していけない

　また、棒グラフはその値の大小を棒の高さによって表現しているが、ヒストグラムは棒の面積によって表現している。しばしば、頻度が他の境界値よりも少ない場合は隣接した境界値を一緒にする場合がある。このような場合も、ヒストグラムで表現する場合は、棒の面積で表現する関係上、その頻度は合計した頻度ではなく、平均した頻度でなければならない。図2-4と図2-5は図2-3の左右の両端の頻度の少ない境界値をまとめた場合のヒストグラムを示した。図2-4は頻度を合計してしまった不適切な例で、図2-5は適切な例である。

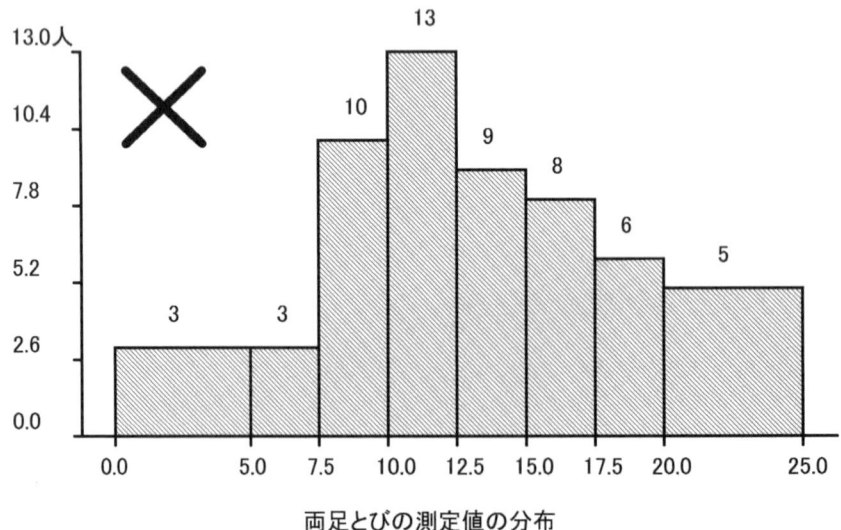

図2-4　境界値をまとめる場合の不適切な例

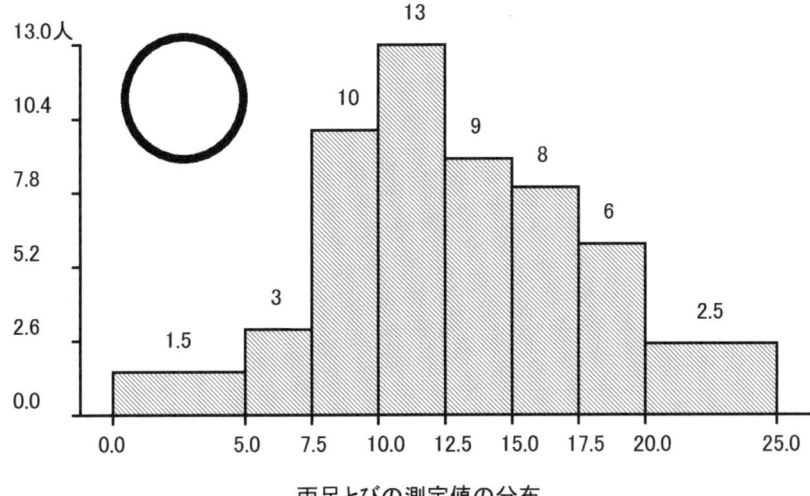

両足とびの測定値の分布

図2-5 境界値をまとめる場合の適切な例

2.1.4 Excelによる集計

Excelを使って度数分布表を作成する場合は FREQUENCY 関数を用いる。ただし、この関数は、区分データで指定した値までの累積度数を求める関数なので、いったん累積度数を求めてから1つ前の境界値の度数をひくことによって求める。最大値と最小値はMAXとMIN関数が使える。レンジはこれらの結果をひいて求める。Excelへの入力例は表2-6に、具体的な計算方法は表2-7にまとめた。

表2-6 Excelによる集計

	A	B	C	D	E	F	G	H	I	J	K	L	M
1	3	5	17	18	13	5	10	10	9	12		最大値	22
2	8	11	12	9	9	11	11	6	12	12		最小値	1
3	13	13	14	14	14	15	4	19	16	8		レンジ	21
4	10	10	6	6	8	8	16	8	9	8		÷10	2.1
5	11	20	15	16	17	13	1	10	12	9		÷20	1.05
6	9	10	7	8	11	12	22						

	境界値	頻度	累積頻度
7			
8	0.5		0
9	2.5	1	1
10	4.5	2	3
11	6.5	5	8
12	8.5	8	16
13	10.5	12	28
14	12.5	11	39
15	14.5	7	46
16	16.5	5	51
17	18.5	3	54
18	20.5	2	56
19	22.5	1	57
20	計	57	

表2－7　Excelによる度数分布表の作成手順

順序	セル番地	関数	説明
1	M1	＝MIN（A1：J6）	最大値を求める。
2	M2	＝MIN（A1：J6）	最小値を求める。
3	M3	＝M1－M2	レンジを求める。
4	M4	＝M3／10	10で割った値を求める。
5	M5	＝M3／20	20で割った値を求める。
6	レンジを10で割った値と20で割った値の間で区切りのいい値を求める。		
7	L8に最初の境界値（最小値）を入力		
8	L9に「最小値＋境界値」した値を入力（上の場合は2.0）		
9	L8とL9をもとに、L19まで増分した値をコピーする。		
10	N8	＝FREQUENCY（\$A\$1：\$J\$6,L8）	最初の階級に対応する累積頻度を求める。
11	N8に入力した数式をN19までコピーする。		
12	M9	＝N9－N8	1つ上の累積頻度との差からを頻度を求める。
13	M9に入力した数式をM19までコピーする。		
14	M20	＝SUM（M9：M19）	頻度の合計を求める。

　FREQUENCY関数では数式配列を用いると、累積頻度から当該頻度を求めるという手順は必要なくなる。また、分析ツールがインストールされていれば、データ範囲と「境界値の入力されているセル」を指定するだけで度数分布表が作成できる。ただし、いずれも扱えるのは数値のみである。

2.1.5　ヒストグラムから確率分布へ

　さて、図2－6は、先ほど求めたヒストグラムの棒の頂点の部分を折れ線で結んだものである。

2. 記述統計学

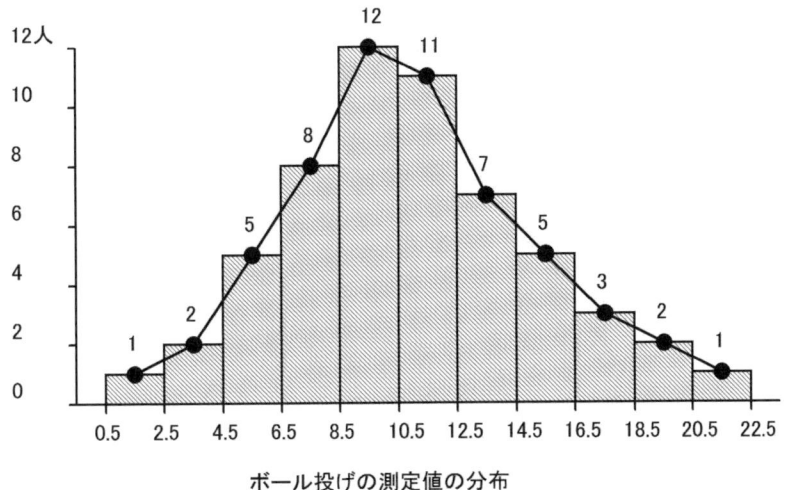

図2−6　ヒストグラムの頂点を線で結んだ折れ線グラフ

　図2−7は、図2−6の折れ線部分のみを取り出したものである。この線で結んだ形状を「度数多角形」と呼ぶ。

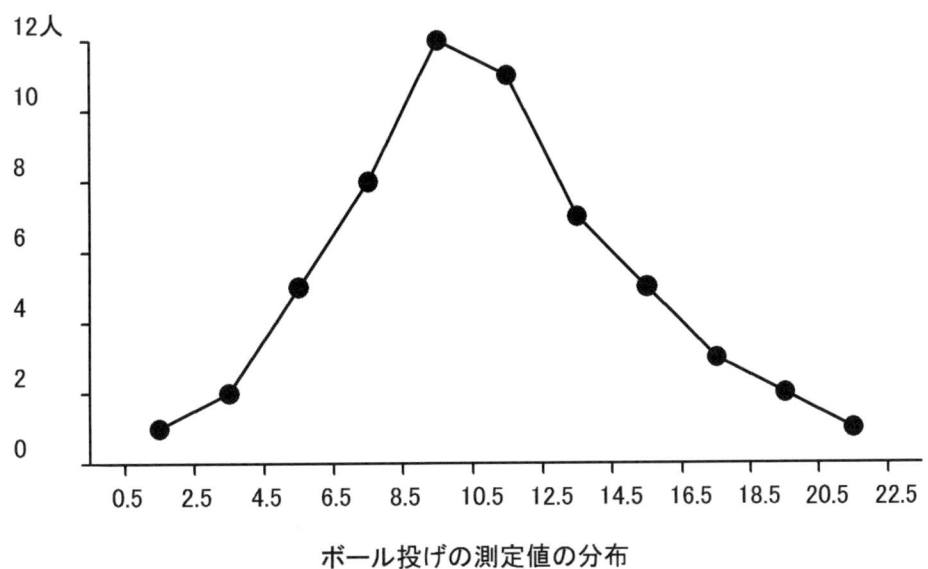

図2−7　度数多角形

　度数多角形は通常はギザギザした形状をしている。それは限られた数のデータから作成されたため、偶然発生した不規則性によるものである。これが１０００個、あるいは１万個などという非常に多くの数から求められ、同時に境界値の幅も狭められれば、不規則性はお互いに相殺され、本来はなめらかな曲線になるはずのものである。図2−8はそういう前提のもとで、度数多角形の各頂点をなめらかな曲線で結んだ（平滑化した）ものである。これを「度数曲線」と呼ぶ。

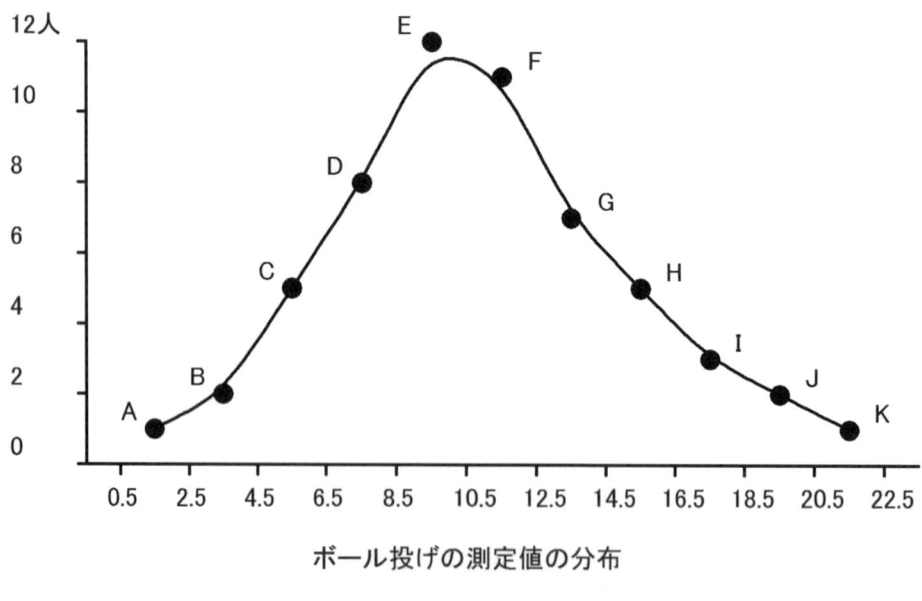

図2-8　度数曲線

さらに、この曲線の面積が1になるように基準化したものを確率分布、あるいは単に、分布と呼ぶ。

2.2　データ分布の特性（基本統計量）

2.2.1　代表値と散布度

　ヒストグラムは標本数が少ない場合は比較的簡単に描くことができるが、多い場合は非常に面倒である。このような場合、ヒストグラム（図示法）によらなくても測定値の分布に関して次の情報があればおおよその知識が得られる。つまり、①分布の横軸上の位置に関する情報と、②分布の広がりに関する情報である。分布の中心に関する情報を代表値と呼び、分布の広がりに関する情報を散布度と呼ぶ。例えば、図2-9は分布Aと、散布度が違う分布Bと代表度が違う分布Cを示したものである。

分布B：分布Aより散布度が大

分布C：分布Aより代表値が大

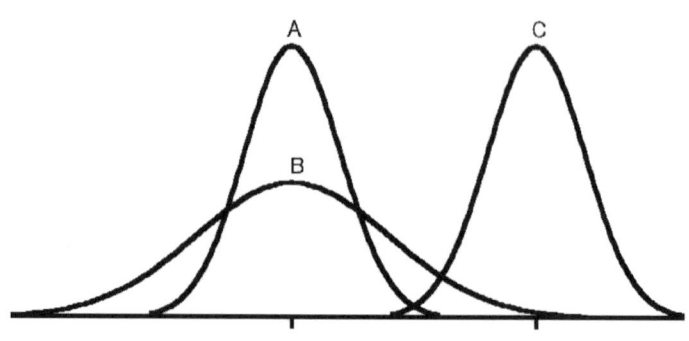

図2-9　代表と散布の異なる分布

2.2.2 代表値

代表値には、①メジアン、②モード、③平均値が最もよく使われる。①メジアン(median)は中央値とも呼ばれ、データを大きさの順に並べた時ちょうど中央にくる値を意味する。例えば、

5、6、7、8、9

のような場合中央の値は7であるので、7がメジアンである。ただし、データの個数が偶数の場合は中央の相隣る2つのデータの和の半分（平均）がメジアンとなる。例えば、

5、6、7、8、9、10

$$\frac{7+8}{2}=7.5$$

となり、7.5がメジアンである。

モード(mode)は最頻値とも呼ばれ、最大の度数をもつ測定値を指す。例えば、

5、5、6、6、7、7、7、7、8、8、8、9

のような場合、7の数が4個と最も多いのでモードとなる。

しかし、中でも最もよく用いられるのが平均値(mean)である。平均値は総和を個数で割ったものであり、次の式で表せる。

$$平均値 = \frac{総和}{個数}$$

例えば、次のような場合は

5、6、7、7、8

$$平均値 = \frac{5+6+7+7+8}{5} = \frac{33}{5} = 6.6$$

となる。一般には平均値が無批判に使われているのが現状である。ただし、分布が双峰型や左右対称でない場合はメジアンやモードの方が代表値として望ましい性質を持っている場合が多い。また、モードはタイデータ（同じ値のデータ）が多い場合に使うことになる。

ここで、平均値（m）を数学的記号を使って表現すると

$$m = \frac{X_1+X_2+X_3+\cdots+X_n}{n} = \frac{\sum_{i=1}^{n} X_i}{n}$$
　　　　　　　（ただし、$\sum_{i=1}^{n}$ は以降 Σ と略して表記する。）

となる。

これら平均、モード、メジアンは図2-10に示すように、分布が左右対称である場合のみ一致する。

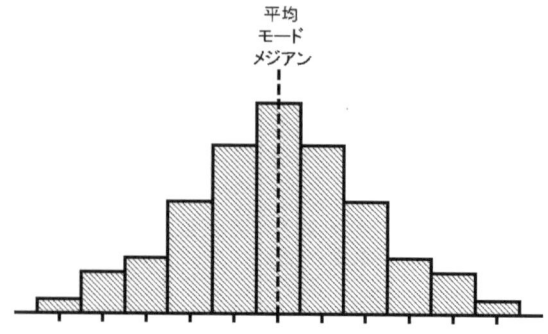

図2-10 分布が左右対称である場合の平均、モード、メジアン

しかし、分布が左に偏った図2-11や右に偏った図2-12の場合は平均、モード、メジアンは一致しない。

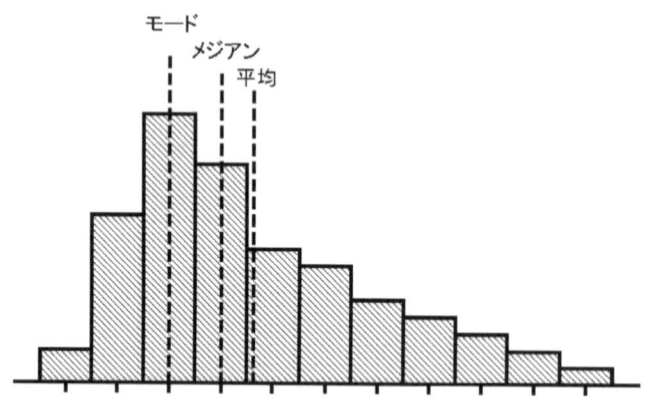

図2-11 分布が左に偏った場合の平均、モード、メジアン

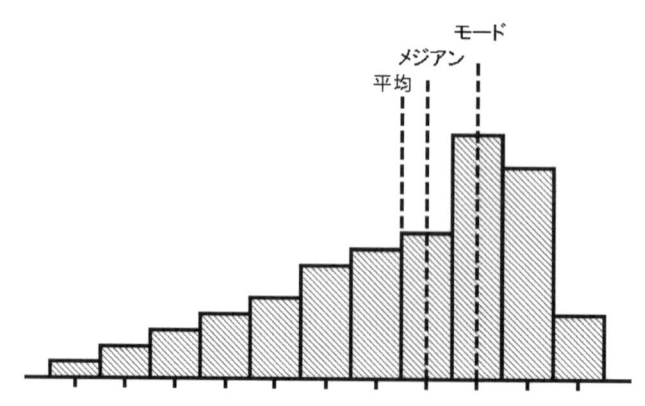

図2-12 分布が右に偏った場合の平均、モード、メジアン

当然のことであるが、平均、モード、メジアン同士の大小をお互いに比較することは意味がないが、別々の分布間でそれらを比較することは可能である。モードはタイデータ（同じ値）を多く含

む分布でなければ求める意味はない。メジアンは「はずれ値」などの影響を受けやすい欠点を持っている。平均も頂点が２つある双峰性の分布などでは代表値としての意味は薄くなってしまうなどの欠点がある。

2.2.3 散布度

散布度には、①レンジ、②四分偏差、③標準偏差が用いられる。まず、レンジ(range)は範囲とも呼ばれ、最大値と最小値との差によって定義される。つまり、

レンジ＝最大値－最小値

である。例えば、

５、５、６、６、７、８、１０

というデータであれば、最大値は１０で、最小値が５であるので、レンジは１０－５＝５である。

四分偏差(quartile deviation)は測定値を大きさの順に並べた時、ちょうど全体の１／４にくる値と３／４にくる値との差を２で割ったものである。全体の１／４にくる値を１／４パーセンタイルランクと呼び、３／４にくる値を３／４パーセンタイルランクと呼ぶ。例えば、次のようなデータであれば、１／４パーセンタイルランクは２、３／４パーセンタイルランクが８であるので、

```
１、１、２、２、３、４、５、６、６、７、７、８、９、９、９、１３
         ↑              ↑              ↑
        １／４          ２／４          ３／４
```

（８－２）／２＝６／２＝３となり、四分偏差は３となる。２／４パーセンタイルランクはメジアンに相当する。

標準偏差は、英語ではStandard Deviation といい、これを略してＳＤ（エスディ）と呼ぶこともある。平均からの各測定値のズレの２乗和を個数で割ったものの平方根である。平均とともに最もよく使われる。Ｘ₁、Ｘ₂、Ｘ₃、．．．、Ｘₙ の標準偏差（ｓ）を求める式は次の通りである。

$$s = \sqrt{\frac{\sum (x_i - m)^2}{n}}$$

特に、標準偏差の２乗を分散と呼ぶ。上の式の平方根の中が分散に相当する。また、偏差の２乗和（分子の部分）をｎではなく、（ｎ－１）で割った分散を「不偏分散」と呼ぶ。これの平方根を標準偏差とする場合もある。本書ではｎで割った方を用いる。標準偏差には測定値の単位がそのまま適用できる。

図２－１３は左右対称な分布の範囲、四分偏差、標準偏差を示したものである。

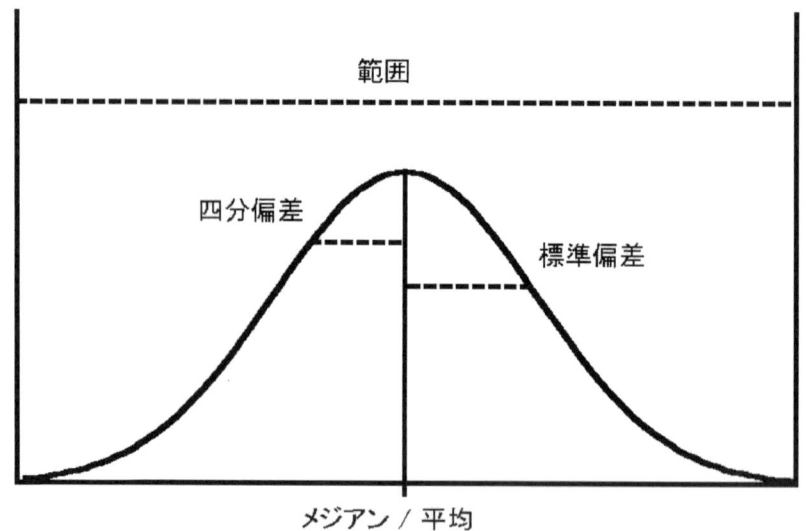

図2-13 散布度

　範囲はメジアン、標準偏差は平均と組み合わせて用いられる場合が多い。範囲はメジアン同様、はずれ値の影響を受けやすい。その点は標準偏差も同様である。四分偏差ははずれ値の影響は受けにくいが、データの数が多くなると求めるのに労力を要する。一般には平均と標準偏差が最も用いられる。ただし、明らかに分布が正規分布していない場合は他の代表値や散布度が用いられる。

【練習問題2-2】小学校の3年生12名を対象にソフトボール投げを行い、次のようなデータを得た。このデータのメジアン、モード、平均、レンジ、四分偏差を求めよ。

| 9 | 14 | 12 | 18 | 10 | 12 | 13 | 16 | 11 | 13 | 15 | 12 |

（単位：m）

2.2.4　標準偏差の計算

（1）偏差から標準偏差を計算する方法

　標準偏差は上の式に忠実に沿って計算すれば求めることができる。しかし、標準偏差に限らず、途中の計算間違いをなくし、再度計算の経過を確認するためにも、計算過程を表2-8のような表の形式にまとめながら計算することが望ましい。具体的な手順は次の通りである。

　① 表2-8を作り、「データ」の欄にデータを記入する。
　② 平均を求め、「平均」の欄に求めた平均値を記入する。
　③「偏差」の欄にはデータから平均を引いた値を記入する。
　④「2乗」の欄には偏差の2乗を記入する。
　⑤ 1番下の行に合計、そして平均を記入する。ここで平均が分散になる。
　⑥ その分散の平方根を計算する。これが標準偏差となる。

表2-8　偏差から標準偏差を計算するのための表

	データ	偏差	2乗
1			
2			
3			
4			
5			
6			
7			
合計		合計	
平均		平均（分散）	
		標準偏差	

【例題2-2】次のデータは幼児用の両足とびの測定結果である。標準偏差を求めよ。

5　7　2　3　5　1　8　　（単位：回）

一般的手順	実際の手続き
① 表を作り、データの欄にデータを記入する。	表2-9に示した。
② 合計を求め、「合計」の欄に記入する。そして、合計から平均を求め、「平均」の欄に求めた平均値を記入する。	$m = \dfrac{5+7+2+3+5+1+8}{7} = 4.43$
③「偏差」の欄にはデータから平均を引いた値を記入する。	例えば、第1行は5-4.43＝0.57となる。以下、同様に計算する。
④「2乗」の欄には偏差の2乗を記入する。	例えば、第1行は、0.57の2乗は0.33となる。以下、同様に計算する。
⑤「2乗」の欄の1番下の行に合計、そして平均を記入する。	合計は39.71、その平均、つまり、分散は5.67となる。
⑥ その平均の平方根を計算する。	5.67の平方根は2.38となり、これが標準偏差である。

表2－9　偏差からの標準偏差の計算

	データ	偏差	2乗
1	5	0.57	0.33
2	7	2.57	6.61
3	2	-2.43	5.90
4	3	-1.43	2.04
5	5	0.57	0.33
6	1	-3.43	11.76
7	8	3.57	12.74
合計	31	合計	39.71
平均	4.43	平均（分散）	5.67
		標準偏差	2.38

（2）標準偏差を計算する実際の方法

さて、ここで先ほどの標準偏差の式を次のように展開してみよう。

$$s^2 = \frac{1}{n}\Sigma(x_i - m)^2$$

$$= \frac{1}{n}\Sigma(x_i^2 - 2x_i m + m^2)$$

$$= \frac{1}{n}(\Sigma x_i^2 - 2\Sigma x_i m + nm^2)$$

$$= \frac{1}{n}\left(\Sigma x_i^2 - \frac{(\Sigma x_i)^2}{n}\right)$$

$$= \frac{1}{n}\Sigma x_i^2 - \left(\frac{\Sigma x_i}{n}\right)^2$$

$$= \frac{1}{n}\Sigma x_i^2 - m^2$$

つまり、標準偏差 s は

$$s = \sqrt{\frac{1}{n}\Sigma x_i^2 - m^2}$$

としても計算できる。つまり、各データの2乗和を個数で割り、さらに平均値の2乗を引き、平方根を求めると標準偏差になる。具体的にこの方法で標準偏差を求める手順は次の通りである。

① データを表2－10にまとめ、その隣にデータの2乗を記入する。
② 両列とも1番下に合計を記入する。
③ 各々の平均をその下の行に書く。
④ データの欄の1番下には平均の2乗を書く。

⑤ 「2乗」の1番下の値から「データ」の1番下の値を引く。
⑥ ⑤の結果の平方根を求める。これが標準偏差となる。

表2-10 標準偏差を計算するための表

	データ	2乗
1	5	
2	7	
3	2	
4	3	
5	5	
6	1	
7	8	
合計		
平均		
2乗		

標準偏差	

【例題2-3】先の例題のデータを用いて標準偏差を求めよ。

一般的手順	実際の手続き
① データを表にまとめ、その隣の「2乗」の欄にデータの2乗を記入する。	表2-11にまとめた。
② 両列とも1番下の「合計」の欄に合計を記入する。	データの列の合計は31、「2乗」の列の合計は177である。
③ 各々の平均をその下の行の「平均」の欄に書く。	データの列の平均は4.43、「2乗」の列の平均は25.29である。
④ データの欄の1番下の「2乗」の欄には平均の2乗を書く。	データの列の最下行に$4.43^2=19.62$を記入する。
⑤ 「2乗」の列の1番下の値から、データの1番下の「2乗」欄の値を引く。	$25.29-19.62=5.67$
⑥ ⑤の結果の平方根を求める。	$\sqrt{5.67}=2.38$

表2-11 標準偏差の計算

	データ	2乗
1	5	25
2	7	49
3	2	4
4	3	9
5	5	25
6	1	1
7	8	64
合計	31	177
平均	4.43	25.29
2乗	19.62	
標準偏差	2.38	

【練習問題2-3】中学2年生を対象に1500m持久走を行った。下の表はその時の結果である。この標準偏差を計算せよ。ただし、記録は分と秒の単位が混在しているので、計算する場合はすべて秒単位に統一する必要がある。例えば、5分23秒は単位を秒にすると、323秒である。

	分	秒	秒
生徒A	5	23	
生徒B	6	11	
生徒C	5	56	
生徒D	6	13	
生徒E	7	34	
生徒F	6	25	
生徒G	7	17	
生徒H	6	41	
生徒I	5	32	
生徒J	8	22	
生徒K	5	19	
生徒L	6	45	

2.2.5 Excelによる代表値と散布度の計算

(1) 関数を用いる方法

　Excelには代表値や散布度を計算する関数が豊富に用意されているので、それらを使えば煩わしい計算はしないですむ。平均は AVERAGE( )、モードは MODE( )、メジアンは MEDIAN( )、標準偏差は STDEVP( ) である。標準偏差を不偏分散から求める場合は STDEV( ) も用いる。ただし、四分偏差とレンジ（範囲）は関数が用意されていないので、関数を組み合わせて計算をする。四分偏差は

　　四分偏差＝（「3／4パーセンタイルランク」－「1／4パーセンタイルランク」）／2

から求める。パーセンタイルランクは QUARTILE( ) 関数によって求めることができる。レンジも

　　レンジ＝「最大値－最小値」

から求める。この場合も最大値は MAX( )、最小値は MIN( ) が使えるのできわめて容易に計算でき

2．記述統計学

る。以下、各関数の書式と事例を表2－12から表2－18にまとめた。

表2－12　関数AVERAGEの書式

AVERAGE	一般書式	書式	＝AVERAGE（範囲）
		説明	範囲の平均値を求める。
	事例	例	＝AVERAGE（A1：C6）
		説明	A1からC6の範囲の平均値を求める。

表2－13　関数MEDIANの書式

MEDIAN	一般書式	書式	＝MEDIAN（範囲）
		説明	範囲のメジアン（真ん中の順位の値）を求める。
	事例	例	＝MEDIAN（A1：C6）
		説明	A1からC6の範囲のメジアンを求める。

表2－14　関数MODEの書式

MODE	一般書式	書式	＝MODE（範囲）
		説明	範囲のモード（最も度数の多い値）を求める。
	事例	例	＝MODE（A1：C6）
		説明	A1からC6の範囲のモードを求める。

表2－15　関数STDEVPの書式

STDEVP	一般書式	書式	＝STDEVP（範囲）
		説明	範囲の標準偏差を求める。
	事例	例	＝STDEVP（A1：C6）
		説明	A1からC6の範囲の標準偏差を求める。

表2－16　関数QUARTILEの書式

QUARTILE	一般書式	書式	＝QUARTILE（範囲、パラメータ）	
			パラメータ	1＝　1／4パーセンタイルランク 2＝　メジアン

			3＝ 3／4パーセンタイルランク
		説明	範囲のパーセンタイルランクを求める。
	事例	例	＝ＱＵＡＲＴＩＬＥ（Ａ１：Ｃ６、１）
		説明	Ａ１からＣ６の範囲の１／４パーセンタイルランクを求める。

表2－17 関数ＭＡＸの書式

ＭＡＸ	一般書式	書式	＝ＭＡＸ（範囲）
		説明	範囲の最大値を求める。
	事例	例	＝ＭＡＸ（Ａ１：Ｃ６）
		説明	Ａ１からＣ６の範囲の最大値を求める。

表2－18 関数ＭＩＮの書式

ＭＩＮ	一般書式	書式	＝ＭＩＮ（範囲）
		説明	範囲の最小値を求める。
	事例	例	＝ＭＩＮ（Ａ１：Ｃ６）
		説明	Ａ１からＣ６の範囲の最小値を求める。

（2） 分析ツールを用いる方法

　以上の代表値、散布度などは分析ツールを用いると一括してさらに簡便に求めることができる。まず、メニューバーから「ツール」を選び、「分析ツール」の中から「基本統計量」を左クリックする。すると、ダイアログが表示されるので、「入力範囲」欄に、シートをドラッグして入力し、「統計情報」をチェックする。データの方向が横なら「行」を指定する。範囲が数列（行）に及ぶ場合は、列（行）単位に分けて処理される。表2－19は、練習問題2－1の閉眼片足立ちデータを分析ツール「基本統計量」で計算した結果である。

表2－19 基本統計量の計算結果

閉眼片足立ち	
平均	55.12
標準誤差	2.858234
中央値（メジアン）	53.5
最頻値（モード）	67
標準偏差	20.21077

分散	408.4751
尖度	-0.44709
歪度	0.390645
範囲	78
最小	21
最大	99
合計	2756
標本数	50
最大値(1)	99
最小値(1)	21
信頼区間(95.0%)	5.743836

また、表2－20は、分析ツールを使った代表値、散布度の計算手順をまとめたものである。

表2－20　分析ツールを使った代表値、散布度の計算手順

順序	操　作　手　順
1	「ツール」を左クリック
2	「分析ツール」を左クリック
3	「基本統計量」を左クリック
4	「入力範囲」欄に、シートをドラッグして入力し、「統計情報」をチェックする。データの方向が横なら「行」を指定する。範囲が数列（行）に及ぶ場合は、列（行）単位に処理される。

2.3　正規分布

2.3.1　正規分布

　母集団を対象とした分布の中で最も一般的な分布の１つに正規分布(normal distribution)がある。ガウス分布とも呼ばれている。身長や知能はこの分布をすることでも有名である。また、さまざまな測定の誤差もこの分布をする。二項分布やχ^2分布など、他の種々の分布も標本数が無限大になると、この分布に近似することがわかっている。したがって、特に、分布を特定できない場合はこの分布を仮定することが許容されている。実際もこの分布をもとにさまざまな統計学的相対評価が考えられている。

　この分布は単峰性で、左右対称の釣鐘型をしている。この分布の場合は平均、メジアン、モードの３つの代表値がすべて一致する。正規分布関数（ｙ）は次の式によって表現できる。この式の中で、πとｅ（自然対数の底＝２．７１８２・・・）は定数であるため、ｙは本質的には母平均μと母標準偏差σのみで決まる。

$$y = \frac{1}{\sigma\sqrt{2\pi}} e^{-\frac{(x-\mu)^2}{2\sigma^2}}$$

ただし、

$$\left[\begin{array}{l}\sigma：標準偏差\\ \pi：3.1415\cdots\\ \mu：平均\\ e：2.7182\cdots\end{array}\right]$$

注）本書では母集団を対象にした平均値（母平均）をμ、標準偏差をσとし、標本の平均値（標本平均値）をm、標準偏差をsとして使用している。正規分布は母集団を対象にしているのでここでは平均値をμ、標準偏差をσを用いて表現している。詳細は第4章を参照のこと。

また、xの代わりに、平均からの偏差を標準偏差で割った標準得点（z得点）を用いると、

$$y=\frac{1}{\sqrt{2\pi}}e^{-\frac{z^2}{2}}=\frac{1}{\sqrt{2\pi}}\exp\left[-\frac{z^2}{2}\right]$$

と表せる。この正規分布を標準正規分布と呼ぶ。図2－14は標準正規分布を図示したものである。便宜上、z軸は±3の範囲に限定しているが、実際は分布の両側の裾野は無限大である。

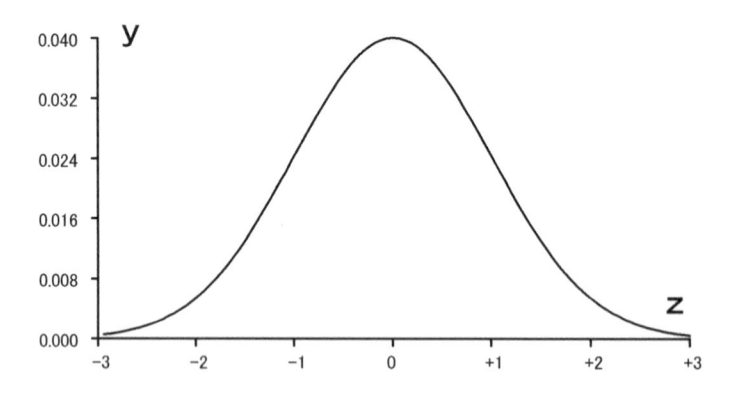

図2－14　標準正規分布

詳しい標準正規分布の関数値は付表4「正規分布のz値に対する関数値」に示した。この表は縦軸に小数点以下1桁まで、その値の小数点以下2桁目が横軸に示してある。例えば、z値が1.22の場合は、縦軸から1.2を探し、さらにそこから横に移動して、0.02の列を読む。表からは0.1895であることがわかる。

正規分布が仮定できる場合は平均値を中心に「±1×標準偏差」の範囲には約68％が、平均値を中心に「±2×標準偏差」の範囲には約95％が、平均値を中心に「±3×標準偏差」の範囲には約99％が含まれる。

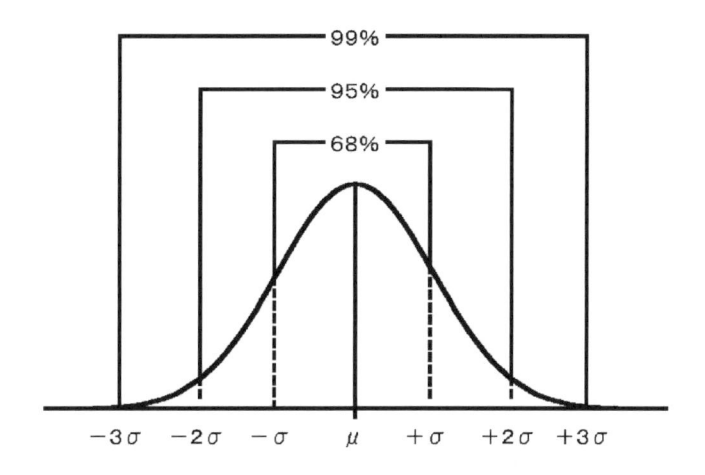

図2-15　標準偏差を単位に区分した場合の標準正規分布の確率

2.3.2　正規分布を仮定した段階評価

　正規分布を仮定して、個々のデータをより大ざっぱな数値、例えば、3段階や5段階に評価する場合がある。基本的には標準偏差を単位にして区分する。3段階では、「平均±標準偏差」で区分する。図2-16はその様子を図示したものである。各段階に含まれる確率は、理論上はそれぞれ、1と3に約16％、2に約68％が含まれる。

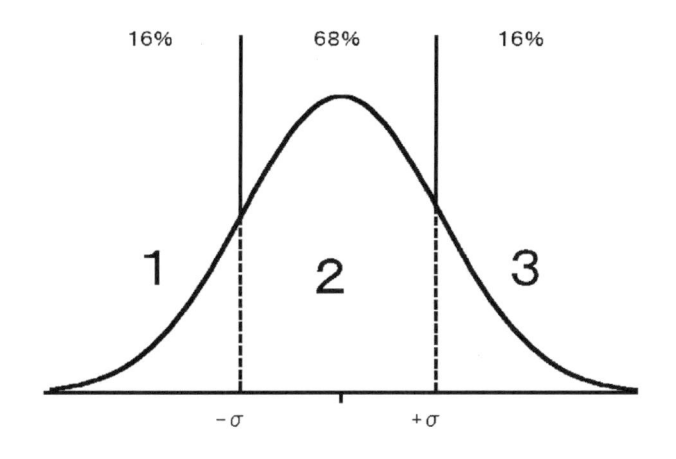

図2-16　正規分布を仮定した3段階評価

　5段階評価では、「平均－1.5×標準偏差」「平均－0.5×標準偏差」「平均＋0.5×標準偏差」「平均＋1.5×標準偏差」で区分する。図2-17はその様子を図示したものである。各段階に含まれる確率は、理論上はそれぞれ、1と5に約7％、2と4に約24％、3に約38％が含まれる。

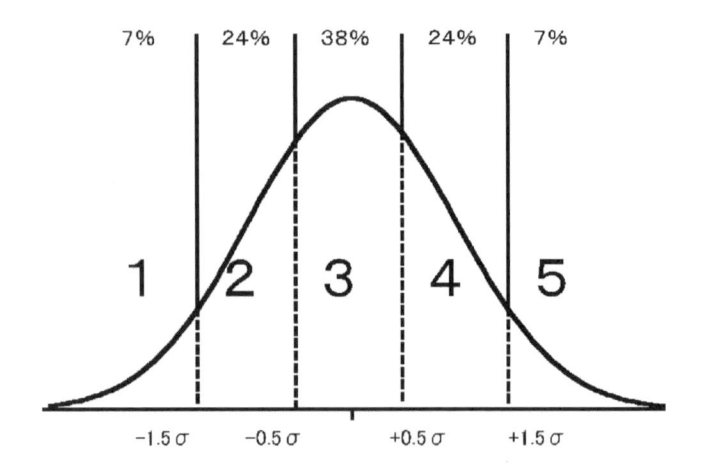

図2-17　正規分布を仮定した5段階評価

　以上のように、正規分布を仮定し、平均を中心に、標準偏差を単位に区切りのよい倍数で区分した場合は、そこに含まれるデータの確率は等しくならない。等しくする場合には、3段階では「約±0.43×標準偏差」で区切り、5段階では、「約±0.25×標準偏差」「約±0.85×標準偏差」で区切ればよい。しかし、かならずしも「きりのよい」数値とはならないため、あまり用いられていない。

2.4　Tスコア

2.4.1　Tスコア

　50m走の記録とベンチプレスの測定結果を直接数値の大小をもって、お互いに比較することはできない。50m走は数値が小さいほど、速度が大であるため運動能力としては優れていることになり、数値が大であるほど優れているベンチプレスの測定結果とは逆の評価となる。加えて、秒とkgfという単位の違いもある。また、お互いの単位が同じでも、例えば、握力と背筋力は直接比較することはできない。なぜなら、分布する数値の範囲が違うからである。同じ80kgfでも平均値が30kgfの握力の測定結果であれば優秀であることになり、平均値が120kgfの背筋力であれば能力としては劣っていることになる。また、平均値だけでなく、散布度についても同様である。両項目とも平均値から10kgf少ない測定値であっても、標準偏差が5kgfの握力と、標準偏差が30kgfの背筋力では評価は異なる。背筋力ではそれほど深刻ではないが、握力ではかなり評価は下がる。つまり、測定値そのものは同一の評価基準で評価することはできない。したがって、単位の異なる別々の項目を比較するためには、同一の基準を設けて、その基準をもとに評価しなければならない。

　この問題の解決には、代表値と散布度が同一の、単位を持たない評価尺度（ものさし）をつくることが考えられる。このような評価尺度を標準得点(standard scores)と呼ぶ。平均が50、標準偏差が10のものをTスコアと呼ぶ。これは一般に偏差値と呼ばれているものと同じである。その他にも平均が50、標準偏差が14のHスコア、平均が0、標準偏差が1のzスコアがある。データx_iからTスコア（T_i）、Hスコア（H_i）、zスコア（z_i）を求める式は平均（m）と標準偏差（s）を用いて示すと次の通りである。

　　Tスコア　　$T_i = \dfrac{10(x_i - m)}{s} + 50$

Hスコア　　$H_i = \dfrac{14(x_i - m)}{s} + 50$

zスコア　　$z_i = \dfrac{(x_i - m)}{s}$

（注：以下、計算は標本から求めた平均と標準偏差を使用することからmとsにより表現した。）

【例題２－４】平均が１５、標準偏差が３のとき１８のＴスコア、Ｈスコア、ｚスコアを求めよ。

Ｔスコア＝ $\dfrac{10 \times (18 - 15)}{3} + 50 = 60$

Ｈスコア＝ $\dfrac{14 \times (18 - 15)}{3} + 50 = 64$

ｚスコア＝ $\dfrac{(18 - 15)}{3} = +1$

表２－２１に平均に様々な標準偏差を加減した場合のＴスコア、Ｈスコア、ｚスコアを示した。通常、分布が正規分布していれば、平均から標準偏差の３倍以上離れることはない。すると、Ｔスコアは最大値がせいぜい８０、最小値が２０程度ということなる。そこで、最小値が０に、最大値が１００に近くなるようにばらつきを１０倍ではなく、１４倍にしたのがＨスコアである。しかし、まれに「はずれ値」などがあり、平均から標準偏差の３倍以上離れた値が出てくると、反対に、負（マイナス）の値になったり、１００を超えてしまうという欠点がある。ｚスコア（ｚ値）は、平均から加減する標準偏差の倍数と一致する。平均が０であるので、正（＋）と負（－）の両方の値をとる。

表２－２１　３つの標準得点

平均(m)±標準偏差(s)	Ｔスコア	Ｈスコア	ｚスコア
m−4s	10	−6	−4.0
m−3.5s	15	1	−3.5
m−3s	20	8	−3.0
m−2.5s	25	15	−2.5
m−2s	30	22	−2.0
m−1.5s	35	29	−1.5
m−s	40	36	−1.0
m−0.5s	45	43	−0.5
m	50	50	0.0
m+0.5s	55	57	0.5
m+s	60	64	1.0
m+1.5s	65	71	1.5
m+2s	70	78	2.0
m+2.5s	75	85	2.5
m+3s	80	92	3.0
m+3.5s	85	99	3.5
m+4s	90	106	4.0

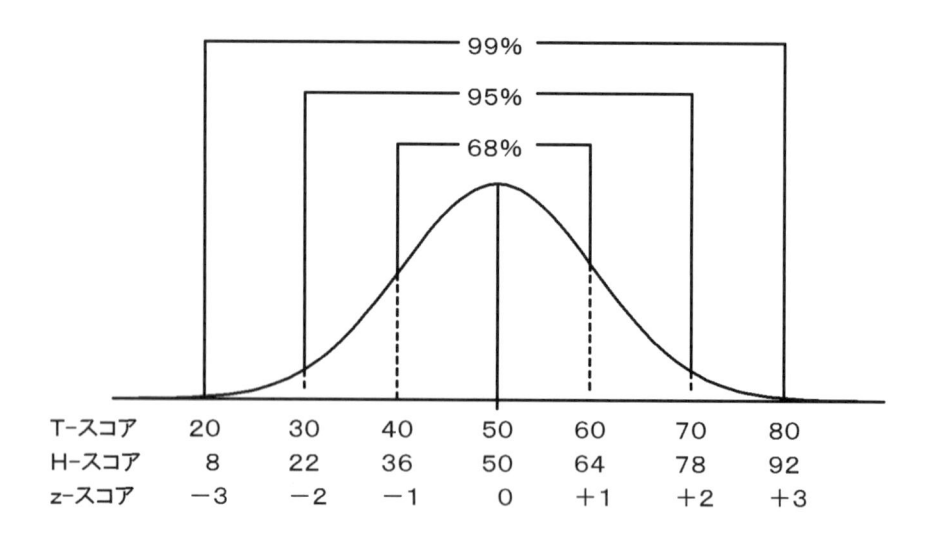

図2-18 正規分布と各標準得点との関係

　さて、上に述べたTスコアの式は、「数値が大であればあるほど、評価は優れている」という前提で書かれている。筋力（ｋｇｆ）、形態測定値（ｃｍ）、敏捷性（回）などはこのような評価をする。しかし、５０ｍ走（秒）、持久走（分秒）など測定値が時間で測定される項目のほとんどは、時間が少なければ少ないほど、速度は大ということになり、運動能力としては優れていることになる。このように「数値が小であればあるほど、評価は優れている」という評価をする場合、Tスコアも評価と同様に「測定値（数値）が小であればあるほど、Tスコアも大になる」というようにしておくと都合がよい。そのためには、ばらつきの部分の符号を反対にした式を用いる。つまり、

評価の方向が逆の場合のTスコア　　$T_i' = 50 - \dfrac{10(x_i - m)}{s}$

　このようにすると、４０→６０、３０→７０　というように、５０点を境に対称的な得点になる。

2.4.2　一括したTスコアの計算

　平均や標準偏差がわからず、データのみが提示されている場合、まず、平均や標準偏差を求めなければならない。求めるTスコアが多い場合は次のような表２－２２を作って、計算過程を記録しながら行う方が間違いが少なく、見直す際便利である。

① 標準偏差を求めるため、標準偏差計算用の表２－２２を作る。
② 平均と標準偏差を求める。
③ 対応するデータの横の「－平均」の欄に「各データから平均を引いた値（偏差）」を求め、記入する。
④ 「／標準偏差」の欄に、標準偏差で割った結果を記入する。
⑤ 「×１０」の欄に、④を１０倍した結果を記入する
⑥ 「＋５０（Tスコア）」の欄に、⑤に５０を加えた結果を記入する。これが求めるTスコアである。

2．記述統計学

表2－22　Tスコア計算用の表

	データ	2乗	－平均	／標準偏差	×10	＋50（Tスコア）
1						
2						
3						
4						
5						
6						
合計						
平均						
2乗						

標準偏差	

【例題2－5】次の立位体前屈のTスコアを求めよ。

5.5　12.0　14.5　9.5　6.0　－3.0　（単位：cm）

一般的手順	実際の手続き
① 表を作り、「データ」の欄にデータを記入する。	表2－23にまとめた。
② 2乗の欄にデータを2乗した値を記入し、「合計」の欄に和、その下の行に「平均」、データ列の最下行に平均の2乗を求め、記入する。この結果から標準偏差を計算する。	標準偏差の計算過程は表2－23にまとめた。結果、標準偏差は$\sqrt{86.63-55.01}=5.62$ となった。
③「－平均」の欄にデータから平均を引いた値を記入する。	1番目のデータは5.5－7.42＝－1.92である。以下、繰り返す。
④「／標準偏差」の欄には③を標準偏差で割った値を記入する。	1番目のはデータは－1.92／5.62＝－0.34である。以下、繰り返す。
⑤「×10」の欄には④に10を掛けた値を記入する。	1番目のデータは－0.34×10＝－3.4である。以下、繰り返す。
⑥ ⑤に50を加える。これが求めるTスコアになる。	1番目のデータは－3.4＋50＝46.6となる。これがTスコアになる。以下、繰り返す。

表2−23 Tスコアの計算

	データ	2乗	−平均	／標準偏差	×10	＋50（Tスコア）
1	5.5	30.25	−1.92	−0.34	−3.4	46.6
2	12.0	144.00	4.58	0.82	8.2	58.2
3	14.5	210.25	7.08	1.26	12.6	62.6
4	9.5	90.25	2.08	0.37	3.7	53.7
5	6.0	36.00	−1.42	−0.25	−2.5	47.5
6	−3.0	9.00	−10.42	−1.85	−18.5	31.5
合計	44.5	519.8				
平均	7.42	86.63				
2乗	55.01					

標準偏差	5.62

【練習問題2−4】次の前腕囲の測定値をTスコアに変換せよ。

23.8 31.6 32.9 28.9 25.8 26.1 26.0 30.5 29.8 （単位：cm）

2.4.3 ExcelによるTスコアの計算

Excelを使ってすべての項目のTスコアを一括して求める方法を、表2−24のデータを用いて説明する。

表2−24 Tスコアを一括して計算するためのデータ

	A	B	C	D	E	F
1		身長	体重	25m走	ボール投	立幅跳
2	1	115.9	21.5	7.1	4.7	92
3	2	117.9	27.5	6.5	8.8	80
4	3	113.8	18.5	6.8	4.5	70
5	4	116.6	20.3	5.6	2.0	120
6	5	110.0	19.9	6.1	9.8	117
7	6	115.6	21.0			
8	7	112.4	20.4	5.9	7.6	110
9	8	111.2	20.0	6.2	15.5	135
10	9	112.8	19.4	6.1		105
11	10	112.4	18.9	5.8	7.0	100
12	11	107.0	16.6		4.5	
13	12	111.5	19.2	5.6	12.5	115
14	13	110.5	17.1	6.8	5.0	120
15	14	113.1	19.0	6.0	6.3	115
16	15	106.0	19.0	6.4	6.1	105
17	16	114.0	18.5	6.6	4.3	100
18	17	111.0	17.6			
19	18	110.7	18.1	6.4	5.0	116
20	19	103.8	15.7	6.3	4.0	133
21	20	107.8	16.6	5.7	9.9	115

まず、各項目の平均値と標準偏差を求める。つまり、B22とB23のセルに、

B22　　＝ＡＶＥＲＡＧＥ（Ｂ２：Ｂ２１）
B23　　＝ＳＴＤＥＶＰ（Ｂ２：Ｂ２１）

という数式を入力して、横方向にF列まで連続コピーする。そして、Tスコアを表示するG2に

　G2　　＝５０＋１０＊（Ｂ２－Ｂ＄２２）／Ｂ＄２３

というTスコアを求める数式を入力する。これは後で連続コピーするので、コピーした後も平均値と標準偏差があるセルを正しく指定できるように、平均値と標準偏差のセルの指定は絶対参照でなければならない。最後に、G2の数式をK21まで連続コピーする。

表2－25　Tスコアの計算結果

	A	B	C	D	E	F	G	H	I	J	K
1		身長	体重	25m走	ボール投	立幅跳	身長のTスコア	体重のTスコア	25m走のTスコア	ボール投のTスコア	立幅跳のTスコア
2	1	115.9	21.5	7.1	4.7	92	61.9	59.4	70.3	43.4	39.8
3	2	117.9	27.5	6.5	8.8	80	67.6	84.3	56.3	55.6	32.5
4	3	113.8	18.5	6.8	4.5	70	56.0	46.9	63.3	42.8	26.4
5	4	116.6	20.3	5.6	2.0	120	63.9	54.4	35.3	35.3	56.9
6	5	110.0	19.9	6.1	9.8	117	45.2	52.7	47.0	58.6	55.1
7	6	115.6	21.0				61.1	57.3			
8	7	112.4	20.4	5.9	7.6	110	52.0	54.8	42.3	52.1	50.8
9	8	111.2	20.0	6.2	15.5	135	48.6	53.2	49.3	75.6	66.1
10	9	112.8	19.4	6.1		105	53.1	50.7	47.0		47.7
11	10	112.4	18.9	5.8	7.0	100	52.0	48.6	40.0	50.3	44.7
12	11	107.0	16.6		4.5		36.6	39.1		42.8	
13	12	111.5	19.2	5.6	12.5	115	49.4	49.8	35.3	66.7	53.8
14	13	110.5	17.1	6.8	5.0	120	46.6	41.1	63.3	44.3	56.9
15	14	113.1	19.0	6.0	6.3	115	54.0	49.0	44.7	48.2	53.8
16	15	106.0	19.0	6.4	6.1	105	33.8	49.0	54.0	47.6	47.7
17	16	114.0	18.5	6.6	4.3	100	56.5	46.9	58.6	42.2	44.7
18	17	111.0	17.6				48.0	43.2			
19	18	110.7	18.1	6.4	5.0	116	47.2	45.3	54.0	44.3	54.5
20	19	103.8	15.7	6.3	4.0	133	27.5	35.3	51.6	41.3	64.8
21	20	107.8	16.6	5.7	9.9	115	38.9	39.1	37.7	58.9	53.8
22	平均	111.7	19.2	6.2	6.9	108.7					
23	標準偏差	3.52	2.41	0.43	3.35	16.38					

以上、Tスコアを一括して求める手順を表2－26にまとめた。

表2-26 Tスコアを一括して求める手順

順序	セル番地	関数	説明
1	B22	＝AVERAGE（B2：B21）	平均を求める。
2		B22のセルの関数をF22まで連続コピー	
3	B23	＝STDEVP（B2：B21）	標準偏差を求める。
4		B23のセルの関数をF23まで連続コピー	
5	G2	＝50＋10＊（B2－B＄22）／B＄23	Tスコアを求める。
6		G2のセルの関数をK21まで連続コピー	

また、Excelにはzスコア（z値）を求める STANDARDIZE（ ）が用意されているので、これを
もとに、

　Tスコア＝zスコア×10＋50

　Hスコア＝zスコア×14＋50

として求めてもよい。関数 STANDARDIZE の書式は表2-27に示した。特に、いくつかの値に共通した平均と標準偏差を使う場合には、絶対参照を使わなければならないので注意が必要である。

表2-27 関数STANDARIZEの書式

STANDARDIZE	一般書式	書式	＝STANDARDIZE（値、平均、標準偏差）
		説明	平均と標準偏差をもとに値のz値を求める。
	事例	例	＝STANDARDIZE（B2、＄A＄1、＄C＄6）
		説明	A1の平均とC6の標準偏差からB2のz値を求める。

2.4.4 Tスコアを利用した総合評価

　いくつかの項目を合計（平均）して総合評価をしたい場合がある。例えば、ベンチプレス、アームプルオーバー、スクワット、スタンディングプレスなどの測定結果を総合して、「筋力」全体で順位付け（評価）するような場合である。これら測定値を直接加算した計算結果で順位をつけてもまったく意味はない。保健理論、バレーボールの技術点、サッカーの技術点、出席点などを総合して、その学期の「保健体育」の評価をしたい場合なども同様である。そのままの点数（素点）を合計しても正しい評価にはならない。しかし、Tスコア（標準得点）が同一の代表値と散布度をもつことから、これらはお互いに加算することが許容される。したがって、上に述べたような、異なる

2. 記述統計学

項目をまとめて、総合評価をする場合には、まず個々の項目をＴスコアに変換してから、全項目を合計して、その合計点で順位付けをする必要がある。

【例題２－６】 保健理論の定期テストを「中間テスト」と「期末テスト」２回実施した。しかし、中間テストは平均点が高く、期末テストは反対に平均がかなり低かった。これら２回のテスト結果を総合して今学期の成績（順位）をつけよ。

氏名	中間テスト	期末テスト
A	80	50
B	85	60
C	90	65
D	82	45
E	75	55
F	95	60
G	100	40
H	90	50
I	85	55
J	80	55
平均点	86.20	53.50
標準偏差	7.21	7.09

一般的手順	実際の手続き
① 中間テストのＴスコアを計算する。	Ａ君の素点８０点はＴスコアに変換すると４１．４０である。以下、繰り返す。
② 期末テストのＴスコアを計算する。	Ａ君の素点５０点はＴスコアに変換すると４５．０６である。以下、繰り返す。
③ 両テストのＴスコアを合計する。	Ａ君の２つのテストのＴスコアの合計は４１．４０＋４５．０６＝８６．４６である。以下、繰り返す。
④ ③をもとに順位をつける。	Ａ君の順位は９番目であった。以下、順位付けを繰り返す。

表２－２８　Ｔスコアによる順位付けの計算

氏名	中間テスト	期末テスト	中間Ｔスコア	期末Ｔスコア	合計	総合順位
A	80	50	41.40	45.06	86.46	9
B	85	60	48.34	59.17	107.51	3
C	90	65	55.27	66.22	121.49	1
D	82	45	44.17	38.01	82.18	10
E	75	55	34.46	52.12	86.58	8
F	95	60	62.21	59.17	121.38	2
G	100	40	69.14	30.96	100.10	6
H	90	50	55.27	45.06	100.33	5
I	85	55	48.34	52.12	100.46	4
J	80	55	41.40	52.12	93.52	7
平均点	86.20	53.50				
標準偏差	7.21	7.09				

【練習問題2－5】次のデータは背筋力と握力の測定結果である。各々Tスコアを求め、総合的な筋力の順位をつけよ。

氏名	背筋力	握力
A	155	50.0
B	205	55.0
C	170	65.5
D	185	45.5
E	195	60.5
F	175	50.5

（単位：ｋｇｆ）

2.4.5　Tスコアを利用した異なった項目間の変化量の比較

　異なった2つの項目の変化率を比較したいときがある。例えば、トレーニング前後の背筋力とソフトボール投げを比較してみよう。トレーニング前の背筋力の平均値は100ｋｇｆ、ソフトボール投げの平均値は20ｍであった。トレーニング後は背筋力の平均値が20ｋｇｆ向上して120ｋｇｆになった。ソフトボール投げの平均値は20ｍ距離が伸びて40ｍになったとしよう。

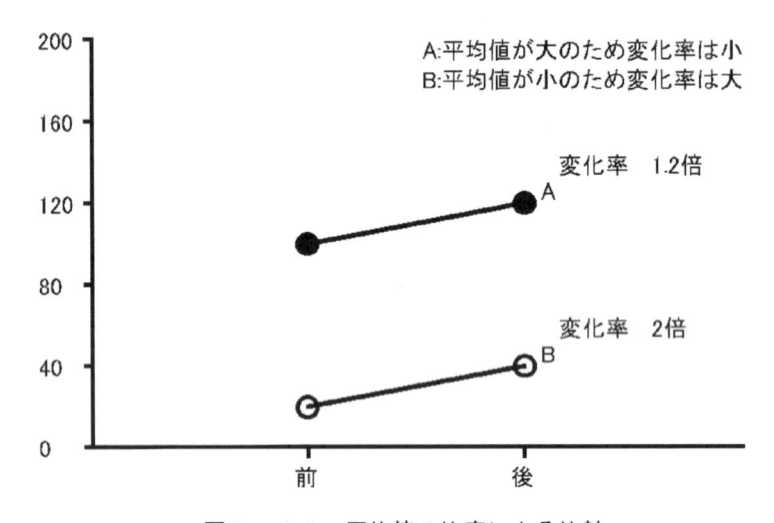

図2－19　平均値の比率による比較

　ここで、トレーニング前後の平均値の比率を求めて、背筋力は1.2倍（＝120／100）、ソフトボール投げは2.0倍（＝40／20）なので、「ソフトボール投げの方がよりトレーニングにより向上した」と結論していいだろうか。もちろん、この方法は正しくない。この方法で伸び率を求めると、本来の平均値の大小に影響を受けてしまう。上の例でも、両者とも数値上の変化はいずれも20であるが、背筋力の取り得る数値がソフトボール投げの取り得る数値よりも大きいため、常に大きな数値で除することになり、数値（平均値）の大きい方が常に過小評価を受け、数値（平均値）の小さな項目は常に過大評価されることになる。

　そこで、このような平均値の変化に集団の個人差（標準偏差）を加えてみる。表2－29は2つの項目AとBの前後の平均値と標準偏差を示したものである。

表2−29　2つの項目の前後の平均値と標準偏差

	前の平均値	後の平均値	標準偏差
項目A	140	160	6
項目B	80	100	12

　図2−20は2つの項目AとBの前後の平均値と標準偏差を示したものである。図2−20の右側部分は両項目の分布を横向きに図示したものである。

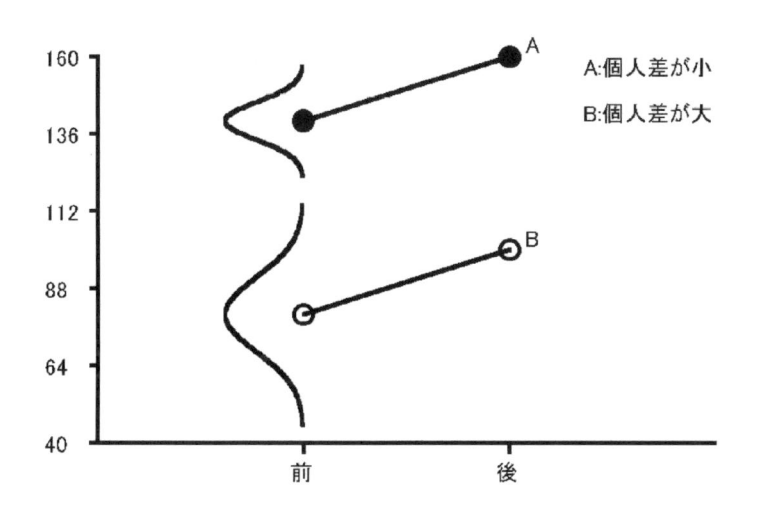

図2−20　個人差を基準にした変化量

　両項目の変化量は数値上はいずれも20であるが、図2−20からわかるように、項目Aは標準偏差が小、つまり、グループ内の個人差が小さい。反対に、項目Bは標準偏差が大で、個人差は大きい。同じ数値の増大であっても、項目Aの伸びは個人差の範囲を超えるほどの伸びである。反対に、項目Bは個人差の範囲内の伸びにとどまっている。この場合、項目Aの方が項目Bより実質的な向上があると考える方が妥当であろう。したがって、両項目の変化量（率）を比較する場合は、平均値を基準に考えるのではなく、集団の個人差、つまり、標準偏差を基準に考えるべきである。この場合、最も簡便な方法は「前」の平均値と標準偏差を基準にした「後」の平均値のTスコアを計算して、比較することである。例えば、上の例では

項目Aの「後」の平均値のTスコア　$T_A = \dfrac{10 \times (160-140)}{6} + 50 = 83.3$

項目Bの「後」の平均値のTスコア　$T_B = \dfrac{10 \times (100-80)}{12} + 50 = 66.7$

となり、項目AのTスコアの方が大となる。

【練習問題2−6】冬期の保健体育の授業では持久力の向上を目標にした内容にした。秋の男子の1500m走の測定結果は、平均6分32秒、標準偏差55秒であった。女子の1000m走の結果は平均が5分18秒、標準偏差が45秒であった。3学期の最後の授業で再度持久走の測定を行った結果、男子は平均が6分11秒、女子は5分01秒であった。男子と女子ではどちらに授業の効果があったと考えるべきだろうか。

3

検定と推定の基本

3.1 二項分布と検定

3.1.1 有意水準と帰無仮説

　ここに実力が全く同じ柔道選手がいたとしよう。実力が同じということは「勝つ確率が同じ」ということで、勝率をpとすると、

　p＝0.5

と表現できる。引き分けがないとすれば、必ずどちらかが「勝ち」、どちらかが「負ける」。実力は同じであるから、この場合、「まぐれで勝った」「たまたま負けた」ということになる。しかし、このような偶然の結果が続けて起こる確率はどのくらいであろうか。前の試合の結果が後の試合に影響しないとすれば、2回試合をして起こり得る結果は、

　　1） 第1試合に勝ち、第2試合にも勝つ。
　　2） 第1試合に勝ち、第2試合には負ける。
　　3） 第1試合に負け、第2試合には勝つ。
　　4） 第1試合に負け、第2試合にも負ける。

という4パターンである。勝ち負けの確率は同じなので、2回続けて勝つ、あるいは続けて負ける確率は4回に1回起こるので各々25％になる。3回はどうであろうか。図3－1は起こり得る8つのパターンを示したものである。図中の右端の数値は勝った回数である。また、図3－2は各パターンの確率をヒストグラムにしたものである。

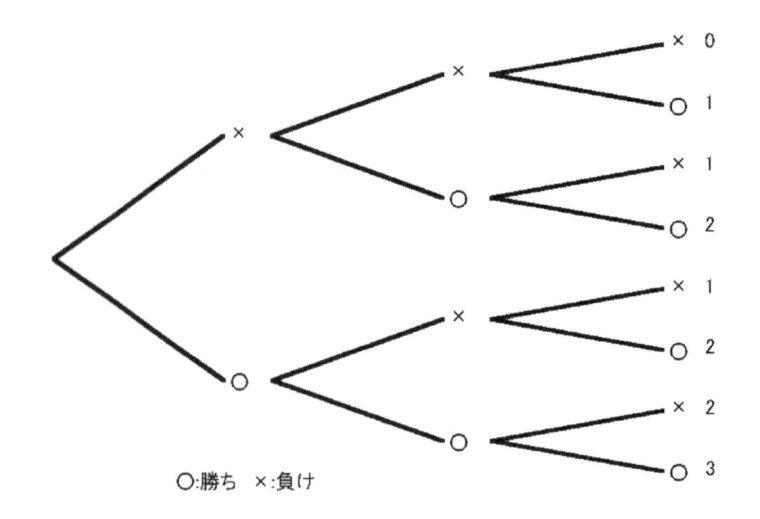

図3-1　実力が同じ者同士が3回対戦した場合の勝敗の組み合わせと勝数

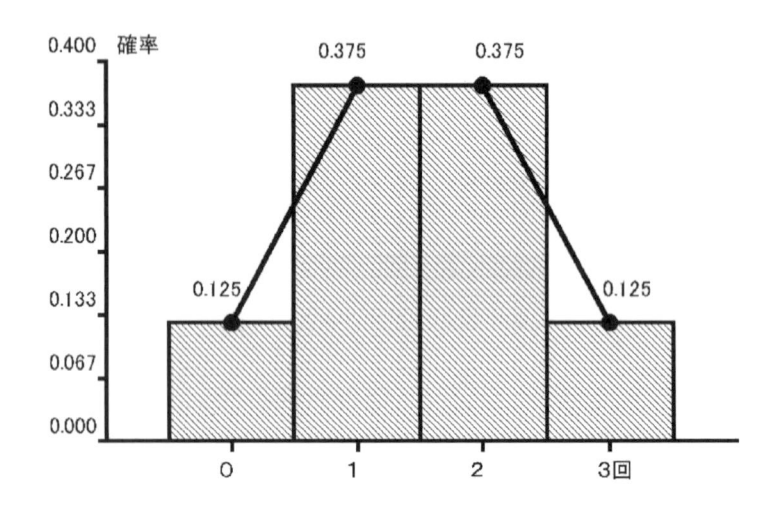

図3-2　実力が同じ者同士が3回対戦した場合の勝数別の確率

　3回続けて勝つ確率は12.5％になり、2回続けて勝つより起こりにくくなり、難しくなる。同時に全敗することも起こりにくくなる。そして、「1勝2敗」「2勝1敗」は3パターンずつになり、起こる確率は37.5％ずつになる。つまり、平均的な結果が多くなる。図3-3はさらに4回試合をした場合のパターンを、図3-4はそれらの各パターンの確率をヒストグラムにしたものである。

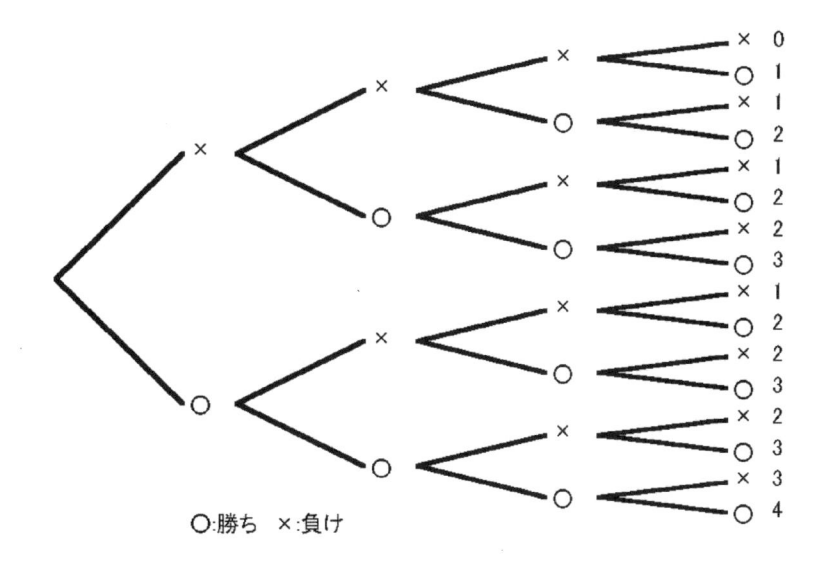

図3-3　実力が同じ者同士が3回対戦した場合の勝敗の組み合わせと勝数

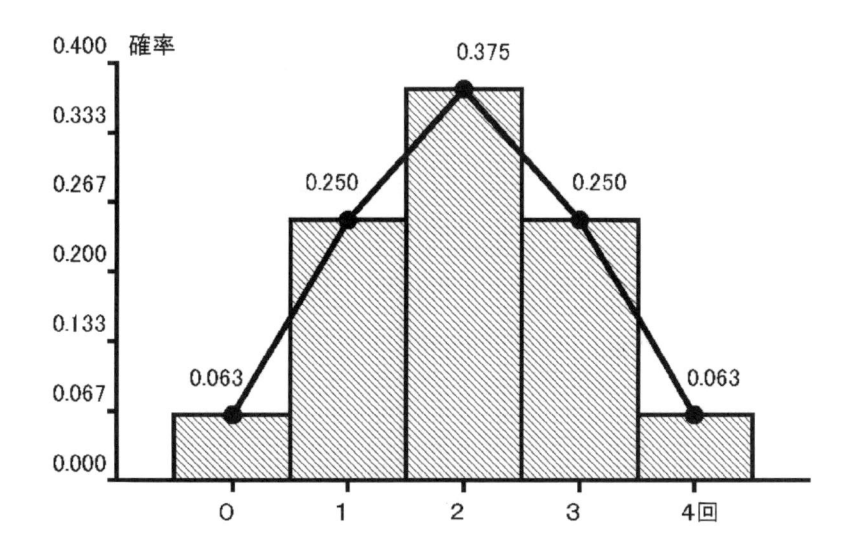

図3-4　実力が同じ者同士が4回対戦した場合の勝数別の確率

　このように、回数を増やせば増やすほど、「偶然」で連続して勝つ（負ける）確率は小さくなり、平均的な勝率の結果は多くなる。ただし、連続して勝つ確率は小さくはなるが、決して0％にはならない。では、どの程度小さい確率であれば「起こらない」と考えていいのだろうか。この判断は様々な場合があり、一様に判断はできない。「明日の天気予報が外れる確率」は、「明日行楽に出かける」「運動会がある」時でなければ、20％や30％でも許せるだろう。ギャンブルでは50％、つまり2回に1回でも「当たれば」うれしいだろう。しかし、無実の人間を間違えて死刑にしてしまう確率は1万回に1回でもあってはならない。統計学では、一応、5％を「ありそうもない確率」、1％を「非常にありそうもない確率」と考えることにしている。したがって、実力が同じ

者が3回対戦してすべて勝ってもこの偶然はあり得ることになる。では、5戦全勝ではどうであろうか。図3-5は5回対戦した場合の勝ち数別の確率を示したものである。

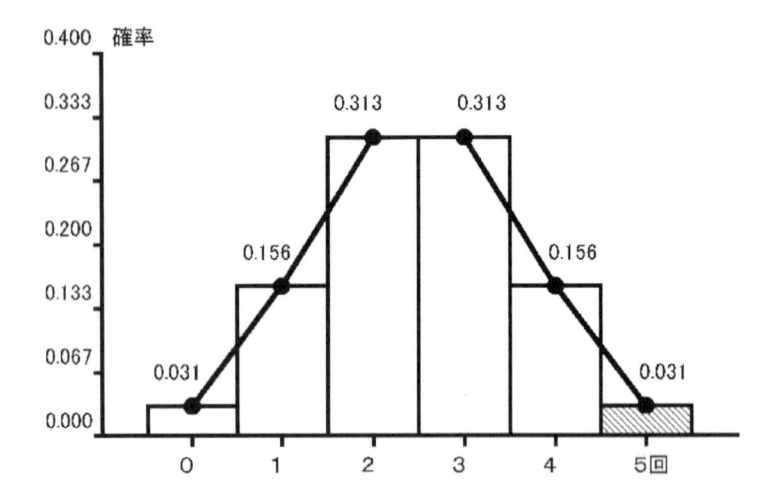

図3-5 実力が同じ者同士が5回対戦した場合の勝数別の確率

　5戦全勝の確率は3.125％となり、「ありそうもない確率」とされる5％以下である。したがって、統計学では、このような偶然は「起こらない」と判断する。このことから、単なる偶然ではない、すなわち「本来実力が同じ、つまり、$p=0.5$ではなかった」という結論を下す。つまり、5回対戦して全勝した選手は他の選手より「強い」「実力がある」ということになる。
　このように「ありそうもない確率」「非常にありそうもない確率」を「有意水準（α）」と呼ぶ。「有意水準5％で××である」という表現をする。ただし、5％は間違えて結論してしまう危険性もあるが、残りの95％は「確かであろう」という意味である。したがって、この場合の有意水準（α）を「危険率」ということもある。また、1から有意水準を引いた（$1-\alpha$）を信頼度と呼ぶ。
　そして、この場合は「実力が同じ、全選手の勝率$p=0.5$」という前提で、各確率の偶然で起こる確率を計算した。結果、全勝する確率が非常に小さく、起こり得ないと考えられるので、「実力は同じではなく、全勝した選手の勝率は高い、つまり$p>0.5$である」と考えた。この「$p=0.5$」という前提を「帰無仮説」と呼ぶ。帰無仮説（H_0）は「前提が成り立たない」ということを証明するためのものなのでそう呼ばれる。それに対して、帰無仮説が成り立たない（棄却された）場合に成り立つ仮説、つまり「$p>0.5$」を対立仮説（H_1）と呼ぶ。
　また、以上の手続きのように、「帰無仮説のもとでそれぞれの事象の起こる確率を計算し、有意水準よりも小さければ、帰無仮説を棄却し、対立仮説を結論とし、反対に、有意水準よりも大であれば、帰無仮説を棄却せず、採択する」ことを「検定」と呼ぶ。

3.1.2　片側検定と両側検定

　今まで述べてきた検定の関心事は「実力に差がない（$p=0.5$）か、本当に実力が他の者よりもある（$p>0.5$）か」ということであった。したがって、勝率が50％以下の者は検定するまでもなく、実力はないと判断でき、検定すべき範囲は勝率が0.5を超える部分に限定される。この場合の帰無仮説は「$p=0.5$」であり、対立仮説は「$p>0.5$」となる。この場合は二項分布の右側の確率が有意水準を超えるかどうかのみを調べればよいことになる。
　それに対して、検定しようとする関心事が「実力に差がある（$p\neq0.5$）か、ない（$p=0.5$）か」であれば、実力に差がない（$p=0.5$）場合に対する対立仮説としては「強くて差がある（$p>0.5$）」場合と「弱くて差がある（$p<0.5$）」場合の2つの場合が考えられる。こ

3. 検定と推定の基本

のような場合は、二項分布の両側を合わせた確率が有意水準を超えるかどうかも調べる必要がある。
　分布の片側のみを対象にする前者を「片側検定」といい、分布の両側を調べる後者を「両側検定」と呼ぶ。「能力があるか、ないか」「強いか、弱いか」「合否判定」などを検討する場合や、あらかじめ検定の対象に差があることが明らかな場合などは片側検定を行う。例えば、一流選手と中学生のスポーツ選手の技術の比較などは中学生が一流選手以上に優れているとは考えられないので「劣っているか、同じか」を片側検定することになる。しかし、ほとんどの場合は事前に優劣などの情報がある場合は少ないので両側検定を行う。
　図3－6は8回対戦し、「7勝1敗」の選手の二項分布を示している。この選手が「他の選手より強いか、そうでないか（片側検定）」ではなく、「他の選手と同じ実力か、そうでないか（両側検定）」を調べてみよう。この選手の実力が他の選手と異なる場合としては、強すぎる場合と弱すぎる場合の2つの場合があるので、強い場合の確率、つまり、7勝以上の確率と、弱い場合の確率、つまり、1勝以下の確率を合計した確率が検定の対象になる。7勝以上の確率は0.035（＝0.031＋0.004）、1勝以下の確率も0.035（＝0.031＋0.004）となり、分布の両端の確率の合計は0.07となる。つまり、有意水準を超えるのでこの場合には帰無仮説を捨てることはできない。

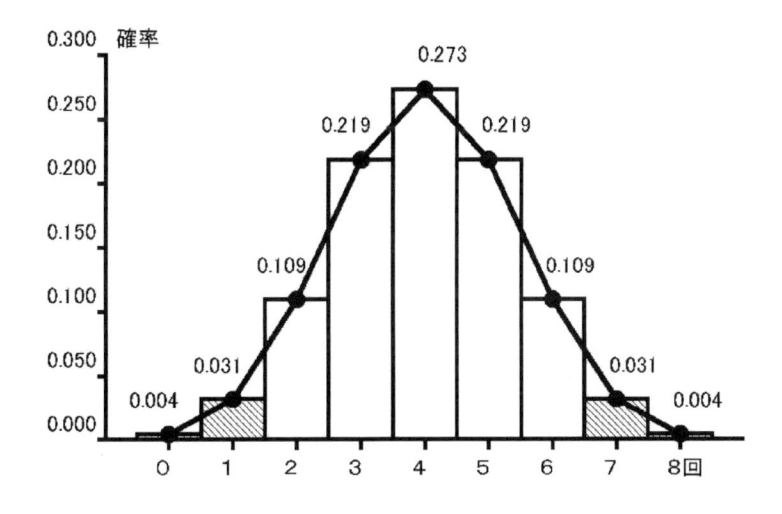

図3－6　両側検定

3.1.3　棄却域と区間推定

　検定の場合は、帰無仮説をたて、その事象の確率をもとに仮説が棄却されるか、あるいは採択されるかを判断した。逆に、それらの事象が起こる確率がわかっているのであれば、そのことから帰無仮説が棄却される範囲や採択される範囲をあらかじめ知ることができる。帰無仮説が棄却される範囲を「棄却域」と呼ぶ。また、採択される範囲をあらかじめ求めることを「区間推定」と呼ぶ。
　上の8回対戦した場合の5％の有意水準（危険率）の棄却域は、片側検定であれば7回と8回、両側検定であれば0回と8回になる。これ以上、あるいはこれ以下の値であれば棄却域になるという境界の値を「棄却限界値」と呼ぶ。上の片側検定では7回が棄却限界値になる。
　逆に、棄却域以外の区間が帰無仮説が採択される範囲ということになる。上の例では、片側検定では0から6回まで、両側検定では1回から7回までが相当する。有意水準をαとすると、$(1-\alpha)$を信頼度と呼ぶ。例えば、「信頼度95％で××から××の範囲に存在する」という表現をする。

3.1.4 第1種の誤りと第2種の誤り

　仮説の棄却と採択に関しては2種類の間違いをおかす可能性がある。仮説が正しいときに仮説を採択し、仮説が間違いのときに仮説をすてるのは正しい決定である。仮説が正しいのに仮説をすててしまうのは誤りである。また、仮説が間違いのときに仮説をすてないのも誤りである。前者は「あわてもの」の間違いであり、「第1種の誤り」と呼ばれる。後者は「ぼんやりもの」の間違いであり、「第2種の誤り」と呼ばれる。第1種の誤りをα（あわてもの）の誤り、第2種をβ（ぼんやりもの）の誤りと呼ぶ場合もある。

　有意水準は第1種の誤り（α）であり、検定する場合に5％や1％などを自由に設定できる。第2種の誤り（β）は第1種の誤りと関係があり、αが大きくなればβは小さくなり、反対に、αが小さくなればβは大きくなる。

表3-1　第1種の誤りと第2種の誤り

		真の状態	
		仮説は正しい	仮説は間違い
決定	仮説をすてる	第1種の誤り	正しい決定
	仮説をすてない	正しい決定	第2種の誤り

　上の8回対戦した場合の5％の有意水準の片側検定では、勝数が7回以上が仮説棄却の範囲であった。これは仮説が「実力に差がない、つまりp＝0.5」であった。実際の勝率がp＝0.5であれば仮説が正しいので第2種の誤りは存在しない。では、p＝0.6、0.7、0.8、0.9、0.95の場合の第2種の誤りβはどうであろうか。図3-7から図3-11はそれぞれの確率の二項分布で、棄却域を7回以上にした場合の第2種の誤りβを図示したものである。

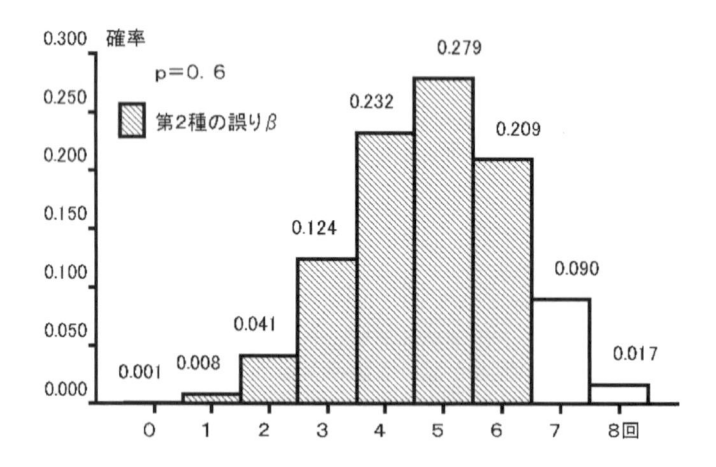

図3-7　p＝0.6の第2種の誤り

3．検定と推定の基本

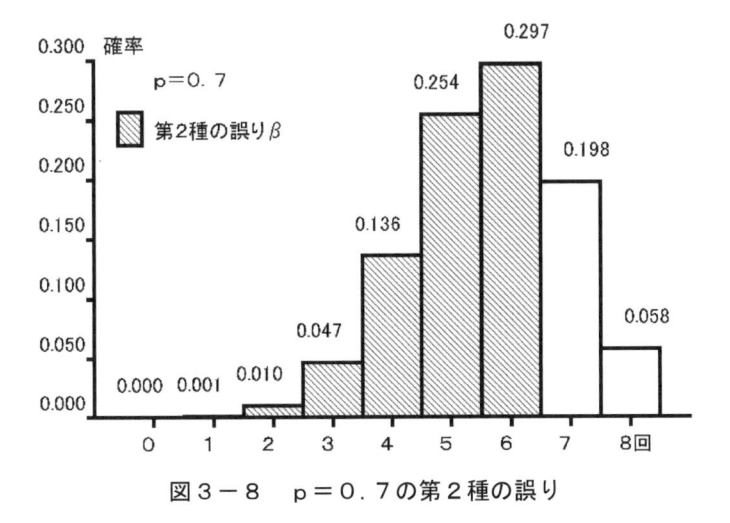

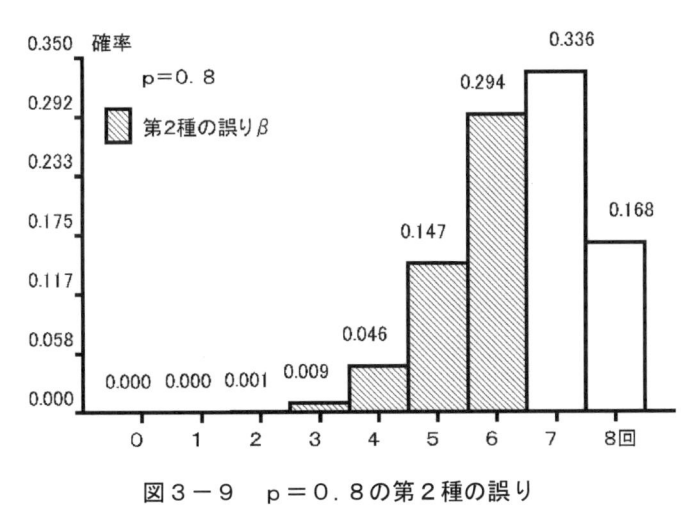

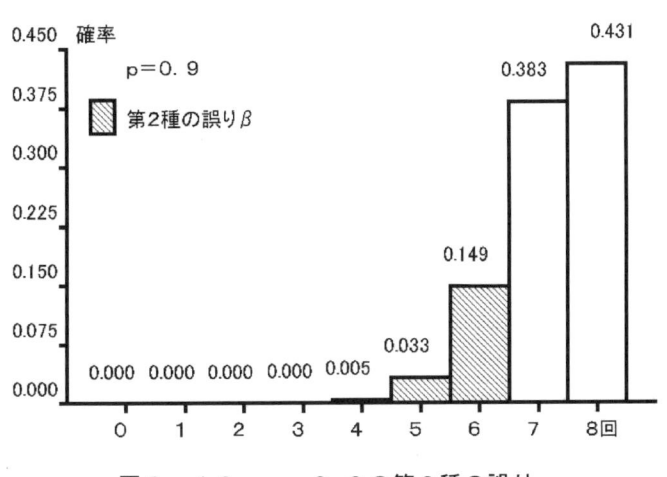

図3-8　p＝0.7の第2種の誤り

図3-9　p＝0.8の第2種の誤り

図3-10　p＝0.9の第2種の誤り

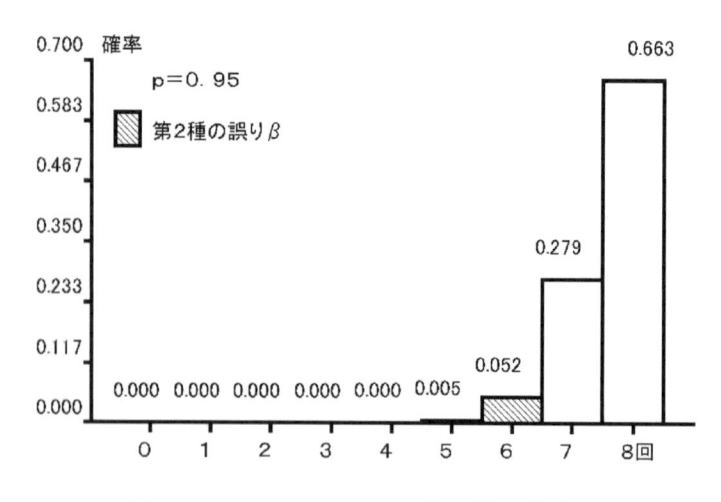

図3-11　p＝0.95の第2種の誤り

表3-2　pの確率別αとβ

	0.5	0.6	0.7	0.8	0.9	0.95
α	0.0352					
β		0.8936	0.7447	0.4967	0.1869	0.0572

　p＝0.5の時は仮説は正しいのでβは存在しない。また、p＞0.5の時は仮説は正しくないのでαは存在しない。これらの図あるいは表からわかるように、pの値が仮説の0.5から離れれば離れるほど、「仮説は誤りなのに仮説をすてない」誤りは少なくなる。
　表3-3は繰り返し数を様々にかえた場合のβを求めたものである。また、図3-12はそれを折れ線グラフにしたものである。

表3-3　繰り返し数ごとの第2種の誤り

繰り返し数	棄却限界値	p=0.6	p=0.7	p=0.8	p=0.9	p=0.95
5	4	92.22	83.19	67.23	40.95	22.62
10	8	95.36	85.07	62.42	26.39	8.61
15	11	90.95	70.31	35.18	5.56	0.55
20	14	87.44	58.36	19.58	1.13	0.03
25	17	84.64	48.82	10.91	0.23	
30	19	70.85	26.96	2.56	0.01	
35	22	69.43	22.71	1.42		
40	25	68.26	19.26	0.79		
45	28	67.28	16.42	0.44		
50	31	66.44	14.06	0.25		
55	34	65.71	12.08	0.14		
60	36	54.89	6.32	0.03		
65	39	54.70	5.48	0.02		
70	42	54.53	4.76	0.01		
75	45	54.38	4.14	0.01		
80	47	45.16	2.11			
85	50	45.31	1.85			

	90	53	45.44	1.62			
	95	56	45.56	1.42			
	100	58	37.75	0.72			

注）空欄は確率がほとんど0に近い値である。

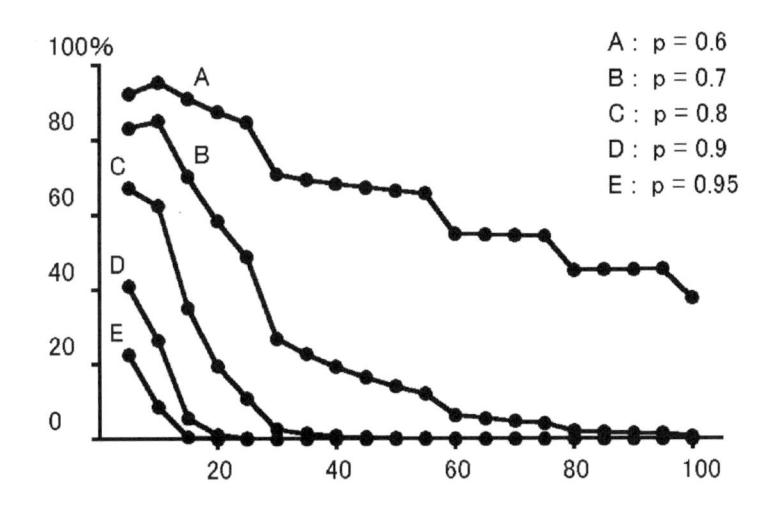

図3－12　繰り返しによる第2種の誤りの変化

　上の図は分布が離散的であるため、増減が必ずしも単調的ではない部分もあるが、概ね繰り返し数が増えるにしたがって第2種の誤りは少なくなっていく。統計学的検定などで十分な繰り返し数や標本数を要求されるのは、このように繰り返す数や標本数が多くなれば第2種の誤りを起こす危険が少なくなるからである。特に、（1－β）を検出力と呼ぶ。検出力は「仮説が正しくないときに仮説をすてる確率」である。

3.1.5　自由度

　ここに5つの数値と、その数値の合計があるとしよう。ただし、5番目の数値はわからないとしよう。

　5＋1＋4＋2＋（　）＝14

　しかし、この場合、（　）の中に入るべき数値は2であることはすぐにわかる。合計と他の4個の数値が既に決まっていれば、5番目の数値は自動的に決まってしまうからである。このように、合計があらかじめ決まっていれば、5個の中で4個まではいかなる数値であってもよいが、最後の5番目の数値は、それまでの過不足分を補わなければならないので、どのような数値でもよいというわけにはいかない。このように、合計が決まっているという条件のもとで、自由に数値を選べる個数を「自由度」と呼ぶ。これは平均でも、標準偏差についても同様である。一般に、n個の数値であれば（n－1）が自由度になる。

　また、下の表のように2×2のクロス表を考えてみる。各行と各列の合計が既に決まっているが、（　）内の数値はわからないとする。

表3－4　周辺度数が決まっているクロス表

2	（　）	3
（　）	（　）	5
4	4	8

しかし、この場合も（　）内の数値は３つとも自動的に決まってしまう。表3－5は空白を埋めた表である。

表3－5　周辺度数からのクロス表の度数の推定

2	（1）	3
（2）	（3）	5
4	4	8

このクロス表では左上の数値２だけが自由に決められることになり、他の３つのセル内の数値は左上の数値に応じて自動的に決まることになる。したがって、この２×２の表の場合は自由度は１ということになる。

また、自由度は分布を特定する場合にも重要な意味を持つ。二項分布もｎの数に応じてその分布の形状が異なり、その確率も変化した。したがって、各事象の確率はｎに応じて求めた。これは他のｔ分布、Ｆ分布、χ^2分布などでも同様で、それらを算出した事象の状況に応じた分布の形状がある。二項分布のｎに相当する指標も自由度と呼ばれる。検定の際には対応する各分布の確率を自由度に対応させて表から読み取ることになる。しかし、分布によっては必ずしも（ｎ－１）ではない場合もあり、Ｆ分布などは自由度が２つある。

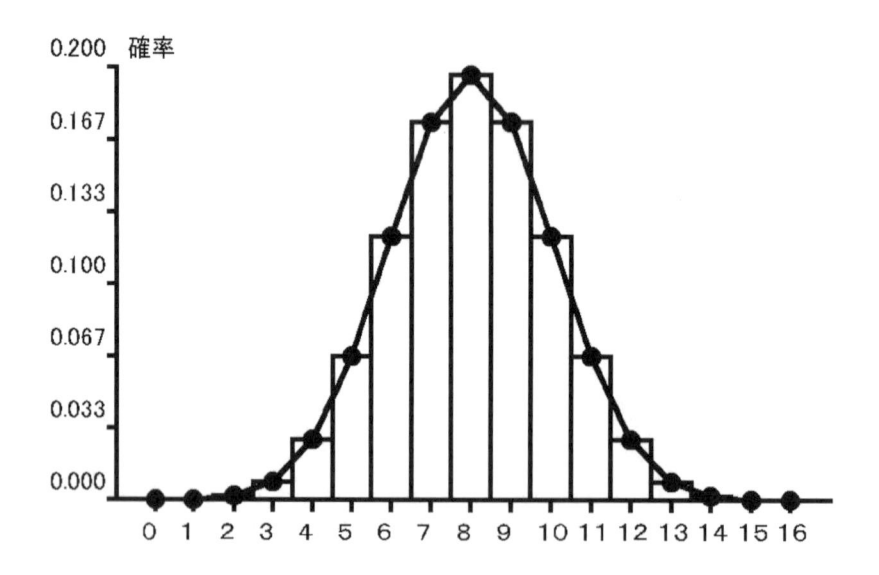

図3－13　ｎが多い場合の二項分布

通常はｐ＝０．５の場合は１０以上であれば十分正規分布に近似しているとみなすことができる。その場合、平均値はｎｐ、分散はｎｐｑ、（ｑ＝１－ｐ）となる。したがって、ｎの数が１０より大きくなれば、正規分布を用いて、確率を計算し、検定などが可能である。ただし、確率ｐが０．５と離れれば離れるほど、近似の程度は悪くなるので注意が必要である。

3.2 正規分布と検定

3.2.1 正規分布の棄却限界値

　離散的分布であった二項分布と異なり、標準正規分布は連続的な分布である。したがって、その分布の形状は先にも述べたようになめらかな曲線で表される。また、分布の横軸座標は慣例としてuが用いられるが、これは標準偏差を単位にした標準得点、つまりz得点である。他の分布と異なり、正規分布は母集団の分布であるので、繰り返し数に対して変化しない。したがって、分布の自由度はない。

　正規分布の横軸の値に対する確率は細かに計算されている。また、自由度がないため、他の分布の確率のように自由度別の確率を表の中から探す手間はいらない。右端0.5％に対応する横軸座標uは2.58、1％は2.33、2.5％は1.96、5％は1.64である。

　通常の検定は分布の両側（大小）について行われる。帰無仮説が「平均値と等しい」、対立仮説が「平均値と異なる」という場合、対立仮説を採択するには、大きすぎて異なる場合と小さすぎて異なる場合の両方の場合を考慮しなければならないからである。したがって、有意水準は分布上の左右の面積の合計となる。つまり、5％であれば、左右2.5％、1％であれば左右0.5％である。棄却限界値もそれらに対応するu値になる。これを両側検定と呼ぶ。

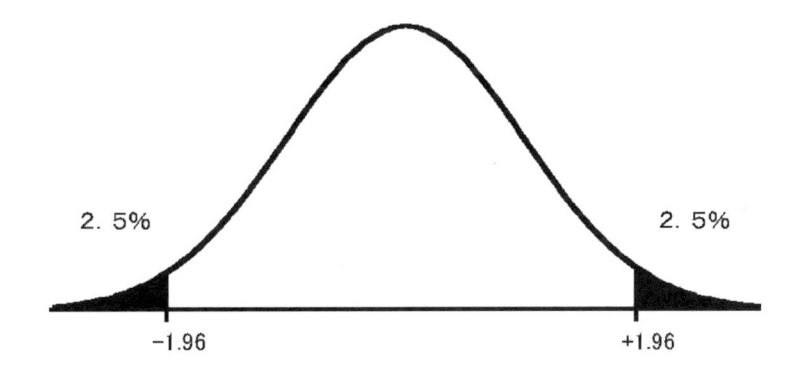

図3－14　5％の両側検定の棄却域

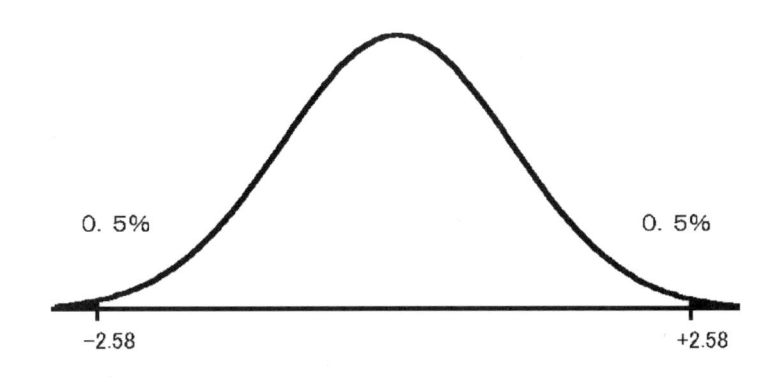

図3－15　1％の両側検定の棄却域

　しかし、先験的にどちらかが大きい、あるいは小さいことがわかっていれば、「平均値と等しい」という帰無仮説に対する対立仮説は「平均値と異なる」ではなく、「平均値より大きい」ある

いは「平均値より小さい」となる。したがって、分布のどちらか一方のみの検定でよいので、棄却限界値に対する確率は、どちらか一方の面積が有意水準と同じ確率であればよい。これを片側検定と呼ぶ。しばしば、分布表の中には両側検定の確率に対応させた横軸の値を計算している場合がある。この場合は両側検定の確率を2倍にした点で比較することになる。

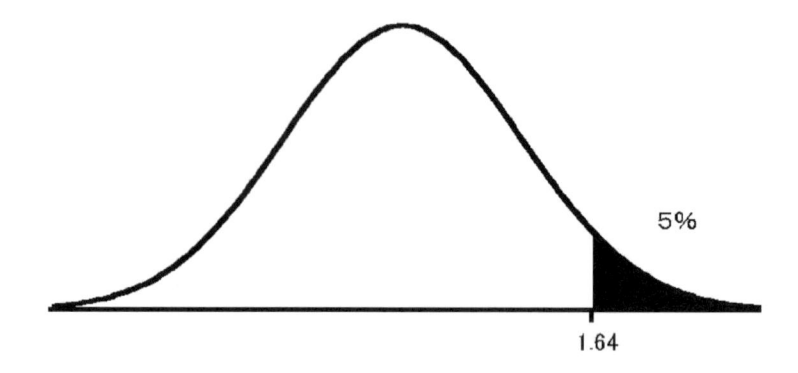

図3－16　5％の片側検定の棄却域

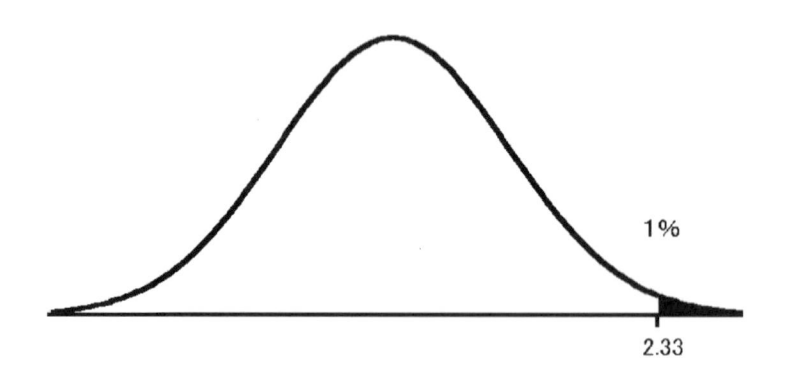

図3－17　1％の片側検定の棄却域

したがって、5％の両側検定ではu＝±1.96、1％の両側検定ではu＝±2.58、片側5％の検定ではu＝＋1.64（あるいは－1.64）、片側1％の検定ではu＝＋2.33（あるいは－2.33）が棄却限界値となる。しかし、両側検定では大まかな数値として、1.96の代わりに「2」、2.58の代わりに「3」を用いる場合もある。

3.2.2　正規分布を利用した区間推定

　ある母集団からランダム（無作為）にとられた標本が、どのような性質をもつかを知ることができれば、逆に標本から得られた統計値に基づいて、その標本が抽出された母集団がどのようなものであるかを推測することができる。これを「推定」と呼ぶ。特に、標準正規分布は上で述べたようなことが既にわかっているので、それをもとに個々の標本の取り得る範囲を推定することができる。
　例えば、全国規模で調査・測定された5000名の中学1年生男子のハンドボール投げの測定値の平均と標準偏差がわかっているとしよう。この平均値と標準偏差は母集団の平均（これを母平均といい、μで表す）と母集団の標準偏差（これを母標準偏差といい、σで表す）とみなすことができる。ここでは、母平均（μ）が30m、母標準偏差（σ）が3で、分布が正規分布していると考

えられるとしよう。標準正規分布の5％の棄却限界値は、両側検定では平均を中心にu＝±1.96であるので、それらに囲まれた範囲の確率は95％にある。つまり、5％の棄却限界値の場合、

$\mu + 1.96\sigma = 30 + 1.96 \times 3 \fallingdotseq 36$
$\mu - 1.96\sigma = 30 - 1.96 \times 3 \fallingdotseq 24$

となり、この分布から無作為に標本を選んだ場合、その標本の95％は24以上かつ36以下の範囲にあることになる。これを「5％の危険率（95％の信頼度）で区間推定値は24から36である」と呼ぶ。1％の棄却限界値の場合、

$\mu + 2.58\sigma = 30 + 2.58 \times 3 \fallingdotseq 38$
$\mu - 2.58\sigma = 30 - 2.58 \times 3 \fallingdotseq 22$

となり、1％の危険率（99％の信頼度）での区間推定値は22から38になる。

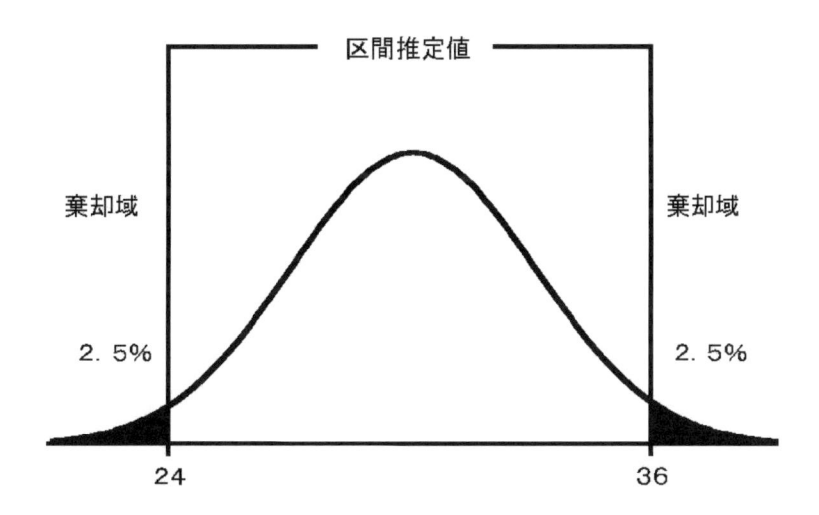

図3-18　5％の危険率での区間推定

ここで、「5％の危険率で」という場合は、「20回に1回はそうでないかもしれない」ということであり、1％の危険率の場合は「100回に1回は外れる可能性がある」ということである。当然ながら範囲を大きくとれば外れる可能性は少なくなる。したがって、1％の危険率の方が範囲は広くなり、5％の危険率の方が範囲は狭くなる。

また、区間ではなく、ある1つの値で推定したい場合もある。この場合は通常、平均値を用いる。たとえ、外れてもズレは最も小さくなるからである。1つの値で推定することを、区間推定に対して点推定と呼ぶ。

3.2.3　検定

検定とは「ある統計的な仮説をたて、その仮説の下で事象の起こる確率を計算し、その確率が一定の値以下であれば仮説を棄却し、一定の値以上であれば仮説を採択する」ことである。統計的検定は物事の大小や優劣を単に主観や感情ではなく、科学的根拠に立って判断することを可能にする。

一般に次のような手順で行う。

① 棄却することを目的とした仮説（帰無仮説）をたてる。
② 生起する事象が近似する分布上の統計値を計算する。

③ 一定の自由度での分布の生起する確率が5％あるいは1％の値を表から求める。
④ 計算された統計値と表から求められた値を比較する。
⑤ 計算された値が表の値より大であれば仮説を棄却し、計算された値が表の値より小であれば仮説を棄却しない（採択する）。

【例題3－1】「2歳になる自分の男の子の身長が81cmと近所の子どもと比べて小さいので、発育上の問題があるのではないかと母親は心配している。全国規模の調査では2歳男児の身長の平均は86.5cm，標準偏差は3.5cmであった。この子は全国平均と比較して発育上問題があるといえるか」という問題を検討せよ。

この問題は統計学的には「身長81cmの標本が、母平均（μ）86.5cm，母標準偏差（σ）3.5cmの正規分布から無作為に選ばれたといえるか」ということであり、選ばれる確率が5％（あるいは1％）以上であれば、そのようなことはしばしば起こることなので、それは単に偶然によるもので、発育上の問題は心配がない。しかし、確率が5％（あるいは1％）以下であれば、そのようなことは滅多に起こらないので、「選ばれない」と判断し、別の集団（発育上問題のある子ども達）から選ばれたと判断する。この検定は、正規分布する母集団から無作為に抽出された標本の分布が、母集団と同じ平均値と同じ標準偏差を持つ正規分布をすることを利用して行うことができる。一般的手順と実際の手続きを下の表にまとめた。

一般的手順	実際の手続き
① 棄却することを目的とした仮説（帰無仮説）をたてる。	「身長81cmの標本は母平均86.5cm，母標準偏差3.5cmの正規分布から無作為に選ばれた標本である（$\mu = x$）」という帰無仮説をたてる。対立仮説は「標本は母平均86.5cm，母標準偏差3.5cmの正規分布から無作為に選ばれた標本ではなく、それよりも小さい（$\mu > x$）。」
② 生起する事象が近似する分布上の統計値を計算する。	平均86.5、標準偏差3.5の正規分布上での81の標準得点（z得点、u_oと表現する）は $$u_o = \frac{81 - 86.5}{3.5} = -1.571$$ となる。
③ 一定の自由度での分布の生起する確率が5％あるいは1％の値を表から求める。	正規分布に関しては自由度はない（常に無限大）。表を見るまでもなく、片側検定では5％は1.64、1％は2.33である。
④ 計算された統計値と表から求められた値を比較する。	計算された値の絶対値1.571は1.64よりも小さい。
⑤ 計算された値が表の値より大であれば仮説を棄却し、小であれば仮説を棄却しない（採択する）。	したがって、帰無仮説を棄却できない。つまり、全国平均と違っているとはいえない。つまり、全国並みだと考える。

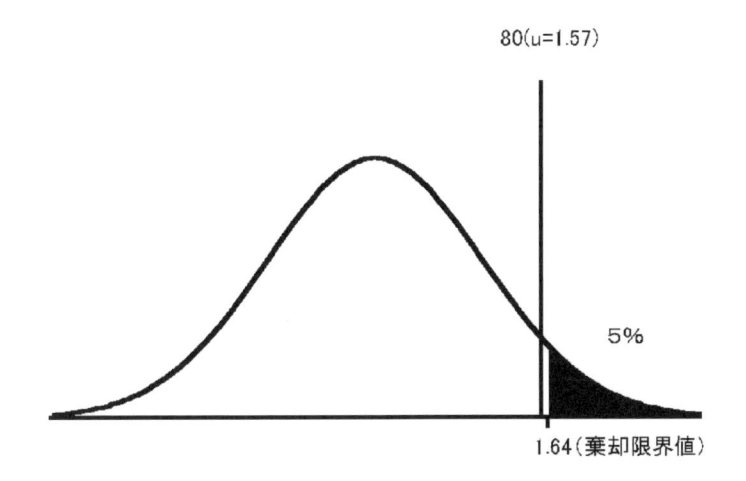

図3－19　正規検定

　以上、この問題は母親の取り越し苦労であったことになる。ここで、対立仮説が「小さいかどうか（x＜μ）」を検定したので片側検定になったが、「違うかどうか（x≠μ）」を検定するならば両側検定になる。通常は「大きくて違う」場合と「小さくて違う」場合の両方が考えられるので両側検定になる場合が多い。
　検定はその事象が近似する分布型によって名称が付けられる。したがって、この場合は正規分布を利用したので、正規検定と呼ばれる。

　正規検定に限らず、あとで述べるt検定などでも、計算される統計値、つまり、分布の横座標の値は、両側検定であれば左右同じであるので、正（＋）と負（－）は関係なく、符号を除いた絶対値で判断する。正（＋）であれば大きい方にズレていることになり、負（－）であれば小さい方にズレていることになる。したがって、分布表は正の数値で書かれている。
　また、一般に、5％水準の統計値は必ず1％水準の統計値よりも小となる。したがって、5％水準で有意差がなければ、当然1％水準でも有意差はない。逆に、1％水準で有意差があれば、当然5％水準でも有意差がある。計算された統計値と分布表の値との比較結果は、3パターンあることになる。つまり、

　1）1％水準の分布表の値より、計算された統計値の方が大
　2）1％水準の分布表の値よりは小さく、5％水準よりは大
　3）5％水準の分布表の値より小

　このような場合は、1）は「1％水準で有意差がある」と結論し、2）は「5％水準で有意差がある」と結論する。3）の場合はただ単に「有意差なし」と呼ぶ。「5％では・・・、1％では・・・」と個々の場合についてはいわない。しかし、本来は計算された結果をみて、有意水準を決めるのではなく、分析を始める前にどちらの有意水準を用いるかを決めて、同時にいくつかの検定を行う場合も一定の水準にすることが望ましい。

表3-6 計算された統計値と分布表の値との比較のパターン

計算された統計量の大小	計算された統計値との比較	結　論
大 ↑ ---- 1％水準の値 ----	計算された統計値の方が 　1％水準の分布表の値より大きい	1％水準で有意差がある
（中間） ---- 5％水準の値 ----	計算された統計値は 　5％水準の分布表の値より大きく、 　1％水準の分布表の値より小さい	5％水準で有意差がある
↓ 小	計算された統計値の方が 　5％水準の分布表の値より小さい	有意差がない

　図3-20は正規分布の「第1種の誤り」と「第2種の誤り」の関係を示している。二項分布はpの値により分布自体の形状が変わったが、正規分布の場合は変わらない。二項分布のpの値が0.5より離れれば離れるほど第2種の誤りが少なくなったのと同様に、μ（母平均）とm（標本平均）が違えば違うほど、第2種の誤りは少なくなる。

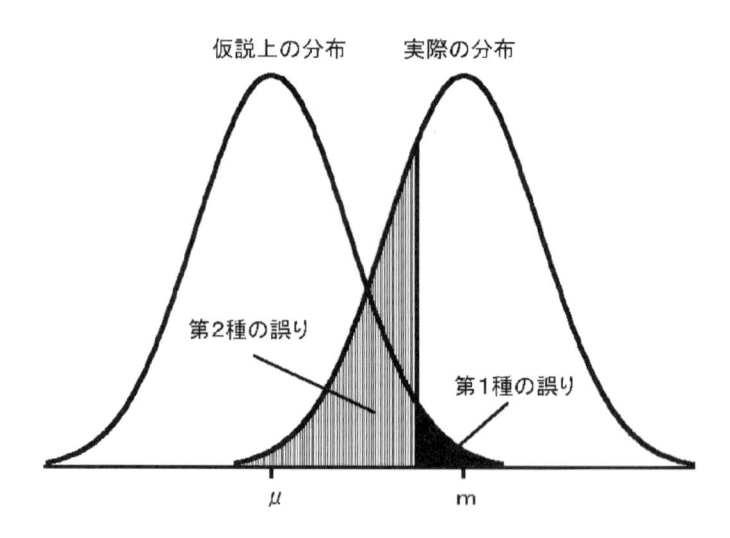

図3-20　正規検定における第1種の誤りと第2種の誤りとの関係

4

2群間の平均値の差の検定

4.1 母平均と標本平均の差の検定

4.1.1 母分散がわかっているときの母平均と標本平均との差の検定

　母平均μ、母標準偏差σの正規分布から無作為にn個選んだ平均値（標本平均値m）の分布は平均値は同じ（μ＝m）であるが、バラツキは小さくなる。この傾向はnの個数が多くなればなるほど著しくなり、一般に標本分散s^2は母分散σ^2の1／nになる。したがって、このことを利用して、母分散がわかっている場合は平均値の差の検定を行うことができる。

$$u_0 = \frac{m - \mu}{\frac{\sigma}{\sqrt{n}}}$$

　このu_0は正規分布をするので、u_0が±1.96以上であれば5％水準で有意差があり、±2.58以上であれば1％水準で有意差があるといえる。この場合、片側検定であれば、1.64以上が5％水準、2.33以上が1％水準で有意差があることになる。平均値が異なる場合は、大きすぎて異なる場合と小さすぎて異なる場合の両者が考えられるので、通常は両側検定が用いられる。本書でも、特にことわらない場合は両側検定を意味している。

　具体的には次の手順で検定を行う。
① 帰無仮説をたてる。
② u_0の統計量を計算する。
③ ｜u_0｜を正規分布の5％値あるいは1％の値と比較する。
④ 計算された値が表の値より大であれば帰無仮説を棄却し、小であれば仮説を棄却しない（採択する）。

【例題4－1】A中学の1年生男子73名の50m走を測定した結果、平均値は7.9秒であった。全国規模で行われたスポーツテストの全国平均は7.6秒、標準偏差は1.6秒であった。A中学の1年生男子の50m走の記録は全国平均並みといえるか検定せよ。

一般的手順	実際の手続き
① 棄却することを目的とした仮説（帰無仮説）をたてる。	帰無仮説「A中学1年男子50m走の平均は全国平均と同じ（m＝μ）」 対立仮説「同じではない（m≠μ）」
② 生起する事象が近似する分布上の統計値を計算する。	$\|u_0\| = \dfrac{m-\mu}{\dfrac{\sigma}{\sqrt{n}}} = \dfrac{7.9-7.6}{\dfrac{1.6}{\sqrt{73}}} = 1.60$
③ 計算された統計値と表から求められた値を比較する。	計算された｜u｜値の1.60は、正規分布の両側検定の5％の棄却限界値の1.96よりも小さい。
④ 計算された値が表の値より大であれば仮説を棄却し、小であれば仮説を棄却しない（採択する）。	したがって、帰無仮説を棄却できない。つまり、全国平均と違っているとはいえない。つまり、全国並だと考える。

【練習問題4－1】文部科学省の体力診断テストの15歳の平均は21.6点で、標準偏差は4.5点であった。B中学校3年生から無作為に18名を選び、診断テストの点を調べた。同年代の全国平均値と有意な差があるか正規検定を行え。

> 27 28 21 23 24 23 23 24 25 22 18 22 22 23 24 25 26 19

（単位：点）

4.1.2 母分散がわかっていないときの母平均と標本平均との差の検定

母分散がわかっている場合についての検定については上に述べた。しかし、多くの場合、母分散（σ^2）、つまり標準偏差（σ）がわかっていない場合が多い。そのような場合は母分散（σ^2）の代わりに、（n－1）で割った不偏分散（V^2）を用いる。つまり、

$\dfrac{\sigma}{\sqrt{n}}$ の代わりに $\dfrac{V}{\sqrt{n}}$ を分母に代入する。ただし、この分母の2乗は

$$\dfrac{V^2}{n} = \dfrac{\Sigma(x-m)^2}{n-1} \cdot \dfrac{1}{n} = \dfrac{\Sigma(x-m)^2}{n} \cdot \dfrac{1}{n-1} = \dfrac{s^2}{n-1}$$

となるので、不偏分散（V^2）を求めなくても、通常の標本標準偏差を用いても同様である。結局、求める統計量 t_0 は

$$t_0 = \dfrac{m-\mu}{\dfrac{s}{\sqrt{n-1}}}$$

となる。ただし、この統計量 t。は正規分布ではなく、自由度（n－1）のt分布をする。この場合に限らず、一般に、母分散の推定値として標本分散（不偏分散）を用いて検定する場合は正規検定ではなく、t検定になる。

図4－1は自由度別のt分布と正規分布を示したものである。不偏分散（V^2）はそれ自体、母分散（σ^2）よりもバラツク値であるため、t分布は正規分布よりもバラツキが大きい形状をしている。したがって、t分布は正規分布よりも左右に裾を広がり、値自体も±3以上になる場合もある。この傾向は自由度が小さい場合に著しく、自由度が大になればなるほど小さくなり、自由度が無限大になるとt分布は正規分布になる。

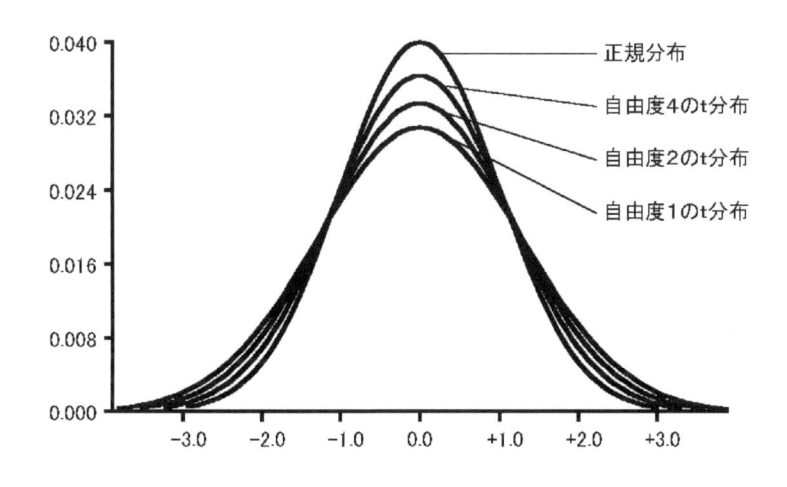

図4－1　t分布と正規分布

さて、検定の手順は次の通りである。

① 帰無仮説「母平均μ＝標本平均m」をたてる。

② 統計値 $t_\circ = \dfrac{m-\mu}{\dfrac{s}{\sqrt{n-1}}}$ を計算する。

③ 自由度（φ＝n－1）を計算する。
④ 自由度（n－1）の5％あるいは1％のt値をt分布表から求める。
⑤ 計算されたt値（|t。|）とt分布表のt値（t）を比較する。もし、|t。|≧tならば仮説を棄却し、|t。|＜tならば仮説を棄却しない（採択する）。つまり、|t。|≧tならば違いがあると判断し、|t。|＜tならば同じであると判断する。

【例題4－2】C中学校で2年生男子の身長の平均値を全国平均と比べてみることになった。全員を調査する代わりに無作為に30人を選び、平均と標準偏差を求めた。平均（m）は161.1cm、標準偏差（s）は4.6cmであった。全国平均（μ）は159.6cmとわかっていたが、標準偏差（分散）までは報告書に記載されていなかったのでわからない。この中学校の2年生の身長は全国平均並といえるか。

一般的手順	実際の手続き
① 帰無仮説をたてる。	帰無仮説「母平均μ＝標本平均m」 対立仮説「母平均μ≠標本平均m」

② 統計値 $t_\circ = \dfrac{m-\mu}{\dfrac{s}{\sqrt{n-1}}}$ を計算する。	$t_\circ = \dfrac{m-\mu}{\dfrac{s}{\sqrt{n-1}}} = \dfrac{161.1-159.6}{\dfrac{4.6}{\sqrt{29}}}$ $= 1.756$
③ 自由度（φ＝n－1）を計算する。	φ＝n－1 ＝30－1 ＝29
④ 自由度（n－1）の5％あるいは1％のt値をt分布表から求める。	自由度29の5％のt値は2.0452、1％のt値は2.7564である。
⑤ 計算されたt値（｜t₀｜）とt分布表のt値（t）を比較する。	｜t₀｜＝1.756＜2.0452＝t（φ＝29,5％）なので、有意差はなかった。したがって、C中学校2年生男子の身長は全国平均並であるといえる。

Excelを使って、母平均と標本平均との差を検定をするためには、ZTEST( )関数がある。引数に母標準偏差を指定すると「母分散がわかっている場合の母平均と標本平均の差の検定」を行い、指定しない場合は、標本標準偏差を用いて「母分散がわからない場合の母平均と標本平均の差の検定」を行う。ZTEST( )関数の書式は以下の通りである。

表4－1　関数ZTESTの書式

ZTEST	一般書式	書式	＝ZTEST（データ配列、母平均、［母標準偏差］）
		説明	データ配列から求められる標本平均と母平均との差の検定を行う。この際、母標準偏差を指定すると、「母分散がわかっている場合の母平均と標本平均の差の検定」を行い、指定しない場合は、標本標準偏差を用いて「母分散がわからない場合の母平均と標本平均の差の検定」を行い、確率を計算する。
	事例	例	＝ZTEST（B1：B20、A1）
		説明	B1からB20のデータの標本平均とA1にある母平均の母分散がわからない場合の母平均と標本平均の差の検定」を行い、確率を求める。

【練習問題4－2】D小学校1年生の身長が全国平均と比べてどうであるかを調べることになった。ランダムに22名を選び、測定した。同年齢の全国平均値は116.1cmであった。有意な差があるかt検定を行え。

```
115.9  117.9  113.8  116.6  110.0  115.6  112.4  111.2  112.8
112.4  107.0  111.5  110.5  113.1  106.0  114.0  111.0  110.7
103.8  107.8  109.4  109.0
```

(単位:cm)

4.2 母平均の推定

4.2.1 母分散がわかっている場合の母平均の推定

母分散がわかっているときの母平均の推定は、推定される母平均の標準偏差が $\frac{\sigma}{\sqrt{n}}$ の正規分布をすることを利用して行う。つまり、信頼度（1−α）の信頼限界の上限 μ_U と下限 μ_L は、

$$\mu_U = m + u(\alpha)\frac{\sigma}{\sqrt{n}}$$

$$\mu_L = m - u(\alpha)\frac{\sigma}{\sqrt{n}}$$

である。例えば、正規分布の両側5％に対応する u_o は±1.96であるので、先の「母分散がわかっているときの母平均と標本平均との差の検定」の例題での信頼度95％（＝1−α）の母平均の信頼限界の上限 μ_U は、

$$\mu_U = 7.9 + 1.96 \times \frac{1.6}{\sqrt{73}} = 8.27$$

となり、下限値 μ_L は

$$\mu_L = 7.9 - 1.96 \times \frac{1.6}{\sqrt{73}} = 7.53$$

となる。

【練習問題4−3】B中学校3年生から無作為に18名を選び、文部省の体力診断テストの点を調べた。この母平均の区間推定を行え。ただし、母標準偏差は4.5点であることが報告書からわかっている。（「母分散がわかっているときの母平均と標本平均との差の検定」の練習問題の改変）

```
27 28 21 23 24 23 23 24 25 22 18 22 22 23 24 25 26 19
```

(単位:点)

4.2.2 母分散がわかっていない場合の母平均の推定

また、母分散がわかっていない場合の母平均の推定は、推定される母平均の標準偏差 $\frac{\sigma}{\sqrt{n}}$ を不偏分散の平方根で置きかえた $\frac{s}{\sqrt{n-1}}$ が、自由度（φ）が n−1 の t 分布をすることを利用

して行う。つまり、信頼度（1－α）の信頼限界の上限μ∪と下限μ∟は、

$$\mu_U = m + t(\phi、\alpha) \frac{s}{\sqrt{n-1}}$$

$$\mu_L = m - t(\phi、\alpha) \frac{s}{\sqrt{n-1}}$$

である。例えば、先の「母分散がわかっていないときの母平均と標本平均との差の検定」の例題での信頼度95％（＝1－α）の母平均の信頼限界は、t分布の自由度29（＝30－1）、両側5％に対応するt（29、0.05）は±2.0452であるので、

$$\mu_U = 161.1 + 2.0452 \times \frac{4.6}{\sqrt{30-1}} = 162.84$$

$$\mu_L = 161.1 - 2.0452 \times \frac{4.6}{\sqrt{30-1}} = 159.35$$

となる。

4.2.3 Excelによる母平均の推定

　母分散（母標準偏差）がわかっている場合はExcelを用いて、母平均の区間推定の片側信頼区間をCONFIDENCE( )関数から求めることができる。CONFIDENCE( )関数の書式は以下のとおりである。

表4－2　関数ＣＯＮＦＩＤＥＮＣＥの書式

CONFIDENCE	一般書式	書式	＝ＣＯＮＦＩＤＥＮＣＥ(確率、母標準偏差、標本数)
		説明	母分散がわかっている場合の母平均の確率（1－α）に対する信頼区間を求める。
	事例	例	＝ＣＯＮＦＩＤＥＮＣＥ（0.05、B1、B2）
		説明	信頼度95％の母平均の、B1を母分散、B2を標本数とした場合の母平均の信頼区間を求める。

【練習問題4－4】D小学校1年生をランダムに22名を選び、身長を測定した。この母平均の信頼度95％の区間推定を行え。（「母分散がわかっていないときの母平均と標本平均との差の検定」の練習問題の改変）

```
115.9  117.9  113.8  116.6  110.0  115.6  112.4  111.2  112.8
112.4  107.0  111.5  110.5  113.1  106.0  114.0  111.0  110.7
103.8  107.8  109.4  109.0
```

(単位：ｃｍ)

4.3　2つの標本平均間の検定

さて、表4－3はお互いに関連（＝相関、詳細は後出）がない2組のデータ（AとB）の分散と、それらの和と差のデータの分散を示している。

表4－3　お互いに関連のないデータの和と差の分散

	データA	データB	和	差
	1	1	2	0
	4	1	5	3
	4	4	8	0
	1	4	5	-3
	2	2	4	0
	3	2	5	1
	3	3	6	0
	2	3	5	-1
分散	1.25	1.25	2.5	2.5

表に示すように和も差も同様にもとのデータの分散の和になっている。このように「お互いに関連がない2つの数値の差の分散は2つの数値の分散の和になる」ことを「分散の加法性」と呼ぶ。したがって、お互いが独立して求められた2つの標本平均の差の分散は2群の分散の和となる。

そして、分散が母分散から求められる場合は正規検定になり、不偏分散から求められる場合はt検定になる。つまり、母分散が既知の場合は正規検定になり、母分散がわからない場合はt検定になる。また、このt検定は2群の母標準偏差が等しい場合とそうでない場合で異なる。各々別々の式を用いているが、検定の手順は全く同じである。

表4－4　2つの標本間の検定の4つの場合

	母分散が等しい	母分散が異なる
母分散がわかっている	正規検定	正規検定
母分散はわからない	t 検定	t 検定

4.3.1　母分散がわかっている場合の2つの標本平均間の検定

両群の母分散がわかっている場合は、各々の $\dfrac{\sigma^2}{n}$ の和、つまり、$\dfrac{\sigma_1^2}{n_1} + \dfrac{\sigma_2^2}{n_2}$ が両平均の差の分散の推定値になる。母分散が既知であるので、次の統計量 u_0 は正規分布をする。

$$u_0 = \frac{m_1 - m_2}{\sqrt{\dfrac{\sigma_1^2}{n_1} + \dfrac{\sigma_2^2}{n_2}}}$$

　このu_0は正規分布をするので、両側検定であればu_0が±1.96以上であれば5％水準で有意差があり、±2.58以上であれば1％水準で有意差があるといえる。
　また、2つの母分散が等しい、つまり、$\sigma = \sigma_1 = \sigma_2$ の場合は上の式は

$$u_0 = \frac{m_1 - m_2}{\sigma \sqrt{\dfrac{1}{n_1} + \dfrac{1}{n_2}}}$$

と簡単にかける。

　具体的には次の手順で検定を行う。

① 帰無仮説をたてる。
② u_0の統計量を計算する。
③ ｜u_0｜を正規分布の5％の値あるいは1％の値と比較する。
④ 計算された｜u_0｜が表の値より大であれば帰無仮説を棄却し、小であれば仮説を棄却しない（採択する）。

【例題4－3】Ｅ中学校とＦ中学校の１年生男子の中からランダムにそれぞれ９人と８人を選んで走り幅跳びの測定を行った。両校の１年生の走り幅跳びの平均値に有意差があるか検定せよ。ただし、中学１年生の走り幅跳びの標準偏差は全国規模の測定結果から２５ｃｍとわかっている。

Ｅ中学	Ｆ中学
489	513
501	510
490	520
489	500
495	500
480	509
495	500
488	505
480	500
490	

（単位：ｃｍ）

一般的手順	実際の手続き
① 棄却することを目的とした仮説（帰無仮説）をたてる。	帰無仮説「走り幅跳びのＥ中学校とＦ中学校１年生男子の平均は同じである（$\mu_1 = \mu_2$）」 対立仮説「同じではない（$\mu_1 \neq \mu_2$）」
② 生起する事象が近似する分布上の統計値を計算する。	Ｅ中学校の平均（m_1）は４８９.７ｃｍ、Ｆ中学校の平均（m_2）は５０６.３ｃｍであった。したがって、

	$$u_0 = \frac{m_1 - m_2}{\sigma\sqrt{\dfrac{1}{n_1} + \dfrac{1}{n_2}}} = \frac{489.7 - 506.3}{25 \times \sqrt{\dfrac{1}{9} + \dfrac{1}{8}}}$$ $$= -1.36$$
③ 計算された統計値と表から求められた値を比較する。	正規分布の両側検定では棄却限界値は5%が1.96、1%は2.58であり、計算されたu₀の絶対値1.36は1.96よりも小さい。
④ 計算された値が表の値より大であれば仮説を棄却し、小であれば仮説を棄却しない（採択する）。	したがって、帰無仮説を棄却できない。つまり、E中学校とF中学校の1年生の走り幅跳びの平均値は違っているとはいえない。つまり、同じだと考える。

【練習問題4-5】G小学校とH小学校の5年生の女子からランダムにそれぞれ5人と7人を選んで懸垂の測定を行った。両校の5年生女子の懸垂の平均値に有意差があるか検定せよ。ただし、小学校5年生の懸垂の標準偏差は全国規模の測定結果から2.5回とわかっている。

G小学校	H小学校
5	4
6	3
2	4
3	1
4	3
	5
	0

（単位：回）

4.3.2　母分散はわからないが等しいときの2つの標本平均間のt検定

「母分散はわからないが等しい（$\sigma_1^2 = \sigma_2^2$）」場合とは、母分散の具体的な数値はわからないが、等分散性の検定（F検定、後出）などで「有意な差がない」という結果を得た場合を指している。したがって、母分散がわからない状況で2つの標本平均値の差の検定を行うには、事前に「等分散性の検定」をしておく必要がある。

2つの母分散が等しい（$\sigma^2 = \sigma_1^2 = \sigma_2^2$）場合の統計量u₀を求める式は、両群の標本数を$n_1$、$n_2$とすると、

$$u_0 = \frac{m_1 - m_2}{\sigma\sqrt{\dfrac{1}{n_1} + \dfrac{1}{n_2}}}$$

と書くことができたが、ここではσが不明であるので2群の不偏分散（V^2）から推定する必要がある。2つの標準偏差（s_1とs_2）をまとめたsは

$$s = \sqrt{\frac{n_1(s_1^2 + m_1^2) + n_2(s_2^2 + m_2^2)}{n_1 + n_2} - m_0^2}$$

と書くことができるが、ここで、「$\mu_1 = \mu_2$」という帰無仮説のもと、つまり、「$m_1 = m_2 = m_0$」（両群の平均値は等しい）ならば、

$$s = \sqrt{\frac{n_1 s_1^2 + n_2 s_2^2}{n_1 + n_2}}$$

となり、n_1、n_2 ではなく、それぞれ（$n_1 - 1$）、（$n_2 - 1$）の和、（$n_1 + n_2 - 2$）で割ったV

$$V = \sqrt{\frac{n_1 s_1^2 + n_2 s_2^2}{n_1 + n_2 - 2}}$$

をσの代わりに用いる。結局、求めるべき統計量t_0は

$$t_0 = \frac{m_1 - m_2}{V\sqrt{\frac{1}{n_1} + \frac{1}{n_2}}}$$

$$= \frac{m_1 - m_2}{\sqrt{\frac{n_1 s_1^2 + n_2 s_2^2}{n_1 + n_2 - 2}} \sqrt{\frac{n_1 + n_2}{n_1 n_2}}}$$

$$= \frac{m_1 - m_2}{\sqrt{n_1 s_1^2 + n_2 s_2^2}} \sqrt{\frac{n_1 n_2 (n_1 + n_2 - 2)}{n_1 + n_2}}$$

$$\phi (自由度) = n_1 + n_2 - 2$$

ただし、

$$\begin{cases} m_1、m_2：第1群と第2群の平均値 \\ s_1、s_2：第1群と第2群の標準偏差 \\ n_1、n_2：第1群と第2群の標本数 \end{cases}$$

となる。この場合も不偏分散を用いているので、t_0はt分布をする。したがって、正規検定ではなく、t検定をする。自由度は不偏分散を求める際の分母（$n_1 + n_2 - 2$）となる。

【例題4－4】A大学のラグビー部員とB大学のラグビー部員の背筋力の比較をすることになった。無作為にA大学から6人、B大学から7人選んで背筋力の測定をした。A大学の平均値は120.0kgf、標準偏差は4.5kgfで、B大学の平均値は128.0kgf、標準偏差は5.5kgfであった。この2大学のラグビー部員の平均値に違いがあるか検定せよ。ただし、母分散に有意な差がないことはわかっている。

一般的手順	実際の手続き
① 帰無仮説をたてる。	帰無仮説「$\mu_1 = \mu_2$」 対立仮説「$\mu_1 \neq \mu_2$」

② 統計値 t_0。 $t_0 = \dfrac{m_1 - m_2}{\sqrt{n_1 s_1^2 + n_2 s_2^2}} \sqrt{\dfrac{n_1 n_2 (n_1+n_2-2)}{n_1+n_2}}$ を計算する。	$t_0 = \dfrac{m_1 - m_2}{\sqrt{n_1 s_1^2 + n_2 s_2^2}} \sqrt{\dfrac{n_1 n_2 (n_1+n_2-2)}{n_1+n_2}}$ $= \dfrac{120-128}{\sqrt{6 \times 4.5^2 + 7 \times 5.5^2}} \sqrt{\dfrac{6 \times 7 \times (6+7-2)}{6+7}}$ $= -2.612$
③ 自由度（$\phi = n_1 + n_2 - 2$）を計算する。	$\phi = n_1 + n_2 - 2$ 　$= 6 + 7 - 2$ 　$= 11$
④ 自由度（$n_1 + n_2 - 2$）の5％と1％のt値をt分布表から求める。	自由度11の5％のt値は2.201、1％のt値は3.106である。
⑤ 計算されたt値（$|t_0|$）とt分布表のt値（t）を比較する。	計算されたt値（$|t_0|$）はt分布表の1％水準の値よりも小さいが、$|t_0| = 2.612 > 2.201 = t (\phi=11, p=0.05)$ なので、5％水準で有意差がある。したがって、両大学のラグビー部員の背筋力の平均には違いがあるといえる。

【練習問題4－6】B大学の柔道部と相撲部の新入部員の身長を調べたら、次のとおりであった。この2つのクラブの新入部員の身長の平均値に違いがあるかt検定を行え。ただし、両分散に有意な差がないことはわかっている。

柔道部	165.8	168.2	168.6	176.1	178.1	175.2	181.1	184.0	181.8
相撲部	158.1	162.5	165.1	170.5	172.6	170.5	178.9	166.9	

（単位 cm）

4.3.3　母分散はわからないが異なるときの2つの標本平均間のt検定

　母分散がわからない状況で、事前に「等分散性の検定」を行い、2つの母分散に有意な差がみられれば、「母分散はわからないが異なるときの2つの標本平均間のt検定」をすることになる。
　母分散が既知で、お互いに異なる場合の検定は、次の統計量 u_0 が正規分布することを利用して行った。

$$u_0 = \dfrac{m_1 - m_2}{\sqrt{\dfrac{\sigma_1^2}{n_1} + \dfrac{\sigma_2^2}{n_2}}}$$

　今回は母分散 σ^2 がわからないので、不偏分散 V^2 で代用する。したがって、正規検定ではなく、t検定となる。また、先に述べたように、

$$\frac{V^2}{n} = \frac{s^2}{n-1}$$

なので、

$$t_0 = \frac{m_1 - m_2}{\sqrt{\frac{s_1^2}{n_1-1} + \frac{s_2^2}{n_2-1}}}$$

となる。ここで、共通の母分散の推定値として両群の不偏分散を合成したので、自由度はそれぞれの不偏分散の推定値に応じて重みづけされた値となる。つまり、ϕは

$$\phi = \frac{1}{\left\{\frac{c^2}{n_1-1} + \frac{(1-c)^2}{n_2-1}\right\}}$$

となる。ただし、

$$\begin{cases} m_1、m_2：第1群と第2群の平均値 \\ s_1、s_2：第1群と第2群の標準偏差 \\ n_1、n_2：第1群と第2群の人数（個数）\\ c = \dfrac{\dfrac{s_1^2}{n_1-1}}{\dfrac{s_1^2}{n_1-1} + \dfrac{s_2^2}{n_2-1}} \end{cases}$$

である。この場合の自由度ϕは通常は整数にはならない。したがって、t分布表には載っていないので、次の補間法により求めなければならない。つまり、自由度ϕ_1と自由度ϕ_2の間の自由度ϕ（$\phi_1 < \phi < \phi_2$）に対するt値をt(ϕ)とすると、

$$t(\phi) = t(\phi_1) - (t(\phi_1) - t(\phi_2))\left(\frac{\frac{1}{\phi_1} - \frac{1}{\phi}}{\frac{1}{\phi_1} - \frac{1}{\phi_2}}\right)$$

から求めることができる。ただし、t(ϕ) > t(ϕ_1)の場合やt(ϕ) < t(ϕ_2)の場合はt分布表から容易に判断できるので、補間をして正確なt値を求める必要はない。補間をする必要があるのはt(ϕ_1) > t(ϕ) > t(ϕ_2)の場合のみに限られる。

4．2群間の平均値の差の検定

【例題4－5】J大学の柔道部と相撲部の新入部員の体重を調べたら、次の通りであった。この2つのクラブの新入部員の平均値に違いがあるか検定せよ。ただし、両母分散は同じではないことがわかっている。

| 柔道部 | 89.0 | 95.0 | 101.0 | 110.0 | 130.0 | 88.0 | 95.0 |
| 相撲部 | 97.0 | 102.0 | 93.0 | 101.0 | 105.0 | 84.0 | |

（単位 kg）

一般的手順	実際の手続き
① 帰無仮説をたてる。	帰無仮説「$\mu_1 = \mu_2$」 対立仮説「$\mu_1 \neq \mu_2$」
② 統計値 $t_\circ$。 $$t_\circ = \frac{m_1 - m_2}{\sqrt{\frac{s_1^2}{n_1 - 1} + \frac{s_2^2}{n_2 - 1}}}$$ を計算する。	両群の平均と標準偏差は次の通りである。 $n_1 = 7$　　　$n_2 = 6$ $m_1 = 101.14$　$m_2 = 97.00$ $s_1 = 13.67$　　$s_2 = 6.95$ したがって、 $$t_\circ = \frac{m_1 - m_2}{\sqrt{\frac{s_1^2}{n_1 - 1} + \frac{s_2^2}{n_2 - 1}}}$$ $$= \frac{101.14 - 97.00}{\sqrt{\frac{13.67^2}{6} + \frac{6.95^2}{5}}}$$ $= 0.648$ となる。
③ 自由度 ϕ を計算する。 $$c = \frac{\frac{s_1^2}{n_1 - 1}}{\frac{s_1^2}{n_1 - 1} + \frac{s_2^2}{n_2 - 1}}$$	$$c = \frac{\frac{s_1^2}{n_1 - 1}}{\frac{s_1^2}{n_1 - 1} + \frac{s_2^2}{n_2 - 1}}$$ $$= \frac{\frac{13.67^2}{6}}{\frac{13.67^2}{6} + \frac{6.95^2}{5}}$$ $= 0.763$

$\phi = \dfrac{1}{\left\{\dfrac{c^2}{n_1-1}+\dfrac{(1-c)^2}{n_2-1}\right\}}$	$\phi = \dfrac{1}{\left\{\dfrac{c^2}{n_1-1}+\dfrac{(1-c)^2}{n_2-1}\right\}}$ $= \dfrac{1}{\left\{\dfrac{0.763^2}{6}+\dfrac{0.237^2}{5}\right\}}$ $= 9.242$
④ 自由度 ϕ の5%と1%のt値をt分布表から求める。	自由度9の5%のt値は2.262、自由度10のt値は2.228である。また、1%のt値は自由度9で3.250、自由度10で3.169である。
⑤ 自由度に応じたt値を補間法によって求める。 $t(\phi)=t(\phi_1)-(t(\phi_1)-t(\phi_2))\left(\dfrac{\dfrac{1}{\phi_1}-\dfrac{1}{\phi}}{\dfrac{1}{\phi_1}-\dfrac{1}{\phi_2}}\right)$	5%では $t(\phi)= 2.262-(2.262-2.228)\left(\dfrac{\dfrac{1}{9}-\dfrac{1}{9.237}}{\dfrac{1}{9}-\dfrac{1}{10}}\right)$ $=2.253$ となり、1%では $t(\phi)= 3.250-(3.250-3.169)\left(\dfrac{\dfrac{1}{9}-\dfrac{1}{9.237}}{\dfrac{1}{9}-\dfrac{1}{10}}\right)$ $=3.229$ となる。
⑥ 計算されたt値（$\lvert t_0 \rvert$）とt分布表のt値（t）を比較する。	計算されたt値（$\lvert t_0 \rvert$）はt分布表の5%のt値よりも小さい。したがって、両部員の体重の平均には違いがあるとはいえない。

4.3.4 Excelによる「標本平均間のt検定」

　Excelにはt検定用の関数が用意されている。TTEST と TINVで、TTEST は2群の標本平均値の差の検定を行い、そのt分布上の確率を返す。TINV は対応する自由度上の分布の当該確率のt値を返す。このt検定は TTEST を用いて、有意水準と求められた確率を比較するだけで行えるが、実際にはその場合のt値なども明記する必要上から TINV も用いることになる。
　2つの関数の書式は以下の通りである。

4．2群間の平均値の差の検定

表4-5　関数TTESTの書式

TTEST	一般書式	書式	=TTEST（範囲1，範囲2，パラメータ1，パラメータ2）		
			パラメータ1	1＝片側検定 2＝両側検定	
			パラメータ2	2＝母分散が等しい場合 3＝母分散が異なる場合	
			説明	範囲1の平均値と、範囲2の平均値の差の検定を行い、t分布に従う確率を求める。	
	事例	例	=TTEST（A1:A9，B1:B9，2，2）		
			説明	A1からA9の範囲の平均値と、B1からB9の範囲の平均値の差の検定を行い、そのt分布に従う確率を求める。	

表4-6　関数TINVの書式

TINV	一般書式	書式	=TINV（確率，自由度）
			説明	確率と自由度で指定されたt分布表の値を求める。
	事例	例	=TINV（0.05，8）
			説明	自由度8の5％のt値を求める。

　また、分析ツールを使っても計算できる。分析ツールの場合は同じt検定ではなく、「t検定：等分散を仮定した2標本の検定」「t検定：分散が等しくないと仮定した2標本の検定」に分かれている。分析ツールを使った場合の2標本平均間のt検定の手順は表4-7にまとめた。

表4-7　分析ツールを使った場合の2標本平均間のt検定の手順

順序	操作手順
1	「ツール」を左クリック
2	「分析ツール」を左クリック
3	「母分散が等しい場合のt検定」の場合は「t検定：等分散を仮定した2標本の検定」を左クリックし、「母分散が等しくない場合のt検定」の場合は「t検定：分散が等しくないと仮定した2標本の検定」をクリックする。
4	「変数1の入力範囲」欄と「変数2の入力範囲」欄に、シートをドラッグして入力する。「仮説平均との差異」や「二標本の平均値の差」の欄には通常0を入力する。また、有意水準（α）を指定する。

【練習問題4－7】ある幼稚園でサッカーを取り入れた授業をしたクラスとそうでないクラスを作った。そして半年後、両クラスから数名ずつ無作為に抽出し、25m走の測定を行った。サッカーを取り入れたクラスの子どもは「足が速くなった」といえるだろうか。t検定を行い、検討せよ。ただし、両母分散は同じでないことがわかっている。

| サッカーをしたクラス | 9.0 | 8.5 | 8.0 | 7.9 | 9.1 | 8.5 | 8.8 |
| そうでないクラス | 10.7 | 10.8 | 9.3 | 9.2 | 9.6 | 8.1 | |

（単位 秒）

4.4 対応のある平均値の差の検定

4.4.1 対応のある平均値の差の検定

前に述べた、いずれのt検定も2群の間に対応があるという前提ではなかった。つまり、各群の人間は別々の人間であるという仮定の下に行われた。したがって、極端な場合、人数（データ数）が異なっても可であった。しかし、実験前後の変化をみようとする場合や縦断的な発達量を問題にする場合、前に述べたt検定では正しい判断ができない場合がある。例えば、表4－8は減量プログラムを実施する前と後の体重の変化を示している。

表4－8　減量プログラムを実施する前と後の体重の変化

	前	後
A	76	75
B	74	72
C	71	70
D	70	69
E	66	64
F	61	60

（単位：kg）

この場合、全員が1kgから2kg体重が減少しているので減量プログラムの効果はあると考えるべきである。このデータに「母分散はわからないが等しいときの2つの標本平均間のt検定」を行ってみよう。結果はt値＝0.423、自由度＝10となり、有意差はない。これをこれから述べる「対応のあるt検定」を用いて検定すると、t値＝6.325、自由度＝5となり、1％水準で有意差があることになる。

4. 2群間の平均値の差の検定

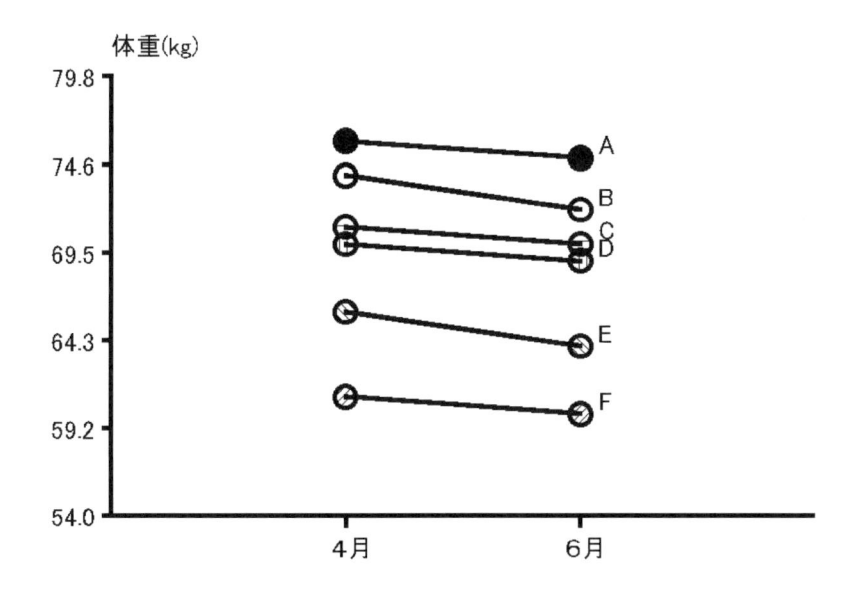

体重(kg)

図4－2　減量プログラム前後の体重の変化

　図4－2はこの様子を図に示したものである。「母分散はわからないが等しいときの2つの標本平均間のt検定」では、対象となっている集団内の個人差が個々人の変化量より大きい場合、全員が変化していても有意差がでない。しかし、このような場合は明らかに変化しているので有意差がみられなければならない。したがって、このような場合、個人単位で前後の差をとり、「差の母平均が0であるといえるか」という問題に置きかえなければ、検出力を上げることができない。

　個人 i の「前」のデータを x_{1i}、「後」のデータを x_{2i}、その差 d_i を

$$d_i = x_{1i} - x_{2i}$$

とすると、d の標準偏差 s_d は

$$s_d = \sqrt{\frac{\Sigma d^2 - \frac{(\Sigma d)^2}{n}}{n}}$$

となり、この s_d を先ほどの「母分散がわかっていないときの母平均と標本平均との差の検定」の式

$$t_0 = \frac{\mu - m}{\frac{s}{\sqrt{n-1}}}$$

に代入する。また、「2つの母平均の差が0である」という帰無仮説の標本統計値は「$m_1 - m_2 = 0$」となるので、結局、求めるt値（t_0）は、

$$t_0 = \frac{m_1 - m_2}{\sqrt{\frac{\Sigma d^2 - \frac{(\Sigma d)^2}{n}}{n-1}}} = \frac{\frac{\Sigma x_1 - \Sigma x_2}{n}}{\sqrt{\frac{\Sigma d^2 - \frac{(\Sigma d)^2}{n}}{n(n-1)}}}$$

となる。この場合の自由度φは（n－1）である。

手順は次の通りである。

① 帰無仮説「標本平均m₁＝標本平均m₂」をたてる。

② 統計値 $t_0 = \dfrac{\dfrac{\Sigma x_1 - \Sigma x_2}{n}}{\sqrt{\dfrac{\Sigma d^2 - \dfrac{(\Sigma d)^2}{n}}{n(n-1)}}}$ を計算する。

③ 自由度（φ＝n－1）を計算する。
④ 自由度（n－1）の5％あるいは1％のt値をt分布表から求める。
⑤ 計算されたt値（|t₀|）とt分布表のt値（t）を比較する。もし、|t₀|≧tならば仮説を棄却し、|t₀|＜tならば仮説を棄却しない（採択する）。つまり、|t₀|≧tならば違いがあると判断し、|t₀|＜tならば同じであると判断する。

【例題4－6】幼稚園で園児にボール投げの技術指導を半年行った。指導前と指導後で有意な変化があったといえるか検定せよ。

指導前	指導後
6	5
7	7
7	8
12	10
9	13
8	10

（単位：m）

事前に、後の計算に必要なd、d²、Σd、Σd²の計算を行っておく。

	指導前（x₁）	指導後（x₂）	差（d）	差²（d²）
	6	5	－1	1
	7	7	0	0
	7	8	1	1
	12	10	－2	4
	9	13	4	16
	8	10	2	4
計	Σx₁＝49	Σx₂＝53	Σd＝4	Σd²＝26

一般的手順	実際の手続き
① 帰無仮説をたてる。	帰無仮説「$\mu_1 = \mu_2$」 対立仮説「$\mu_1 \neq \mu_2$」
② 統計値 $$t_0 = \frac{\frac{\Sigma x_1 - \Sigma x_2}{n}}{\sqrt{\frac{\Sigma d^2 - \frac{(\Sigma d)^2}{n}}{n(n-1)}}}$$ を計算する。	$$t_0 = \frac{\frac{\Sigma x_1 - \Sigma x_2}{n}}{\sqrt{\frac{\Sigma d^2 - \frac{(\Sigma d)^2}{n}}{n(n-1)}}}$$ $$= \frac{\frac{49-53}{6}}{\sqrt{\frac{26-\frac{4^2}{6}}{6 \times (6-1)}}}$$ $$= -0.756$$
③ 自由度（$\phi = n-1$）を計算する。	$\phi = n-1$ $= 6-1$ $= 5$
④ 自由度（$n-1$）の5%あるいは1%のt値をt分布表から求める。	自由度5の5%のt値は2.571、1%のt値は4.032である。
⑤ 計算されたt値（$|t_0|$）とt分布表のt値（t）を比較する。	$|t_0| = 0.756 < 2.571 = t(\phi=5、5\%)$なので、有意差はない。つまり、技術指導の効果はみられない。

4.4.2　Excelによる「対応のある平均値の差の検定」

このt検定もTTESTを使う。ただし、対応のある平均値の差を検定するため、パラメータ2は必ず1を指定する。後は、先に述べたt検定の場合と全く同じである。

表4-9　関数TTESTの書式

TTEST	一般書式	書式	=TTEST（範囲1，範囲2，パラメータ1，パラメータ2）	
			パラメータ1	1＝片側検定 2＝両側検定

		パラメータ２	１を指定する。
		説明	お互いに対応する範囲１の平均値と、範囲２の平均値の差の検定を行い、ｔ分布に従う確率を求める。
	事例	例	＝ＴＴＥＳＴ（Ａ１：Ａ９，Ｂ１：Ｂ９，２，１）
		説明	お互いに対応しているＡ１からＡ９の範囲の平均値と、Ｂ１からＢ９の範囲の平均値の差の検定を行い、そのｔ分布に従う確率を求める。

　分析ツールを使うためには、メニューバーから「ツール」を選び、「分析ツール」を左クリックしてから、「ｔ検定：一対の標本による平均の検定」を選ぶ。分析ツール「一対の標本による平均の検定」の計算手順は表４－１０にまとめた。

表４－１０　分析ツール「一対の標本による平均の検定」の計算手順

順序	操　作　手　順
１	「ツール」を左クリック
２	「分析ツール」を左クリック
３	「ｔ検定：一対の標本による平均の検定」を左クリック
４	「変数１の入力範囲」欄と「変数２の入力範囲」欄に、シートをドラッグして入力する。「仮説平均値との差異」の欄には通常０を入力する。

【練習問題４－８】幼稚園の園児を対象にボール遊びを積極的に取り入れた授業を行った。その指導効果を確かめるためにその指導の前後に「ボールの的当て」の測定を行った。測定はテニスボールを５ｍ離れた的に４０回の中で何回当てられるかというものである。下の結果はその時のはずれた回数である。前後で有意な差があるか検定せよ。

	指導前	指導後
Ａくん	２０	１６
Ｂちゃん	２４	２２
Ｃくん	２２	１３
Ｄくん	２７	２０
Ｅちゃん	２５	１９
Ｆちゃん	２０	２０

（単位：回）

5 分散の検定

5.1 2群の等分散性の検定

　2つの標本分散が同じ正規分布から選ばれたものであるかを検討する方法を「等分散性の検定」と呼ぶ。これは2つの不偏分散V_1^2とV_2^2がそれぞれ独立に自由度ϕ_1と自由度ϕ_2のχ^2分布に従うとき、それらの2つの不偏分散の比として定義されるF

$$F = \frac{\dfrac{V_1^2}{\phi_1}}{\dfrac{V_2^2}{\phi_2}}$$

がF分布することを利用して行う。図5-1は自由度6と5のF分布である。図に示すように2つの不偏分散が違う場合は、大きすぎて違う場合と小さすぎて違う場合の2種類が考えられるので、事前に大小関係がわかっている場合を除き、このF検定も両側検定になる。

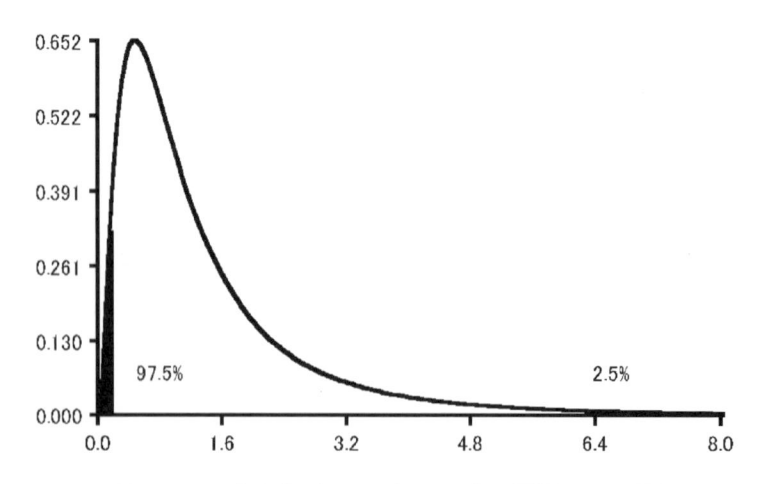

図5－1　自由度（6，5）のF分布両側5％の領域

　さて、F分布は他の分布と異なり2つの自由度（ϕ_1とϕ_2）から決定される。したがって、F分布表は「自由度1（ϕ_1）×自由度2（ϕ_2）×確率（p）」の3次元表になる。しかし、F分布表のF値と自由度には

$$F(\phi_1、\phi_2、p) = \frac{1}{F(\phi_2、\phi_1、1-p)}$$

という関係があるので、通常は分布の右側（p＜0.5）の部分がF分布表に書かれている。例えば、自由度が（7，10）の5％のF値、F（7，10，0.05）は3.1355であり、自由度が（10，7）の95％のF値、F（10，7，0.95）は0.3189である。ここで、F（7，10，0.05）の逆数は

$$\frac{1}{F(7、10、0.05)} = \frac{1}{3.1355} = 0.3189$$

となり、F（10，7，0.95）の値と一致する。したがって、両側検定では、分布の一方で有意になった場合は、不偏分散の比の分母と分子、そして2つの自由度を交換して求めたF値を用いても、F検定では有意になる。よって、通常、等分散性の検定では、2つの不偏分散の大きい方を常に分子、不偏分散の小さい方を分母におくようにする。自由度は分子の不偏分散に対応する方が自由度1、分母に対応するのが自由度2になるようにする。こうすることにより、右側のみF分布表を用いて検定することが可能になる。したがって、計算されたF値は1を下回ることは絶対にない。

　手順は次の通りである。

① 帰無仮説「母分散σ_1^2＝母分散σ_2^2」をたてる。
② 両グループの不偏分散値（$V_1^2 = \frac{n_1 s_1^2}{n_1 - 1}$、$V_2^2 = \frac{n_2 s_2^2}{n_2 - 1}$）を計算する。
③ F統計量$F_0 = V_1^2 / V_2^2$を計算する。ただし、$V_1^2 < V_2^2$の時は$F_0 = V_2^2 / V_1^2$とする。
④ 自由度（n_1-1，n_2-1）の2.5％（$F_{0.025}$）（有意水準5％の両側検定）あるいは0.5％（$F_{0.005}$）（有意水準1％の両側検定）のF値をF分布表から求める。ただし、$V_1^2 < V_2^2$の時は自由度は（n_2-1，n_1-1）となる。
⑤ 計算されたF値（F_0）とF分布表のF値（F）を比較する。もし、$F_0 \geqq F$ならば仮説を棄

却し、$F_0 < F$ ならば仮説を棄却しない（採択する）。つまり、$F_0 \geq F$ ならば2つの標本分散に違いがあると判断し、$F_0 < F$ ならば2つの標本分散が同じであると判断する。

【例題5-1】 運動選手10名と非運動選手9名の体型をローレル指数で比較しようと考え、両グループの平均値の差の検定を行いたい。この時、2つのグループの標準偏差が各々18.0と14.5であった。用いる「母分散がわからない場合の標本平均間の差の検定」のt検定の式は「$\sigma_1^2 = \sigma_2^2$ の場合」と「$\sigma_1^2 \neq \sigma_2^2$ の場合」のどちらを用いるべきであろうか。

一般的手順	実際の手続き
① 帰無仮説をたてる。	帰無仮説「母分散 σ_1^2 ＝母分散 σ_2^2」 対立仮説「母分散 $\sigma_1^2 \neq$ 母分散 σ_2^2」
② 不偏分散を計算する。	$V_1^2 = \dfrac{n_1 s_1^2}{n_1 - 1} = \dfrac{10 \times 18^2}{10 - 1} = 360$ $V_2^2 = \dfrac{n_2 s_2^2}{n_2 - 1} = \dfrac{9 \times 14.5^2}{9 - 1} = 236.53$
③ F値を計算する。	$F_0 = \dfrac{V_1^2}{V_2^2} = \dfrac{360}{236.53} = 1.52$
④ 自由度（n_1-1, n_2-1）の2.5％あるいは0.5％のF値をF分布表から求める。	自由度（9、8）の2.5％のF値は4.357、0.5％のF値は7.339である。
⑤ 計算されたF値（F_0）とF分布表のF値（F）を比較する。	$F_0 = 1.522 < 4.357 = F(9、8、2.5％)$ なので有意差はない。したがって、用いるt検定の式は「$\sigma_1^2 = \sigma_2^2$ の場合」を用いることになる。

ExcelにはF検定用に2つの関数が用意されている。FTESTとFINVで、FTESTは2群の分散の等分散性の検定を行い、そのF分布上の確率を返す。FINVは2つの自由度上の分布の当該確率のF値を返す。このF検定はFTESTを用いて、有意水準と求められた確率を比較するだけで行えるが、実際にはその場合のF値なども明記する必要上からFINVも用いることになる。
2つの関数の書式は以下の通りである。

表5-1　関数FTESTの書式

FTEST	一般書式	書式	＝FTEST（範囲1，範囲2）
		説明	範囲1の分散と、範囲2の分散の差の検定を行い、F分布に従う確率を求める。
	事例	例	＝FTEST（A1:A9，B1:B9）
		説明	A1からA9の範囲の分散と、B1からB9の範囲の分散の差の検定を行い、そのF分布に従う確率を求める。

表5-2　関数FINVの書式

FINV	一般書式	書式	＝FINV（確率，自由度1，自由度2）
		説明	確率と自由度1と自由度2で指定されたF分布表の値を求める。
	事例	例	＝FINV（0.025，8，11）
		説明	自由度8と自由度11の2.5％のF値を求める。

　また、分析ツールを使っても検定ができる。分析ツールを使った等分散性の検定の手順は表5-3に示した。

表5-3　分析ツールを使った等分散性の検定の手順

	順序	操　作　手　順
分析ツールを使って等分散性の検定を行う。	1	「ツール」を左クリック
	2	「分析ツール」を左クリック
	3	「F検定：2標本を使った分散の検定」を左クリック
	4	「変数1の入力範囲」欄と「変数2の入力範囲」欄に、シートをドラッグして入力する。

【練習問題5-1】柔道部とレスリング部の新入生の体重を測定したら次のようであった。両部の新入生の体重の個人差（バラツキ）には有意な差があるかどうかF検定を行え。

柔道部	89　95　101　140　130　88　95
レスリング部	102　105　98　106　110　89

（単位：kg）

【練習問題5-2】A幼稚園とB幼稚園の園児を無作為に選び、ジグザグ走の測定を行った。両園の測定値の平均値は同じであったが、平均値の周りの個人差（バラツキ）には有意な差があるかどうかF検定を行え。

A幼稚園	11，12，13，13，14，15
B幼稚園	9，9，13，14，15，18

（単位：秒）

5.2 多群の等分散性の検定

5.2.1 ハートレイの検定

　3群以上の等分散性の検定には、各群のデータ数が同じか、そうでないかで用いる検定法が異なる。データ数が各群で同じ場合はハートレイの検定を用いる。ハートレイの検定は、各群の不偏分散の中で、最大値と最小値を求め、その比率が一定以上なら分散に有意差があると判断するものである。この検定のためには付表17（5％）と付表18（1％）を用いる。

手順は次の通りである。

① 帰無仮説「母分散 $\sigma_1^2 = \sigma_2^2 = \cdots = \sigma_m^2$」をたてる。

② 各グループの不偏分散値　$V_i^2 = \dfrac{n_i s_i^2}{n_i - 1}$　を計算する。

③ ②の中で最大値（V_{max}^2）と最小値（V_{min}^2）を求め、$F_{max0} = V_{max}^2 / V_{min}^2$ を計算する。

④ グループ数をm、繰り返し数をnとすると、縦軸が（n－1）、横軸がmのF_{max}分布表のF_{max}値を求める。

⑤ 計算されたF_{max}値（F_{max0}）とF_{max}分布表のF_{max}値（F_{max}）を比較する。もし、$F_{max0} \geqq F_{max}$ならば仮説を棄却し、$F_{max0} < F_{max}$ならば仮説を棄却しない（採択する）。つまり、$F_{max0} \geqq F_{max}$ならば標本分散に違いがあると判断し、$F_{max0} < F_{max}$ならば標本分散が同じであると判断する。

【例題5－2】水の抵抗をわざと大きくした練習用の競泳水着として、カット（形状）の異なる4種類の毛羽立ち水着をつくり、それらの水の抵抗を各々4回ずつ測定した。結果は以下の通りである。カット間の分散に違いがあるか検定せよ。

カット	水の抵抗の測定値
A	34　35　36　35
B	27　27　29　30
C	30　33　34　36
D	29　25　27　23

（単位：kgf）

一般的手順	実際の手続き
① 帰無仮説をたてる。	帰無仮説「母分散 $\sigma_1^2 = \sigma_2^2 = \cdots = \sigma_m^2$」 対立仮説「m群の母分散のうち1組は異なる」
② 不偏分散を計算する。	次頁に示した。
③ F_{max}値を計算する。	$F_{max} = \dfrac{\text{分散の最大値}}{\text{分散の最小値}} = \dfrac{6.667}{0.667} = 10.0$

④ 自由度（n－1、m）の F_{max} 値を F_{max} 分布表から求める。	自由度（3、4）の5％の F_{max} 値は39.5である。
⑤ 計算された F_{max} 値（F_{maxo}）と F_{max} 分布表の F_{max} 値（F_{max}）を比較する。	F_{maxo}＝10.0＜39.5＝F（3、4、5％）なので有意差はない。

カット	水の抵抗の測定値	不偏分散
A	34　35　36　35	0.667
B	27　27　29　30	2.250
C	30　33　34　36	6.250
D	29　25　27　23	6.667

5.2.2 バートレットの検定

　繰り返し数が異なる場合はバートレットの検定を用いる。この方法は、グループ数を m、総データ数を N、各グループの繰り返し数を n_i、各群の不偏分散を V_i^2、全体の不偏分散を V_T^2 とすると、

$$\chi^2{}_o = \frac{2.303}{C} \{(N-m) \log V_T^2 - \Phi\}$$

$$\left\{ \begin{array}{l} \text{ただし、} \\[4pt] V_T = \dfrac{\Sigma S_i}{N-m} = \dfrac{\Sigma \left(\Sigma x_{ij}^2 - \dfrac{(\Sigma x_{ij})^2}{n_i} \right)}{N-m} \\[10pt] \Phi = \Sigma (n_i - 1) \log V_i^2 \\[6pt] C = 1 + \dfrac{m+1}{3(N-m)} \end{array} \right.$$

が、自由度（m－1）の χ^2 分布することを利用して行う。ただし、両側検定となるので有意水準5％の場合は、0.025（＝0.05／2）と0.975（＝1－0.05／2）に対応する確率の χ^2 分布の値と比較することになる。

　手順は次の通りである。

5．分散の検定

① 帰無仮説「母分散$\sigma_1^2 = \sigma_2^2 = \cdots = \sigma_m^2$」をたてる。
② 各群の平方和を求める。

$$S_i = \Sigma x^2 - \frac{(\Sigma x)^2}{n}$$

③ 各群の不偏分散V_i^2を求める。

$$V_i^2 = \frac{S_i}{n_i - 1}$$

④ 全体の不偏分散V_T^2を求める。

$$V_T^2 = \frac{\Sigma S_i}{N - m} \quad \text{（ただし、Nは総データ数、mはグループ数）}$$

⑤ 修正項Cを求める。

$$C = 1 + \frac{m+1}{3(N-m)}$$

⑥ Φを求める。

$$\Phi = \Sigma (n_i - 1) \log V_i^2$$

⑦ χ^2_0値を求める。

$$\chi^2_0 = \frac{2.303}{C} \{ (N-m) \log V_T^2 - \Phi \}$$

⑧ 自由度$(m-1)$のχ^2値をχ^2分布表から求める。ただし、有意水準5％ならば、求めるχ^2値の確率は、0.025と0.975に対応する値である。
⑨ 計算されたχ^2_0値とχ^2分布表のχ^2値を比較する。

【例題5-3】サッカーのコーナーキックでは正確な地点へのセンタリングが求められる。選手選考にあたり、候補者4名にゴール前の特定の地点を目標にコーナーキックをしてもらい、ズレを測定した。4名の候補者のセンタリングの精度に違いがあるかを検定せよ。

選手	目標からのズレ
A	1.5　　3.4　　0.5
B	2.5　　3.0　　5.5　　1.0
C	4.0　　3.5　　0.5
D	6.0　　5.5

（単位：m）

一般的手順	実際の手続き
① 帰無仮説をたてる。	帰無仮説「母分散 $\sigma_1^2 = \sigma_2^2 = \cdots = \sigma_m^2$」 対立仮説「m群の母分散のうち1組は異なる」
② 各群の平方和を求める。	$S_1 = \Sigma x^2 - \dfrac{(\Sigma x)^2}{n_1} = 4.34$ $S_2 = \Sigma x^2 - \dfrac{(\Sigma x)^2}{n_2} = 10.50$ $S_3 = \Sigma x^2 - \dfrac{(\Sigma x)^2}{n_3} = 7.17$ $S_4 = \Sigma x^2 - \dfrac{(\Sigma x)^2}{n_4} = 0.13$
③ 各群の不偏分散 V_i^2 を求める。	$V_1^2 = \dfrac{S_1}{n_1 - 1} = \dfrac{4.34}{3 - 1} = 2.17$ $V_2^2 = \dfrac{S_2}{n_2 - 1} = \dfrac{10.50}{4 - 1} = 3.50$ $V_3^2 = \dfrac{S_3}{n_3 - 1} = \dfrac{7.17}{3 - 1} = 3.58$ $V_4^2 = \dfrac{S_4}{n_4 - 1} = \dfrac{0.13}{2 - 1} = 0.13$
④ 全体の不偏分散 V_T^2 を求める。	$V_T^2 = \dfrac{\Sigma S_i}{N - m} = \dfrac{4.34 + 10.50 + 7.17 + 0.13}{12 - 4} = 2.768$
⑤ 修正項Cを求める。	$C = 1 + \dfrac{m + 1}{3(N - m)} = 1 + \dfrac{4 + 1}{3 \times (12 - 4)} = 1.208$
⑥ Φを求める。	$\Phi = \Sigma (n_i - 1) \log V_i^2$ $= 0.672 + 1.632 + 1.209 - 0.903$ $= 2.610$
⑦ χ^2_0 値を求める。	$\chi^2_0 = \dfrac{2.303}{C}\{(N - m)\log V_T^2 - \Phi\}$ $= \dfrac{2.303}{1.208}\{(12 - 4) \times \log(2.768) - 2.610\}$ $= 1.953$
⑧ 自由度 (m−1) の χ^2 値	自由度3の2.5%に対する χ^2 値は9.348、97.5%に対

5. 分散の検定

をχ^2分布表から求める。	するχ^2値は0.216である。
⑨ 計算されたχ^2_0値とχ^2分布表のχ^2値を比較する。	計算されたχ^2_0値1.953は9.348よりも小で、0.216よりも大であるので各選手の精度に有意差はない。

6

一元配置の分散分析

6.1 一元配置の分散分析

6.1.1 一元配置の分散分析

　t検定は原則として2つのグループの平均の差の検定である。これに対して、3つ以上のグループの平均値の差の検定を同時に行うのが分散分析(analysis of variance, ANOVA)である。ここで有意差があるということは、対象となる3つ以上のグループの中で、少なくとも1組に有意差があるということを意味している。分散分析はF分布を利用して行うので、F検定の一種である。

　まず、個々のデータの持っている構造を考えると、表6－1に示したように全体の平均とグループ別の平均、個々のデータに固有の部分の和から成り立っていると考えることができる。グループ間の和は0、グループ内の個々のバラツキの和も0となっている。図6－1はこの様子を模式的に示したものである。

表6－1　個々のデータの構造

個々のデータ				全体の平均				グループの平均				個々のバラツキ		
A	B	C		A	B	C		A	B	C		A	B	C
2	2	5	=	3	3	3	+	−1	0	1	+	0	−1	1
3	5	2		3	3	3		−1	0	1		1	2	−2
1	2	5		3	3	3		−1	0	1		−1	−1	1

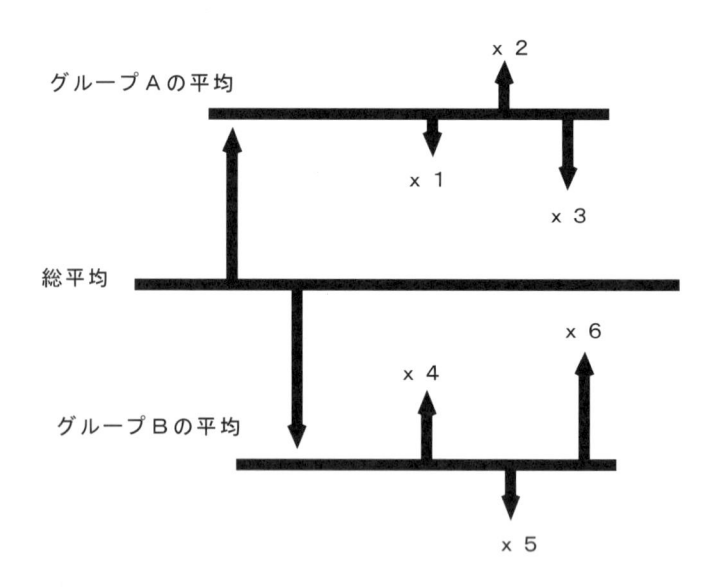

図6－1 データの構造の模式図

つまり、グループiのj番目のデータX_{ij}は、総平均をμ、グループiの平均の総平均からの偏差をα_i、グループiの個々のデータのバラツキをε_{ij}とすると、

$$X_{ij} = \mu + \alpha_i + \varepsilon_{ij}$$

と表すことができる。ここで、iグループ内の平均を$\mu_{i\cdot}$とすると、α_iとε_{ij}は

$$\alpha_i = \mu_{i\cdot} - \mu$$
$$\varepsilon_{ij} = X_{ij} - \mu_{i\cdot}$$

と表すことができるので、μを左辺に移項すると、

$$(X_{ij} - \mu) = (\mu_{i\cdot} - \mu) + (X_{ij} - \mu_{i\cdot})$$

となる。この両辺を2乗すると、

$$(X_{ij} - \mu)^2 = (\mu_{i\cdot} - \mu)^2 + (X_{ij} - \mu_{i\cdot})^2 + 2(X_{ij} - \mu_{i\cdot})(\mu_{i\cdot} - \mu)$$

さらに、両辺をiとjについて総和すると

$$\Sigma\Sigma(X_{ij} - \mu)^2 = \Sigma\Sigma(\mu_{i\cdot} - \mu)^2 + \Sigma\Sigma(X_{ij} - \mu_{i\cdot})^2$$

となる。最後の項$2\Sigma\Sigma(X_{ij} - \mu_{i\cdot})(\mu_{i\cdot} - \mu)$が消失するのは、各グループにおける$\Sigma(X_{ij} - \mu_{i\cdot})$が0となり、その積も0となるためである。したがって、全バラツキ（平方和）は全平均とグループ平均とのバラツキ（平方和）$\Sigma\Sigma(\mu_{i\cdot} - \mu)^2$と、グループ内のバラツキ（平方和）$\Sigma\Sigma(X_{ij} - \mu_{i\cdot})^2$に分けられることになる。前者のバラツキを級間（グループ間）平方和、後者のバラツキを級内（グループ内）平方和と呼ぶ。つまり、

全平方和 ＝ 級間平方和 ＋ 級内平方和

である。表6－2は、先に示した表のデータの級間平方和が6、級内平方和が14で、全平方和

6. 一元配置の分散分析

が20（＝6＋14）であることを示している。

表6－2　平方和の構造

A	B	C
-1	-1	2
0	2	-1
-2	-1	2

＝

A	B	C
-1	0	1
-1	0	1
-1	0	1

＋

A	B	C
0	-1	1
1	2	-2
-1	-1	1

平方和　20　　　　平方和　6　　　　平方和　14

平方和は変動と呼ばれることもある。つまり、全変動は図6－2に示すような構造になっている。

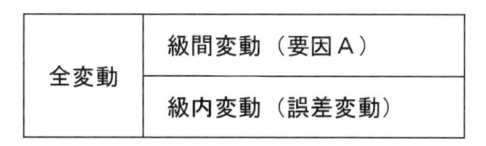

全変動	級間変動（要因A）
	級内変動（誤差変動）

図6－2　一元配置の分散分析の全変動の内容

そして、前者の分散を級間分散、後者の分散を級内分散と呼ぶ。各グループ平均値間に著しい差がみられるならば級間分散が大きくなり、グループ平均値間に差がなければ級間分散は小さくなる。全分散が一定ならば、級間分散と級内分散は逆の関係になり、一方が大きくなれば一方は小さくなる。図6－3と図6－4はこの様子をデータを用いて、分散分析で有意な差がある場合とそうでない場合を模式的に示したものである。有意差がある場合とない場合で、対応するグループの平均値はいずれも同じである。

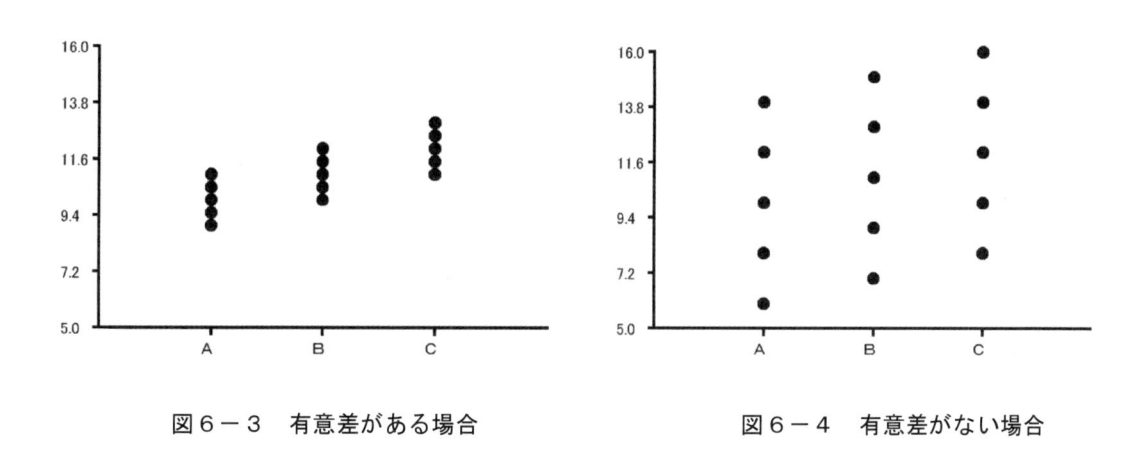

図6－3　有意差がある場合　　　　図6－4　有意差がない場合

また、図6－5と図6－6はひげ図を用いて分散分析で有意な差がある場合とそうでない場合を示したものである。

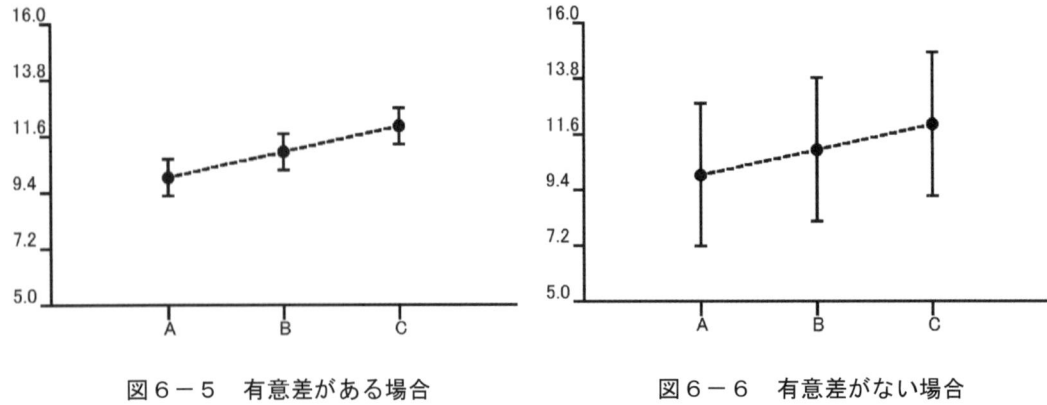

図6-5 有意差がある場合　　　　　図6-6 有意差がない場合

　つまり、有意差がない状態とは「級間分散に比べて級内分散が大きい状態」であり、また、有意差がある状態とは「級間分散に比べて級内分散が小さい状態」であるといえる。分散分析法とは、この2つの分散の比率の大小により3つ以上の平均値の差の検定を行なうものである。つまり、

$$F_0 = \frac{級間分散}{級内分散}$$

がある一定以上の比率だったら有意差ありと判断する。具体的にはこのF_0がF分布することを利用して、検定する。ただし、ここでの分散は平方和を自由度で除する不偏分散を意味している。

　手順は次の通りである。特に、各平方和を計算する際に共通する項をあらかじめ計算しておき、その後の計算を簡便にする工夫をする。この共通項を「修正項」と呼ぶ。

① 帰無仮説「各グループの平均は等しい　$\mu_1 = \mu_2 = \mu_3 = \cdots$」をたてる。
② 各グループ別のデータの合計（T_i）、各グループ別のデータの合計の2乗（T_i^2）、全データの合計（T）を求める。
③ 修正項（CT, correction term）を求める。

$$CT = \frac{T^2}{\Sigma n_i}$$

　　ただし、

$$\left(n_i : グループiのデータ数 \right)$$

④ 全平方和（S_T）、級間平方和（S_A）、級内平方和（S_E）を求める。
$$S_T = \Sigma\Sigma X_{ij}^2 - CT$$
$$S_A = \Sigma \frac{T_i^2}{n_i} - CT$$
$$S_E = S_T - S_A$$

⑤ 自由度（ϕ_T）、級間自由度（ϕ_A）、級内自由度（ϕ_E）を求める。
$$\phi_T = \Sigma n_i - 1$$
$$\phi_A = k - 1$$
$$\phi_E = \phi_T - \phi_A$$

ただし、

$$\begin{pmatrix} \Sigma n_i : 総データ数 \\ k : グループ数 \end{pmatrix}$$

⑥ 級間不偏分散（V_A）、級内不偏分散（V_E）を求める。（注：これまで不偏分散はV^2の表現を使用してきたが、以後、特に断らない場合は2乗を省略したVの表現を用いる。）
$V_A = S_A / \phi_A$
$V_E = S_E / \phi_E$

⑦ F値を求める
$F_0 = V_A / V_E$

⑧ これらをまとめて下のような分散分析表にする。

⑨ 自由度（ϕ_A、ϕ_E）の5％あるいは1％のF値をF分布表から求める。

⑩ 計算されたF値（F_0）とF分布表のF値（F）を比較する。もし、$F_0 \geq F$ならば仮説を棄却し、$F_0 < F$ならば仮説を棄却しない（採択する）。つまり、$F_0 \geq F$ならば違いがあると判断し、$F_0 < F$ならば同じであると判断する。慣例として、5％水準で有意差がみられた場合は計算されたF値の右肩に＊（アスタリスク）を1個、1％水準の場合は＊を2個書くことになっている。

分散分析表

要因	平方和	自由度	不偏分散（平均平方）	F値
級間	S_A	ϕ_A	$V_A (= S_A / \phi_A)$	$F_0 (= V_A / V_E)$
級内（誤差）	S_E	ϕ_E	$V_E (= S_E / \phi_E)$	
計	S_T	ϕ_T		

【例題6－1】幼稚園児を対象に両足とびの測定を行った。クラスで指導内容が異なるが、クラス別の平均値に差があるか分散分析を用いて検定せよ。各クラスから無作為に選ばれた園児の測定値は以下の通りである。

クラス	測定値
もも組	8回、11回、5回
すみれ組	11回、8回
かんな組	12回、16回、12回、14回
ばら組	17回、14回、15回、20回

両足とび(回)

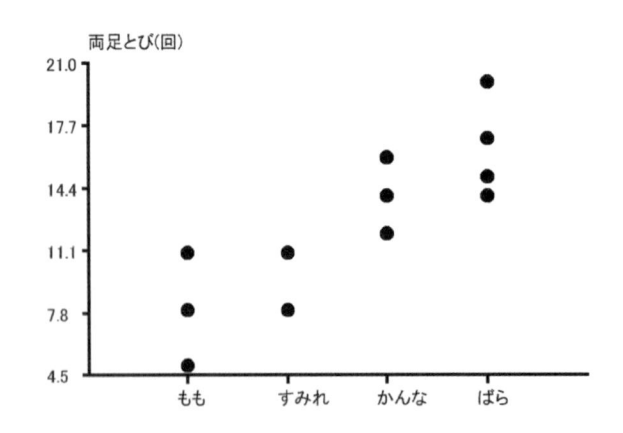

一般的手順	実際の手続き
① 帰無仮説をたてる。	帰無仮説「$\mu_1 = \mu_2 = \mu_3 = \mu_4$」 対立仮説「少なくとも2組の平均値は異なる」
② 各グループ別のデータの合計（T_i）、各グループ別のデータの合計の2乗（T_i^2）、全データの合計（T）を求める。	次頁の表に示した。
③ 修正項（CT）を求める。	$CT = \dfrac{T^2}{\Sigma n_i} = \dfrac{163^2}{3+2+4+4} = 2043.8$
④ 全平方和（S_T）、級間平方和（S_A）、級内平方和（S_E）を求める。	$S_T = \Sigma\Sigma X_{ij}^2 - CT$ $= 8^2+11^2+5^2+11^2+8^2+12^2+16^2+12^2+14^2+17^2+14^2+15^2+20^2 - 2043.8$ $= 201.2$ $S_A = \Sigma \dfrac{T_i^2}{n_i} - CT$ $= \dfrac{24^2}{3} + \dfrac{19^2}{2} + \dfrac{54^2}{4} + \dfrac{66^2}{4} - 2043.8 = 146.7$ $S_E = S_T - S_A = 201.2 - 146.7 = 54.5$
⑤ 自由度（ϕ_T）、級間自由度（ϕ_A）、級内自由度（ϕ_E）を求める。	$\phi_T = \Sigma n_i - 1 = 13 - 1 = 12$ $\phi_A = k - 1 = 4 - 1 = 3$ $\phi_E = \phi_T - \phi_A = 12 - 3 = 9$
⑥ 級間不偏分散（V_A）、級内不偏分散（V_E）を求める。	$V_A = S_A / \phi_A = 146.7 / 3 = 48.9$ $V_E = S_E / \phi_E = 54.5 / 9 = 6.06$
⑦ F値を求める。	$F_0 = V_A / V_E = 48.9 / 6.06 = 8.069$

6. 一元配置の分散分析

⑧ 分散分析表を作る。	下に示した。
⑨ 自由度（ϕ_A、ϕ_E）の5％あるいは1％のF値をF分布表から求める。	自由度（3，9）の5％のF分布表の値は3.86、1％の値は6.99である。
⑩ 計算されたF値（F_0）とF分布表のF値（F）を比較する。	F_0＝8.069＞6.99＝F（ϕ＝3、9、1％）なので、1％水準で有意差があることになる。つまり、クラスで両足とびに違いがあるといえる。

グループ	測定値	計（T_i）	計²（T_i^2）
もも	8, 11, 5	24	576
すみれ	11, 8	19	361
かんな	12, 16, 12, 14	54	2916
ばら	17, 14, 15, 20	66	4356
計		163	

分散分析表

要因	平方和	自由度	平均平方	F値
級間（クラス）	146.7	3	48.9	8.07**
級内（誤差）	54.5	9	6.06	
計	201.2	12		

6.1.2 母平均の区間推定

　分散分析の結果から「有意差がある」ということは、「少なくとも1組の平均値間に有意差がある」ということなので、有意差が認められたならば、次の段階としてどの平均値間に有意差があるのかを調べる。そのためには各グループ（要因のグループを水準と呼ぶ場合もある）の母平均を推定しなければならない。ただし、分散分析の結果、各水準の平均値間に有意な差がなければ各水準の平均値の差は意味を持たない。各水準の母平均μ_iの分散の推定値は、誤差の不偏分散V_Eを各水準のデータの繰り返し数n_iで除したものとなる。そして、誤差の不偏分散を用いているため、自由度ϕ_Eのt分布をする。また、母平均の点推定値は標本平均m_iである。したがって、母平均の有意水準（危険率）αに対する、信頼度（1－α）の信頼区間は

$$m_i \pm t(\phi_E, \alpha)\sqrt{\frac{V_E}{n_i}}$$

となる。例えば、先の例題のもも組は

$$m_i \pm t(\phi_E, \alpha)\sqrt{\frac{V_E}{n_i}} = \frac{24}{3} \pm 2.262 \times \sqrt{\frac{54.5}{3}} \begin{array}{l} = 11.21 \text{ (上限)} \\ = 4.79 \text{ (下限)} \end{array}$$

となる。表6－3は全クラスについての区間推定の計算結果である。また、図6－7はそれをひげ図にまとめたものである。

表6－3　例題のクラス別区間推定値

	もも	すみれ	かんな	ばら
平均	8.000	9.500	13.500	16.500
上限	11.214	13.436	16.283	19.283
下限	4.786	5.564	10.717	13.717

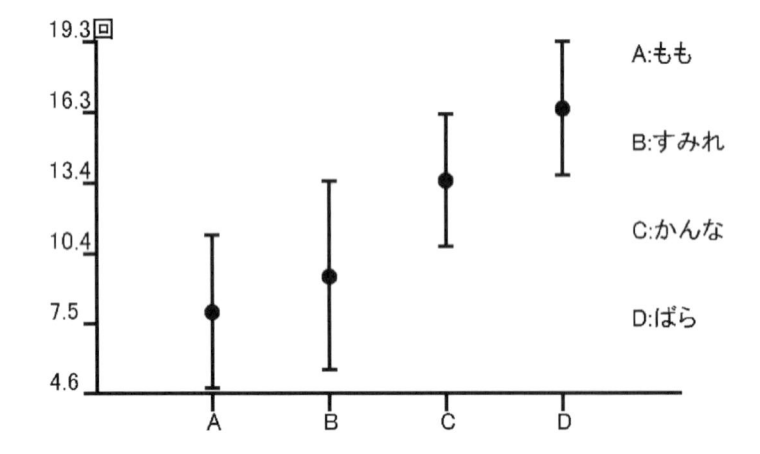

図6－7　クラス別母平均の区間推定

表や図から明らかなように、データ数が4と多い「かんな」「ばら」は推定される区間は狭く、データ数が2と少ない「すみれ」は広くなる。一般的に、水準内のデータ数が多ければ多いほど推定される区間は狭くなり、少なければ少ないほど推定される区間は広くなる。

6.1.3　Excelによる一元配置の分散分析

「分析ツール」を使うには、まず、表6－4に示したようにあらかじめデータを入力しておき、メニューバーの「ツール」から、「分析ツール」を選び、「分散分析：一元配置」を左クリックする。「入力範囲」欄に、シートをドラッグして入力する。データの方向が横なら「行」を指定する。全水準の中で最もデータ数の多い範囲を指定する。例えば、表6－4の例ではB1からE5までを指定する。この場合のように、水準間でデータ数が異なってもよい。

6．一元配置の分散分析

表6－4　一元配置の分散分析用のデータ

	A	B	C	D	E
1		もも組	すみれ組	かんな組	ばら組
2	1	8	11	12	17
3	2	11	8	16	14
4	3	5		12	15
5	4			14	20

表6－5　分析ツール「一元配置の分散分析」の計算手順

順序	操　作　手　順
1	「ツール」を左クリック
2	「分析ツール」を左クリック
3	「分散分析：一元配置」を左クリック
4	「入力範囲」欄に、シートをドラッグして入力する。データの方向が横なら「行」を指定する。全水準の中で最もデータ数の多い範囲を指定する。水準間でデータ数が異なってもよい。

【練習問題6－1】陸上部、バレー部、バスケット部の部員について身長を調べた。各部で身長の平均に有意な違いがあるかF検定（分散分析）せよ。もし、部間に有意な差が認められれば、各部の母平均を95％の信頼度で区間推定せよ。

水準	身長(cm)			
陸上部	180.2	179.5	181.2	177.5
バレー部	177.5	184.2	177.2	
バスケット部	181.2	182.6	178.6	

7 繰り返しのない二元配置の分散分析

7.1 繰り返しのない二元配置の分散分析

7.1.1 繰り返しのない二元配置の分散分析

　先に述べた分散分析は、一元配置の分散分析と呼ばれ、グループ分けが1つの要因から行われたデータを対象としていた。例えば、年長組、年中組、年少組という年齢段階でグループ分けした場合のソフトボール投げの記録の差異をみた。それに対して、実際の実験場面では、1度の実験で、2つの要因を組み合わせた場合の効果をみたい時がある。または、実際問題としてお互いに無視できない2つの要因が存在する場合、どちらかを無視して実験計画を立てるのは得策ではない。例えば、体力のトレーニング効果をみるような場合、その対象者に男女が混在すると、トレーニング効果以上に体力そのものの性差が大きいので、トレーニング効果のみの要因からなる一元配置の分散分析を用いても正しい判断はできない。このような場合、2つの要因を同時に検討しなければならない。つまり、男女別にトレーニング効果をみなければならない。このように2つの要因を同時に検討する分散分析法を二元配置の分散分析と呼ぶ。特に、各条件の実験を1回ずつのみ実施する場合を「繰り返しのない二元配置の分散分析(two-way analysis of variance)」と呼ぶ。

　まず、個々のデータの持っている構造を考えると、表7－1に示したように、全体の平均、1番目の要因（要因A）の水準別の平均と、2番目の要因（要因B）の水準別の平均と、個々のデータに固有の部分の和から成り立っていると考えることができる。

表7－1　二元配置のデータの構造

個々のデータ

	B1	B2	B3
A1	5	3	4
A2	1	6	5
A3	0	0	3

= 全体の平均

	B1	B2	B3
A1	3	3	3
A2	3	3	3
A3	3	3	3

+ 要因Aの平均

	B1	B2	B3
A1	1	1	1
A2	1	1	1
A3	-2	-2	-2

+ 要因Bの平均

	B1	B2	B3
A1	-1	0	1
A2	-1	0	1
A3	-1	0	1

+ 個々のバラツキ

	B1	B2	B3
A1	2	-1	-1
A2	-2	2	0
A3	0	-1	1

つまり、総平均をμ、要因A_iの総平均からの偏差をα_i、要因B_jの総平均からの偏差をβ_j、そしてμやα_iやβ_jでは説明できない個々のデータ固有の部分をε_{ij}とすると、個々のデータX_{ij}は

$$X_{ij} = \mu + \alpha_i + \beta_j + \varepsilon_{ij}$$

と表現できる。ここで、要因Aの水準iの平均を$\mu_{i\cdot}$、要因Bの水準jの平均を$\mu_{\cdot j}$とすると、α_i、β_j、ε_{ij}は

$$\alpha_i = \mu_{i\cdot} - \mu$$
$$\beta_j = \mu_{\cdot j} - \mu$$
$$\varepsilon_{ij} = X_{ij} - \mu_{i\cdot} - \mu_{\cdot j} + \mu$$

と表すことができるので、μを左辺に移項すると、

$$(X_{ij} - \mu) = (\mu_{i\cdot} - \mu) + (\mu_{\cdot j} - \mu) + (X_{ij} - \mu_{i\cdot} - \mu_{\cdot j} + \mu)$$

となる。この両辺を2乗し、両辺をiとjについて総和すると、一元配置の説明同様に、各要因の全水準の和が0になるので、各2項ずつの積も0となり、

$$\Sigma\Sigma(X_{ij}-\mu)^2 = \Sigma\Sigma(\mu_{i\cdot}-\mu)^2 + \Sigma\Sigma(\mu_{\cdot j}-\mu)^2 + \Sigma\Sigma(X_{ij}-\mu_{i\cdot}-\mu_{\cdot j}+\mu)^2$$

となる。したがって、全平方和は、要因Aの平方和$\Sigma\Sigma(\mu_{i\cdot}-\mu)^2$、要因Bの平方和$\Sigma\Sigma(\mu_{\cdot j}-\mu)^2$、そして、データ固有の平方和、つまり誤差平方和$\Sigma\Sigma(X_{ij}-\mu_{i\cdot}-\mu_{\cdot j}+\mu)^2$に分けられることになる。つまり、

全平方和 ＝ 要因Aの平方和 ＋ 要因Bの平方和 ＋ 誤差平方和

である。表7－2は、先に示した表のデータの要因Aの平方和が18、要因Bの平方和が6、個々のデータに固有な誤差平方和が16で、個々のデータから総平均を引いた偏差の平方和、つまり、全平方和が40（＝18＋6＋16）になることを示している。

表7－2　二元配置の分散分析のデータの構造

全平方和

	B1	B2	B3
A1	2	0	1
A2	-2	3	2
A3	-3	-3	0

平方和＝40

要因A

	B1	B2	B3
A1	1	1	1
A2	1	1	1
A3	-2	-2	-2

平方和＝18

要因B

	B1	B2	B3
A1	-1	0	1
A2	-1	0	1
A3	-1	0	1

平方和＝6

個々のデータに固有な部分

	B1	B2	B3
A1	2	-1	-1
A2	-2	2	0
A3	0	-1	1

平方和＝16

全変動は図7－1に示すような構造になっている。

全変動	要因Aの変動
	要因Bの変動
	誤差変動

図7－1　二元配置の分散分析の全変動の内容

7. 繰り返しのない二元配置の分散分析

そして、全平方和、要因Aの平方和、要因Bの平方和、誤差平方和をそれぞれの自由度で割った不偏分散を、各々、全分散、要因Aの分散、要因Bの分散、誤差分散と呼ぶ。ここで、二元配置の分散分析は全分散を、「要因Aによる分散の部分」と「要因Bによる分散の部分」と「ε_{ij}による分散の部分（誤差分散）」に分け、「要因Aによる分散の部分」の誤差分散に対する比率と、「要因Bによる分散の部分」の誤差分散に対する比率が一定以上の時、有意な差があると判断するものである。この判断は

$F_{A\circ}=$ 要因Aによる分散／誤差分散
$F_{B\circ}=$ 要因Bによる分散／誤差分散

がF分布することを利用して検定する。図7－2は二元配置の分散分析で有意差のみられない例を示したものである。図7－3は要因Aのみが有意差を示し、要因Bには有意差がない場合である。図7－4は要因ABともに有意な場合の例を図示したものである。

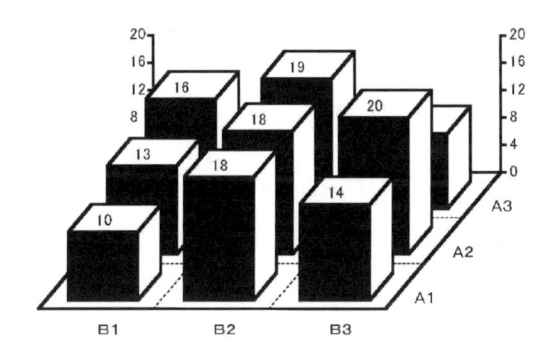

図7－2　有意差がない例　　　　　図7－3　要因Aのみが有意な例

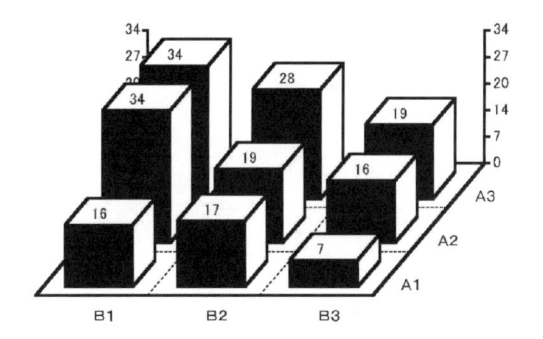

図7－4　要因AとBの両方が有意な例

特に、実験などで二元配置の分散分析を行う場合は、実験の順序は乱数などを用いてランダムにしておく必要がある。これは各実験の水準を順番に行うと、後半は実験そのものに慣れて効果がそれ以前より高く出たり、逆に、疲労などで効果が低くなってしまうのを防ぐためである。いかなる条件でも実験の前半と後半で効果に差があれば、それは実験の条件による差をみているのではなく、実験の順序（慣れや疲労の程度）を分析してしまうことになる。

二元配置の分散分析の計算手順は次の通りである。

① 要因Aの水準別のデータの合計（TA_i）、要因Bの水準別のデータの合計（TB_j）、そして全データの合計（T）を求める。
② 修正項（CT）を求める。
$$CT = \frac{T^2}{ab} \quad \text{（ただし、a, bは要因AとBの水準数）}$$
③ 全平方和（S_T）、要因Aの平方和（S_A）、要因Bの平方和（S_B）、誤差平方和（S_E）を求める。
$$S_T = \Sigma\Sigma X_{ij}^2 - CT$$
$$S_A = \Sigma \frac{TA_i^2}{b} - CT$$
$$S_B = \Sigma \frac{TB_j^2}{a} - CT$$
$$S_E = S_T - S_A - S_B$$
④ 全分散の自由度（ϕ_T）、要因Aの自由度（ϕ_A）、要因Bの自由度（ϕ_B）、誤差の自由度（ϕ_E）を求める。
$$\phi_T = ab - 1$$
$$\phi_A = a - 1$$
$$\phi_B = b - 1$$
$$\phi_E = \phi_T - \phi_A - \phi_B$$
⑤ 要因Aの不偏分散（V_A）、要因Bの不偏分散（V_B）、誤差不偏分散（V_E）を求める。
$$V_A = S_A / \phi_A$$
$$V_B = S_B / \phi_B$$
$$V_E = S_E / \phi_E$$
⑥ F値を求める。
$$F_{A_0} = V_A / V_E$$
$$F_{B_0} = V_B / V_E$$
⑦ これらをまとめて下のような分散分析表にする。
⑧ 自由度（ϕ_A, ϕ_E）と（ϕ_B, ϕ_E）の5％あるいは1％のF値をF分布表から求める。
⑨ 計算されたF値（F_{A_0}とF_{B_0}）とF分布表のF値（F）を比較する。

分散分析表

要因	平方和	自由度	不偏分散（平均平方）	F値
A	S_A	ϕ_A	$V_A (= S_A / \phi_A)$	$F_{A_0} (= V_A / V_E)$
B	S_B	ϕ_B	$V_B (= S_B / \phi_B)$	$F_{B_0} (= V_B / V_E)$
誤差	S_E	ϕ_E	$V_E (= S_E / \phi_E)$	
計	S_T	ϕ_T		

【例題7-1】柔道選手の全身反応時間が得意技や階級と関連があるかどうか調べるために、体重から便宜的に3段階に分類し、重量級、中量級、軽量級の中で、各々「背負投や体落」「大内刈や小内刈」「内股や大外刈」を得意としている者を無作為に選び、全身反応時間の測定を行った。得られた測定値は次の通りである。分散分析を用いて階級差と得意技による差を検討せよ。（ただし、母数模型として考えることにする。「母数模型」については「8.1.3 母数模型と変量模型」を参照のこと）

7．繰り返しのない二元配置の分散分析

得意技＼階級	重量級	中量級	軽量級
背負投や体落	354	320	311
大内刈や小内刈	365	317	301
内股や大外刈	336	320	320

（単位：msec）

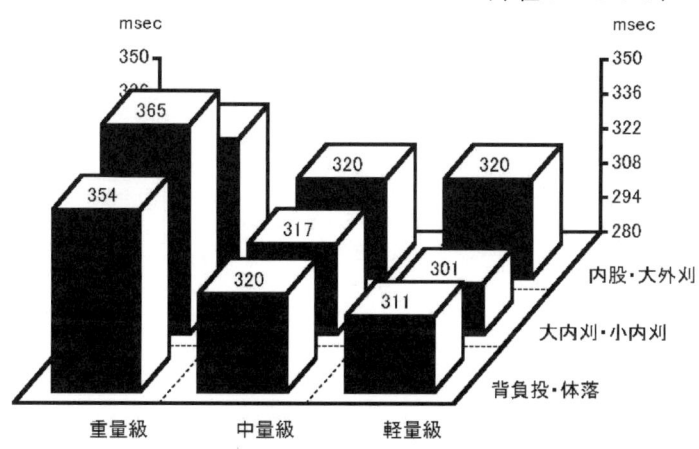

図7－5　例題のデータ

各水準別の合計の計算

得意技＼階級	重量級	中量級	軽量級	計
背負投や体落	354	320	311	985
大内刈や小内刈	365	317	301	983
内股や大外刈	336	320	320	976
計	1055	957	932	2944

一般的手順	実際の手続き
① 要因Ａの水準別のデータの合計（TA_i）、要因Ｂの水準別のデータの合計（TB_j）、そして全データの合計（T）を求める。	上の表に示した。

② 修正項（CT）を求める。	$CT = \dfrac{T^2}{ab} = \dfrac{2944^2}{3 \times 3} = 963015.11$
③ 全平方和（S_T）、要因Aの平方和（S_A）、要因Bの平方和（S_B）、誤差平方和（S_E）を求める。	$S_T = \Sigma\Sigma X_{ij}^2 - CT$ $= 354^2+320^2+311^2+365^2+317^2+301^2+336^2+320^2+320^2-963015.11$ $= 3432.89$ $S_A = \Sigma \dfrac{TA_i^2}{b} - CT$ $= (985^2+983^2+976^2)/3 - 963015.11$ $= 14.89$ $S_B = \Sigma \dfrac{TB_j^2}{a} - CT$ $= (1055^2+957^2+932^2)/3 - 963015.11$ $= 2817.56$ $S_E = S_T - S_A - S_B$ $= 3432.89 - 14.89 - 2817.56$ $= 600.44$
④ 全分散の自由度（ϕ_T）、要因Aの自由度（ϕ_A）、要因Bの自由度（ϕ_B）、誤差の自由度（ϕ_E）を求める。	$\phi_T = ab - 1 = 3 \times 3 - 1 = 8$ $\phi_A = a - 1 = 3 - 1 = 2$ $\phi_B = b - 1 = 3 - 1 = 2$ $\phi_E = \phi_T - \phi_A - \phi_B = 8 - 2 - 2 = 4$
⑤ 要因Aの不偏分散（V_A）、要因Bの不偏分散（V_B）、誤差不偏分散（V_E）を求める。	$V_A = S_A / \phi_A = 14.89 / 2 = 7.44$ $V_B = S_B / \phi_B = 2817.56 / 2 = 1408.78$ $V_E = S_E / \phi_E = 600.44 / 4 = 150.11$
⑥ F値を求める。	$F_{A0} = V_A / V_E = 7.44 / 150.11 = 0.05$ $F_{B0} = V_B / V_E = 1408.78 / 150.11 = 9.38$
⑦ 分散分析表を作る。	次頁に示した。
⑧ 自由度（ϕ_A、ϕ_E）と（ϕ_B、ϕ_E）の5%あるいは1%のF値をF分布表から求める。	自由度（2，4）の5%のF分布表の値は6.94、1%の値は18.00である。
⑨ 計算されたF値（F_{A0}とF_{B0}）とF分布表のF値（F）を比較する。	$F_{B0} = 9.38 > 6.94$（5%）なので、5%水準で有意差があるが、$F_{A0} = 0.05 < 6.94$なので、有意差はない。

7．繰り返しのない二元配置の分散分析

分散分析表

要因	平方和	自由度	平均平方	F値
得意技	14.89	2	7.44	0.05
階級	2817.56	2	1408.78	9.38*
誤差	600.44	4	150.11	
計	3432.89	8		

結局、階級のみが有意となり、得意技に関しては有意とはならなかった。つまり、この場合の柔道選手の全身反応時間の結果は体重が重要な決定要因となっていることになる。分散分析表のF値の部分で、9.38は5％水準で有意となるので右肩に＊を1個つける。

7.1.2 母平均の区間推定

分散分析の結果から有意差がみられた要因については水準別に母平均を推定する。二元配置の分散分析でも、2つの要因の中の1つの要因のみが有意となった場合の母平均の推定方法は一元配置の分散分析と全く同様に行うことができる。つまり、要因Aの母平均の有意水準（危険率）αに対する、信頼度（$1-\alpha$）の信頼区間は

$$m_i \pm t(\phi_E, \alpha)\sqrt{\frac{V_E}{b}}$$

となり、要因Bは

$$m_j \pm t(\phi_E, \alpha)\sqrt{\frac{V_E}{a}}$$

となる。m_iとm_jは各要因の水準別の合計をデータ数で割った

$$m_i = \frac{TA_i}{b}$$

$$m_j = \frac{TB_j}{a}$$

である。例えば、先の例題の「重量級」の95％の信頼区間は

$$\frac{TB_1}{a} \pm t(\phi_E, \alpha)\sqrt{\frac{V_E}{a}} = \frac{1055}{3} \pm 2.776 \times \sqrt{\frac{150.11}{3}}$$

＝371.31（上限）
＝332.03（下限）

となる。表7－3は先の例題の「得意技」「階級」の母平均の区間推定値である。また、図7－6

と図7-7はひげ図にしたものである。

表7-3 「得意技」「階級」の母平均の区間推定値

得意技	母平均	上限	下限
背負投や体落	328.33	347.97	308.69
大内刈や小内刈	327.67	347.31	308.03
内股や大外刈	325.33	344.97	305.69

階級	母平均	上限	下限
重量級	351.67	371.31	332.03
中量級	319.00	338.64	299.36
軽量級	310.67	330.31	291.03

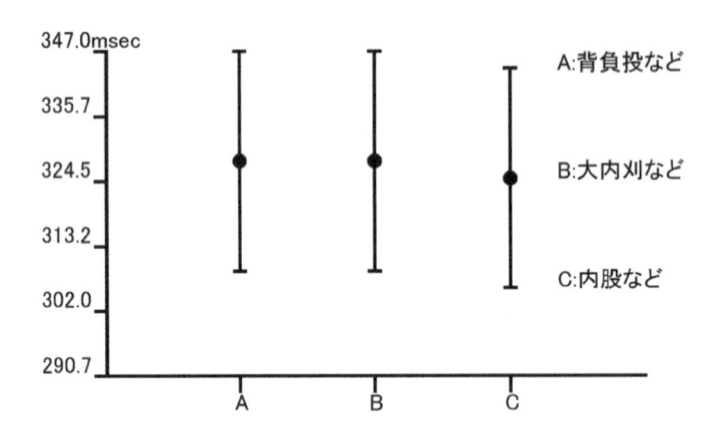

図7-6 得意技の水準別母平均の推定

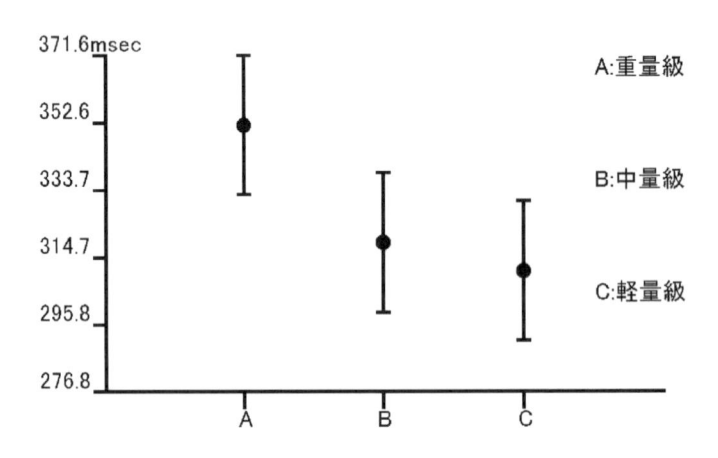

図7-7 階級の水準別母平均の推定

そして、要因Aと要因Bを同時に組み合わせた各セルの母平均の場合の区間推定式は

7．繰り返しのない二元配置の分散分析

$$m_{ij} \pm t(\phi_E、\alpha) \sqrt{V_E \left(\frac{1}{a} + \frac{1}{b} - \frac{1}{ab} \right)}$$

となる。母平均の点推定値m_{ij}は

$$m_{ij} = \frac{TA_i}{b} + \frac{TB_j}{a} - \frac{T}{ab}$$

である。例えば、先の例題の「重量級」で「背負投や体落」を得意技にしているセルの母平均の推定値は、点推定値m_{11}が

$$m_{11} = \frac{TA_1}{b} + \frac{TB_1}{a} - \frac{T}{ab} = \frac{985}{3} + \frac{1055}{3} - \frac{2944}{3 \times 3}$$
$$= 352.89$$

となるので、

$$m_{11} \pm t(\phi_E、\alpha) \sqrt{V_E \left(\frac{1}{a} + \frac{1}{b} - \frac{1}{ab} \right)}$$

$$= 352.89 \pm 2.776 \times \sqrt{150.11 \times \left(\frac{1}{3} + \frac{1}{3} - \frac{1}{3 \times 3} \right)}$$

$$= 378.24 \text{（上限）}$$
$$= 327.53 \text{（下限）}$$

である。表7－4は先の例題の「階級」と「得意技」とを組み合わせた各セルの母平均の区間推定値である。また、図7－8はひげ図にしたものである。

表7－4　各セルの母平均の区間推定値

		重量級	中量級	軽量級
背負投や体落	(μ)	352.89	320.22	311.89
	（上限）	378.24	345.58	337.24
	（下限）	327.53	294.87	286.53
大内刈や小内刈	(μ)	352.22	319.56	311.22
	（上限）	377.58	344.91	336.58
	（下限）	326.87	294.20	285.87
内股や大外刈	(μ)	349.89	317.22	308.89
	（上限）	375.24	342.58	334.24
	（下限）	324.53	291.87	283.53

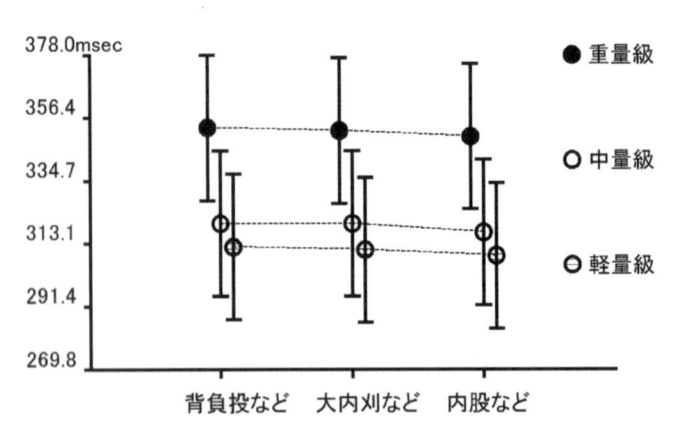

図7-8　得意技・階級別の各セルの母平均の推定

7.1.3　Excelによる繰り返しのない二元配置の分散分析の計算

　二元配置の分散分析も「分析ツール」を使って計算することができる。「分析ツール」を使うには、まず、表7-5に示したようにあらかじめデータを入力しておき、メニューバーの「ツール」から、「分析ツール」を選び、「分散分析：繰り返しのない二元配置」を左クリックする。「入力範囲」欄に、2つの要因を各々「行」と「列」にしたデータをワークシートにドラッグして入力する。

表7-5　繰り返しのない二元配置の分散分析用のデータ

	A	B	C	D
1		重量級	中量級	軽量級
2	背負投や体落	354	320	311
3	大内刈や小内刈	365	317	301
4	内股や大外刈	336	320	320

表7-6　分析ツール「繰り返しのない二元配置の分散分析」の計算手順

順序	操作手順
1	「ツール」を左クリック
2	「分析ツール」を左クリック
3	「分散分析：繰り返しのない二元配置」を左クリック
4	「入力範囲」欄に、2つの要因を各々「行」と「列」にしたデータをシートにドラッグして入力する。

【練習問題7-1】敏捷性が専門種目や体重と関連があるかどうか調べるために、3つのスポーツ種目それぞれを専門としている者で、体重が「60kg未満」「80kg未満」「80kg以上」の者を無作為に選び、反復横跳の測定を行った。得られた測定値は次の通りである。分散分析を用

いて専門種目と体重による差を検討せよ。（ただし、母数模型として考えることにする。）

体重＼種目	柔道	テニス	卓球
６０ｋｇ未満	４０	４５	５５
８０ｋｇ未満	３９	４２	５３
８０ｋｇ以上	３５	４３	５１

（単位：回）

8 繰り返しのある二元配置の分散分析

8.1 繰り返しのある二元配置の分散分析

8.1.1 繰り返しのある二元配置の分散分析

　1度の実験で、2つの要因を組み合わせた場合の効果を検討する場合がある。この時、2つの要因は各々有意な変動を示さなくとも、各々特定の水準（条件）が組み合わさると効果が著しい場合がある。このような変動を交互作用と呼ぶ。この交互作用は先に述べた「繰り返しのない二元配置の分散分析」では検討することができない。このような2つの要因の効果と同時に、両要因の交互作用の効果を検討するためには各水準（条件）の実験を1回のみでなく、数回ずつ実施する実験計画をたてなければならない。また、このような実験結果を分析する分散分析を「繰り返しのある二元配置の分散分析」と呼ぶ。この分析法を用いる場合は繰り返し数は必ず各実験条件の組み合わせで同じでなければならない。

　まず、個々のデータの持っている構造を考えると、表8－1に示したように、全体の平均、1番目の要因（要因A）の水準別の平均と、2番目の要因（要因B）の水準別の平均と、2つの要因の各水準に固有の平均と、個々のデータに固有の部分の和から成り立っていると考えることができる。

表8－1　繰り返しのある二元配置のデータの構造

個々のデータ				全体の平均				要因Aの平均				要因Bの平均				交互作用の平均				繰り返しのバラツキ		
8	4	5		5	5	5		1	1	1		-1	0	1		2	-1	-1		1	-1	-1
6	6	7		5	5	5		1	1	1		-1	0	1		2	-1	-1		-1	1	1
6	6	9	=	5	5	5	+	1	1	1	+	-1	0	1	+	-1	-1	2	+	2	1	0
2	4	9		5	5	5		1	1	1		-1	0	1		-1	-1	2		-2	-1	0
0	5	2		5	5	5		-2	-2	-2		-1	0	1		-1	2	-1		-1	0	-1
2	5	4		5	5	5		-2	-2	-2		-1	0	1		-1	2	-1		1	0	1

　つまり、2つの要因A，Bの各水準をA_i，B_jとする。そして、総平均をμ、水準A_iの総平均からの偏差をα_i、水準B_jの総平均からの偏差をβ_j、水準A_iと水準B_jの組み合わせの数回の平均からの偏差を$\alpha\beta_{ij}$、そしてμやα_iやβ_jや$\alpha\beta_{ij}$では説明できないk個目の繰り返しのデータ固有

の部分をε_{ijk}とすると、「水準A_iと水準B_jの組み合わせの k 回目のデータX_{ijk}」は

$$X_{ijk} = \mu + \alpha_i + \beta_j + \alpha\beta_{ij} + \varepsilon_{ijk}$$

と表現できる。ここで、要因Aの水準 i の平均を$\mu_{i\cdot}$、要因Bの水準 j の平均を$\mu_{\cdot j}$、水準A_iと水準B_jを組み合わせた平均をμ_{ij}とすると、α_i、β_j、$\alpha\beta_{ij}$、ε_{ijk}は

$$\alpha_i = \mu_{i\cdot} - \mu$$
$$\beta_j = \mu_{\cdot j} - \mu$$
$$\alpha\beta_{ij} = \mu_{ij} - \mu_{i\cdot} - \mu_{\cdot j} + \mu$$
$$\varepsilon_{ijk} = X_{ijk} - \mu_{ij}$$

と表すことができるので、μを左辺に移項すると、

$$(X_{ijk} - \mu) = (\mu_{i\cdot} - \mu) + (\mu_{\cdot j} - \mu) + (\mu_{ij} - \mu_{i\cdot} - \mu_{\cdot j} + \mu) + (X_{ijk} - \mu_{ij})$$

となる。この両辺を2乗し、両辺を i と j と k について総和すると、各要因の全水準の和が0になるので、各2項ずつの積も0となり、

$$\Sigma\Sigma\Sigma (X_{ijk} - \mu)^2 = \Sigma\Sigma\Sigma (\mu_{i\cdot} - \mu)^2 + \Sigma\Sigma\Sigma (\mu_{\cdot j} - \mu)^2$$
$$+ \Sigma\Sigma\Sigma (\mu_{ij} - \mu_{i\cdot} - \mu_{\cdot j} + \mu)^2 + \Sigma\Sigma\Sigma (X_{ijk} - \mu_{ij})^2$$

となる。したがって、全平方和は、要因Aの平方和$\Sigma\Sigma\Sigma(\mu_{i\cdot} - \mu)^2$、要因Bの平方和$\Sigma\Sigma\Sigma(\mu_{\cdot j} - \mu)^2$、交互作用の平方和$\Sigma\Sigma\Sigma(\mu_{ij} - \mu_{i\cdot} - \mu_{\cdot j} + \mu)^2$、そして、個々のセル内の繰り返しによる平方和、つまり誤差平方和$\Sigma\Sigma\Sigma(X_{ijk} - \mu_{ij})^2$に分けられることになる。つまり、

全平方和 ＝ 要因Aの平方和 ＋ 要因Bの平方和 ＋ 交互作用の平方和 ＋ 誤差平方和

である。表8－2は、先に示した表のデータの要因Aの平方和が36、要因Bの平方和が12、交互作用の平方和が36、繰り返しによる、誤差平方和が20で、個々のデータから総平均を引いた偏差の平方和、つまり、全平方和が104（＝36＋12＋36＋20）になることを示している。

表8－2　二元配置の分散分析のデータの構造

全平方和		
3	-1	0
1	1	2
1	1	4
-3	-1	4
-5	0	-3
-3	0	-1

平方和＝104

要因Aの平方和		
1	1	1
1	1	1
1	1	1
1	1	1
-2	-2	-2
-2	-2	-2

平方和＝12

要因Bの平方和		
-1	0	1
-1	0	1
-1	0	1
-1	0	1
-1	0	1
-1	0	1

平方和＝36

交互作用の平方和		
2	-1	-1
2	-1	-1
-1	-1	2
-1	-1	2
-1	2	-1
-1	2	-1

平方和＝36

誤差の平方和		
1	-1	-1
-1	1	1
2	1	0
-2	-1	0
-1	0	-1
1	0	1

平方和＝20

全変動は図8－1に示すような構造になっている。

8．繰り返しのある二元配置の分散分析

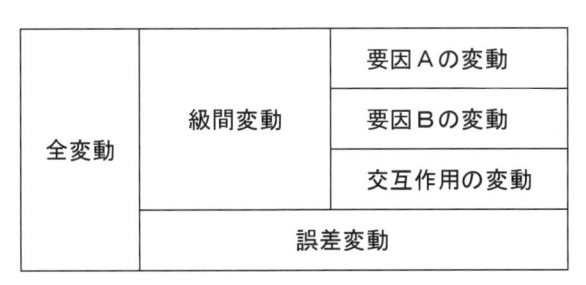

全変動	級間変動	要因Aの変動
		要因Bの変動
		交互作用の変動
	誤差変動	

図8-1　二元配置の分散分析の全変動の内容

　そして、全平方和、要因Aの平方和、要因Bの平方和、交互作用の平方和、誤差平方和をそれぞれの自由度で割った不偏分散を、各々、全分散、要因Aの分散、要因Bの分散、交互作用の分散、誤差分散と呼ぶ。ここで、繰り返しのある二元配置の分散分析は全分散を、「要因Aによる分散の部分」と「要因Bによる分散の部分」と「要因Aと要因Bの交互作用による分散の部分」「ε_{ijk}による分散の部分（誤差分散）」に分け、「要因Aによる分散の部分」の誤差分散に対する比率と、「要因Bによる分散の部分」の誤差分散に対する比率と、「要因Aと要因Bの交互作用による分散の部分」の誤差分散に対する比率が一定以上の時、有意な差があると判断するものである。この判断は

　　F_{Ao}＝要因Aによる分散／誤差分散
　　F_{Bo}＝要因Bによる分散／誤差分散
　　$F_{A \times Bo}$＝要因Aと要因Bの交互作用による分散／誤差分散

がF分布することを利用して検定する。図8-2から図8-5は交互作用がある場合とない場合の典型的な例を示している。各例とも繰り返し数は5、繰り返しの標準偏差は2である。

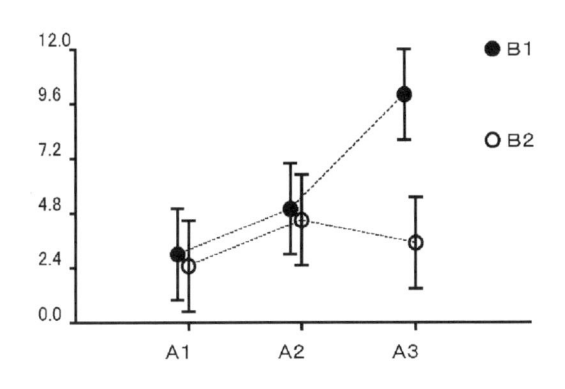

図8-2　交互作用が有意な例（1） 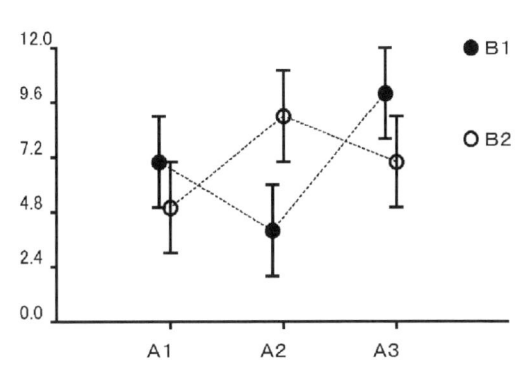　　　図8-3　交互作用が有意な例（2）

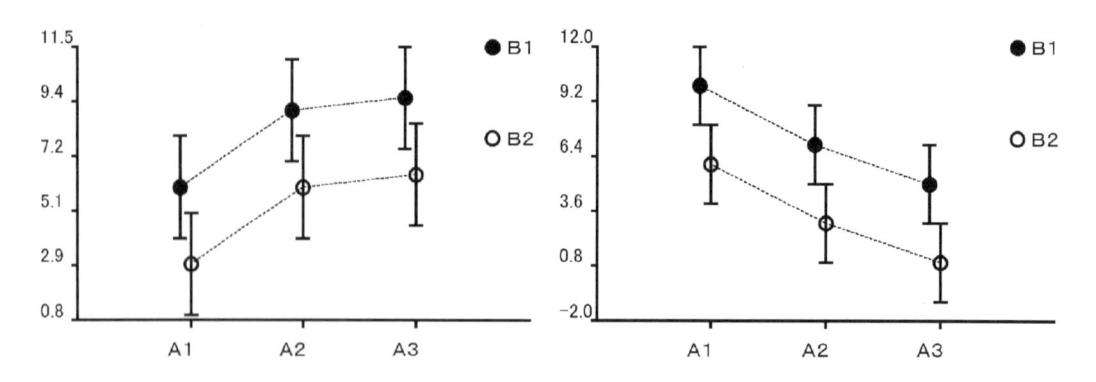

図8－4　交互作用が有意でない例（1）　　　図8－5　交互作用が有意でない例（2）

　グラフからわかるように、一方の水準の平均値を線で結んだ時、お互いが平行な状態である場合は交互作用はない（有意にならない）が、平均値を結んだ線がクロスしたり、徐々に離れていく（近づいていく）場合は交互作用が有意となる。また、繰り返しのある二元配置の分散分析では、2つの要因と1つの交互作用の有意性を検討することになるが、次の図8－6から図8－10はそれぞれの典型的な例を図示したものである。

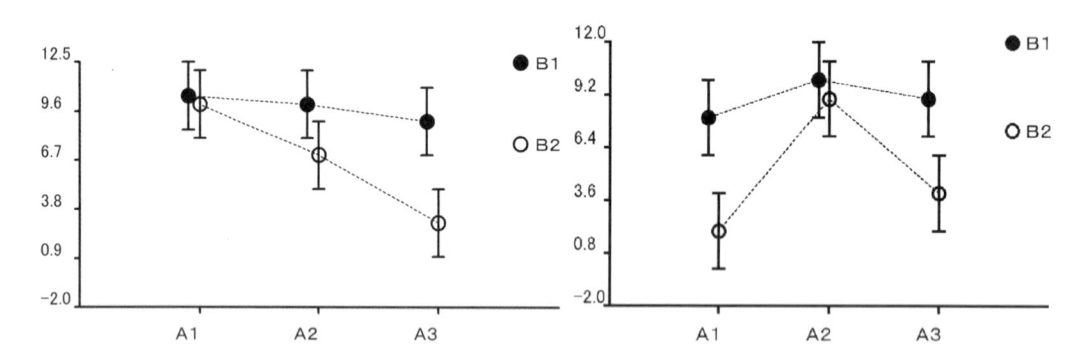

図8－6　要因A、要因B、交互作用　　　図8－7　要因A、要因B、交互作用
　　　すべてが有意な例（1）　　　　　　　　　　すべてが有意な例（2）

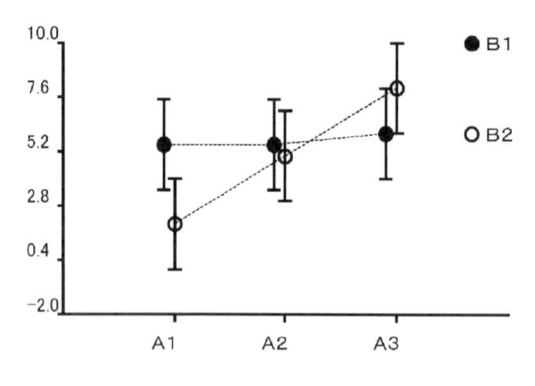

図8－8　要因Aと交互作用が有意な例 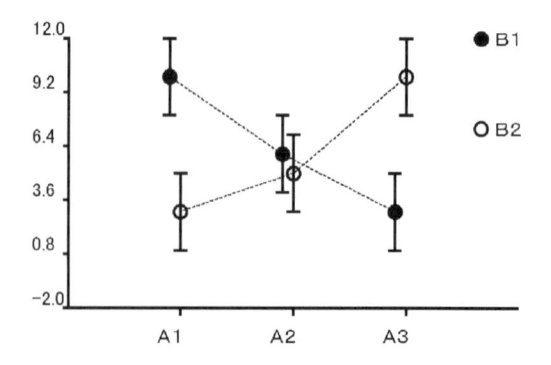　　　図8－9　交互作用のみが有意な例（1）

－ 116 －

8．繰り返しのある二元配置の分散分析

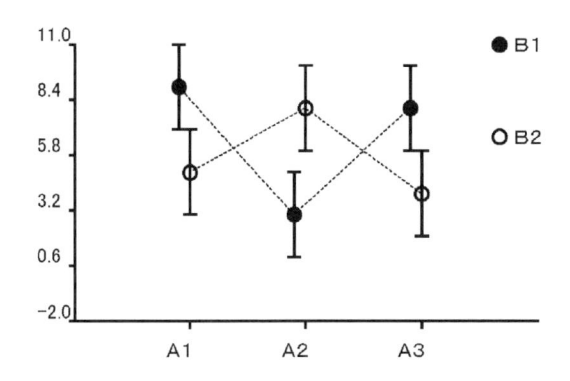

図8－10　交互作用のみが有意な例（2）

　さて、ここで、一元配置の分散分析同様に、全平方和を級間平方和と級内平方和に分けてみる。つまり、各セルの平均μ_{ij}から

$$(X_{ijk}-\mu) = (X_{ijk}-\mu_{ij}) + (\mu_{ij}-\mu)$$

とし、両辺を2乗すると、左辺は先ほどの全平方和、右辺第1項は級内平方和（誤差平方和）になる。したがって、右辺第2項の級間平方和は

　級間平方和 ＝ 要因Aの平方和 ＋ 要因Bの平方和 ＋ 交互作用の平方和

となる。直接交互作用の平方和の計算は複雑であるが、級間平方和の計算は、要因Aの平方和や要因Bの平方和同様に、「－μ」があるので、修正項を用いて行うことができるので、非常に簡便である。したがって、一元配置や繰り返しのない二元配置の分散分析で全平方和から他の平方和を差し引いた残りの平方和として誤差平方和を求めたのと同様に、交互作用の平方和も

　交互作用の平方和 ＝ 級間平方和 － 要因Aの平方和 － 要因Bの平方和

として求める。また、誤差平方和も、今までと同様に、

　誤差平方和 ＝ 全平方和 － 級間平方和

として求める。

　繰り返しのある二元配置の分散分析の計算手順は次の通りである。

① 要因Aと要因Bの水準の組み合わせ別のデータの合計（T_{ij}）、要因Aの水準別のデータの合計（TA_i）、要因Bの水準別のデータの合計（TB_j）、そして全データの合計（T）を求める。
② 修正項（CT）を求める。

$$CT = \frac{T^2}{abc}$$　（ただし、a、bは要因AとBの水準数、cは繰り返し数）

③ 全平方和（S_T）、要因Aと要因Bの交互作用の平方和（$S_{A×B}$）、要因Aの平方和（S_A）、要因Bの平方和（S_B）、誤差平方和（S_E）を求める。

$$S_T = \Sigma\Sigma X_{ij}^2 - CT$$

$$S_{AB} = \Sigma \frac{T_{ij}^2}{c} - CT$$

$$S_A = \Sigma \frac{TA_i^2}{bc} - CT$$

$$S_B = \Sigma \frac{TB_j^2}{ac} - CT$$

$$S_{A\times B} = S_{AB} - S_A - S_B$$

$$S_E = S_T - S_A - S_B - S_{A\times B}$$

④ 全分散の自由度（ϕ_T）、要因Aと要因Bの交互作用の自由度（$\phi_{A\times B}$）、要因Aの自由度（ϕ_A）、要因Bの自由度（ϕ_B）、誤差の自由度（ϕ_E）を求める。

$$\phi_T = abc - 1$$

$$\phi_A = a - 1$$

$$\phi_B = b - 1$$

$$\phi_{A\times B} = (a-1)(b-1)$$

$$\phi_E = \phi_T - \phi_A - \phi_B - \phi_{A\times B}$$

⑤ 要因Aの不偏分散（V_A）、要因Bの不偏分散（V_B）、要因Aと要因Bの交互作用の不偏分散（$V_{A\times B}$）、誤差不偏分散（V_E）を求める。

$$V_A = S_A / \phi_A$$

$$V_B = S_B / \phi_B$$

$$V_{A\times B} = S_{A\times B} / \phi_{A\times B}$$

$$V_E = S_E / \phi_E$$

⑥ F値を求める。

$$F_{A_o} = V_A / V_E$$

$$F_{B_o} = V_B / V_E$$

$$F_{A\times B_o} = V_{A\times B} / V_E$$

⑦ これらをまとめて、次のような分散分析表にする。
⑧ 自由度（ϕ_A、ϕ_E）、（ϕ_B、ϕ_E）、（$\phi_{A\times B}$、ϕ_E）の5％あるいは1％のF値をF分布表から求める。
⑨ 計算されたF値（F_{A_o}、F_{B_o}、$F_{A\times B_o}$）とF分布表のF値（F）を比較する。

8. 繰り返しのある二元配置の分散分析

分散分析表

要因	平方和	自由度	不偏分散（平均平方）	F値
A	S_A	ϕ_A	$V_A (=S_A/\phi_A)$	$F_{A_0} (=V_A/V_E)$
B	S_B	ϕ_B	$V_B (=S_B/\phi_B)$	$F_{B_0} (=V_B/V_E)$
交互作用	$S_{A\times B}$	$\phi_{A\times B}$	$V_{A\times B} (=S_{A\times B}/\phi_{A\times B})$	$F_{A\times B_0} (=V_{A\times B}/V_E)$
誤差	S_E	ϕ_E	$V_E (=S_E/\phi_E)$	
計	S_T	ϕ_T		

【例題8-1】幼児の運動能力に対して両親の運動経験と関連があるかどうか調べるために、父親と母親の学生時代の運動経験の有無を調べた。父親と母親の経験の頻度別に無作為に2人ずつ選び、運動能力測定を実施した。運動能力は25m走、立幅跳、ボール投げを測定し、各々のTスコアの平均を求めた。得られた測定値は次の通りである。分散分析を用いて、両親の運動経験による幼児の運動能力の差を検討せよ。（ただし、母数模型として考えることにする。）

父親＼母親	定期的あり	時々あり	全くなし
定期的運動経験あり	83.5 78.0	61.0 45.0	52.6 49.0
非定期的運動経験あり	61.5 55.2	50.5 56.0	50.5 45.5
全く経験なし	62.5 54.5	62.1 56.6	56.6 55.5

各水準別の合計の計算

父親＼母親	定期的あり	時々あり	全くなし	計
定期的運動経験あり	161.5	106.0	101.6	369.1
非定期的運動経験あり	116.7	106.5	96.0	319.2
全く経験なし	117.0	118.7	112.1	347.8
計	395.2	331.2	309.7	1036.1

一般的手順	実際の手続き
① 要因Aと要因Bの水準の組み合わせ別のデータの合計（T_{ij}）、要因Aの水準別のデータの合計（TA_i）、要因Bの水準別のデータの合計（TB_j）、そして全データの合計（T）を求める。	前頁の表に示した。
② 修正項（CT）を求める。	$CT = \dfrac{T^2}{abc} = \dfrac{1036.1^2}{3 \times 3 \times 2} = 59639.07$
③ 全平方和（S_T）、要因Aと要因Bの交互作用の平方和（$S_{A \times B}$）、要因Aの平方和（S_A）、要因Bの平方和（S_B）、誤差平方和（S_E）を求める。	$S_T = \Sigma\Sigma\Sigma X_{ijk}^2 - CT$ $= 83.5^2+78.0^2+61.0^2+45.0^2+52.6^2+49.0^2+61.5^2$ $+55.2^2+50.5^2+56.0^2+50.5^2+45.5^2+62.5^2+54.5^2$ $+62.1^2+56.6^2+56.6^2+55.5^2-59639.07$ $= 1687.26$ $S_{AB} = \Sigma \dfrac{T_{ij}^2}{c} - CT$ $= (161.5^2+106.0^2+101.6^2+116.7^2+106.5^2+96.0^2$ $+117.0^2+118.7^2+112.1^2)/2-59639.07$ $= 1442.46$ $S_A = \Sigma \dfrac{TA_i^2}{bc} - CT$ $= (369.1^2+319.2^2+347.8^2)/6-59639.07$ $= 208.98$ $S_B = \Sigma \dfrac{TB_j^2}{ac} - CT$ $= (395.2^2+331.2^2+309.7^2)/6-59639.07$ $= 659.36$ $S_{A \times B} = S_{AB} - S_A - S_B$ $= 1442.46-208.98-659.36$ $= 574.12$ $S_E = S_T - S_A - S_B - S_{A \times B}$ $= 1687.26-208.98-659.36-574.12$ $= 244.80$
④ 全分散の自由度（ϕ_T）、要因Aと要因Bの交互作用の自由度（$\phi_{A \times B}$）、要因Aの自由度（ϕ_A）、要因Bの自由度（ϕ_B）、誤差の自由度（ϕ_E）を求める。	$\phi_T = abc-1 = 3 \times 3 \times 2 -1 = 17$ $\phi_A = a-1 = 3-1 = 2$ $\phi_B = b-1 = 3-1 = 2$ $\phi_{A \times B} = (a-1)(b-1) = 2 \times 2 = 4$ $\phi_E = \phi_T - \phi_A - \phi_B - \phi_{A \times B}$ $= 17-2-2-4 = 9$
⑤ 要因Aの不偏分散（V_A）、要因Bの不偏分散（V_B）、要因Aと要因Bの交互作用の不偏分散（$V_{A \times B}$）、誤差不偏分散（V_E）	$V_A = S_A/\phi_A = 208.98/2 = 104.49$ $V_B = S_B/\phi_B = 659.36/2 = 329.68$ $V_{A \times B} = S_{A \times B}/\phi_{A \times B} = 574.12/4 = 143.53$ $V_E = S_E/\phi_E = 244.80/9 = 27.20$

を求める。	
⑥ F値を求める。	$F_{Ao} = V_A / V_E = 104.49/27.20 = 3.84$ $F_{Bo} = V_B / V_E = 329.68/27.20 = 12.12$ $F_{A \times Bo} = V_{A \times B} / V_E = 143.53/27.20 = 5.28$
⑦ 分散分析表を作る。	下に示した。
⑧ 自由度（ϕ_A、ϕ_E）、（ϕ_B、ϕ_E）、（$\phi_{A \times B}$、ϕ_E）の5％あるいは1％のF値をF分布表から求める。	自由度（2、9）の5％のF分布表の値は4.26、1％の値は8.02である。また、自由度（4、9）の5％のF分布表の値は3.63、1％の値は6.42である。
⑨ 計算されたF値（F_{Ao}、F_{Bo}、$F_{A \times Bo}$）とF分布表のF値（F）を比較する。	$F_{Bo} = 12.12 > 8.02$（1％）なので1％水準で、$F_{A \times Bo} = 5.28 > 3.63$（5％）なので5％水準で有意差がある。しかし、$F_{Ao} = 3.84 < 4.26$（5％）なので、有意差はない。

分散分析表

要因	平方和	自由度	平均平方	F値
父親	208.98	2	104.49	3.84
母親	659.36	2	329.68	12.12**
交互作用	574.12	4	143.53	5.28*
誤差	244.80	9	27.20	
計	1687.26	17		

8.1.2 母平均の区間推定

　分散分析後、水準別に母平均を推定することは、有意差がみられた要因についてはもちろんであるが、そうでない要因についても概要を把握する上では役に立つ場合がある。繰り返しのある二元配置の分散分析でも、2つの要因の中の1つの要因のみが有意となった場合の母平均の推定方法は繰り返しのない場合と全く同様に行うことができる。つまり、要因Aの母平均の有意水準（危険率）αに対する、信頼度（1−α）の信頼区間は

$$m_i \pm t(\phi_E、\alpha) \sqrt{\frac{V_E}{bc}}$$

となり、要因Bは

$$m_j \pm t(\phi_E、\alpha) \sqrt{\frac{V_E}{ac}}$$

となる。m_iとm_jは各要因の水準別の合計をデータ数で割った

$$m_i = \frac{TA_i}{bc}$$

$$m_j = \frac{TB_j}{ac}$$

である。例えば、先の例題の「父親の定期的運動経験あり」の95％の信頼区間は

$$\frac{TA_1}{bc} \pm t(\phi_E、\alpha)\sqrt{\frac{V_E}{bc}} = \frac{369.1}{3\times 2} \pm 2.262 \times \sqrt{\frac{27.2}{3\times 2}}$$

= 66.3 （上限）
= 56.7 （下限）

となる。表8－3は先の例題の父親と母親の運動経験別の母平均の区間推定値である。また、図8－11と図8－12はひげ図にしたものである。

表8－3　父親と母親の運動経験別の母平均の区間推定値

父親	母平均	上限	下限
定期的	61.52	66.33	56.70
時々	53.20	58.02	48.38
なし	57.97	62.78	53.15

母親	母平均	上限	下限
定期的	65.87	70.68	61.05
時々	55.20	60.02	50.38
なし	51.62	56.43	46.80

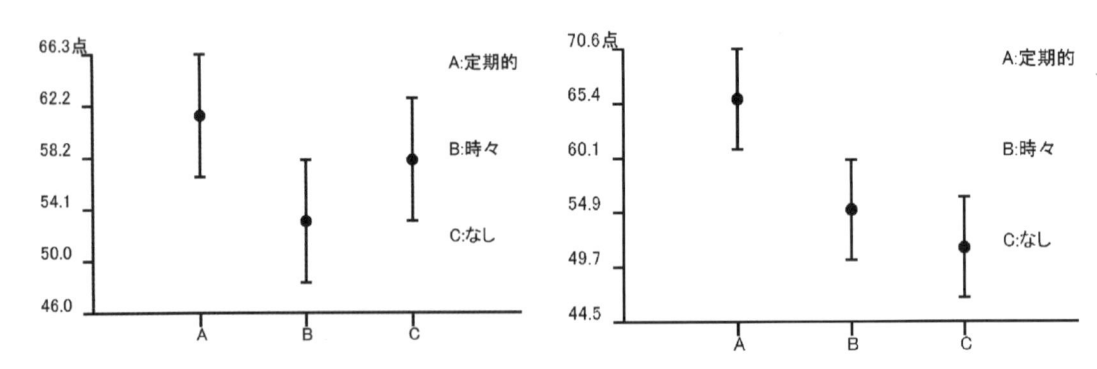

図8－11　父親の水準別母平均の推定　　　図8－12　母親の水準別母平均の推定

そして、要因Aと要因Bを同時に組み合わせた各セルの母平均の場合の区間推定式は

$$m_{ij} \pm t(\phi_E、\alpha)\sqrt{V_E\left(\frac{1}{ac} + \frac{1}{bc} - \frac{1}{abc}\right)}$$

となる。ただし、この場合は交互作用は考慮されない。この母平均の点推定値m_{ij}は

$$m_{ij} = \frac{TA_i}{bc} + \frac{TB_j}{ac} - \frac{T}{abc}$$

である。例えば、先の例題で、父親と母親ともに定期的に運動しているセルの母平均の推定値は、点推定値m_{11}が

$$m_{11} = \frac{TA_1}{bc} + \frac{TB_1}{ac} - \frac{T}{abc} = \frac{369.1}{3 \times 2} + \frac{395.2}{3 \times 2} - \frac{1036.1}{3 \times 3 \times 2}$$
$$= 69.82$$

となるので、95％の信頼区間は

$$m_{11} \pm t(\phi_E、\alpha) \sqrt{V_E \left(\frac{1}{ac} + \frac{1}{bc} - \frac{1}{abc} \right)}$$

$$= 69.82 \pm 2.262 \times \sqrt{27.20 \times \left(\frac{1}{3 \times 2} + \frac{1}{3 \times 2} - \frac{1}{3 \times 3 \times 2} \right)}$$

$$= 76.04 （上限）$$
$$= 63.60 （下限）$$

である。表8－4は、先の例題の父親と母親の運動経験を組み合わせた、交互作用を含まない各セルの母平均の区間推定値である。また、図8－13はひげ図にしたものである。

表8－4　各セルの母平均の区間推定値

	母・定期的	母・ときどき	母・なし
父・定期的(μ)	69.82	59.16	55.57
（上限）	76.04	65.37	61.79
（下限）	63.60	52.94	49.35
父・ときどき(μ)	61.51	50.84	47.26
（上限）	67.72	57.06	53.47
（下限）	55.29	44.62	41.04
父・なし(μ)	66.27	55.61	52.02
（上限）	72.49	61.82	58.24
（下限）	60.05	49.39	45.80

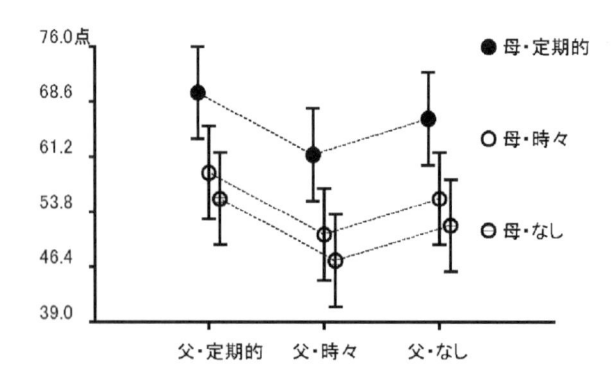

図8−13　父親と母親の運動経験別の
各セルの母平均の推定（交互作用を含まない場合）

また、交互作用を考慮した場合の母平均の場合の区間推定式は

$$m_{ij} \pm t(\phi_E、\alpha) \sqrt{\frac{V_E}{c}}$$

となる。ただし、この場合の母平均の点推定値m_{ij}は

$$m_{ij} = \frac{T_{ij}}{c}$$

である。例えば、先の例題で、父親と母親ともに定期的に運動しているセルの母平均の95％の信頼区間は

$$m_{11} \pm t(\phi_E、\alpha) \sqrt{\frac{V_E}{c}} = \frac{161.5}{2} \pm 2.262 \times \sqrt{\frac{27.20}{2}}$$

　＝89.09（上限）
　＝72.40（下限）

である。表8−5は、先の例題の父親と母親の運動経験を組み合わせた、交互作用を含んだ場合の母平均の区間推定値である。また、図8−14はひげ図にしたものである。

8．繰り返しのある二元配置の分散分析

表8－5　交互作用を含んだ各セルの母平均の区間推定値

	母・定期的	母・ときどき	母・なし
父・定期的（μ）	80.75	53.00	50.80
（上限）	89.09	61.34	59.14
（下限）	72.41	44.66	42.46
父・ときどき（μ）	58.35	53.25	48.00
（上限）	66.69	61.59	56.34
（下限）	50.01	44.91	39.66
父・なし（μ）	58.50	59.35	56.05
（上限）	66.84	67.69	64.39
（下限）	50.16	51.01	47.71

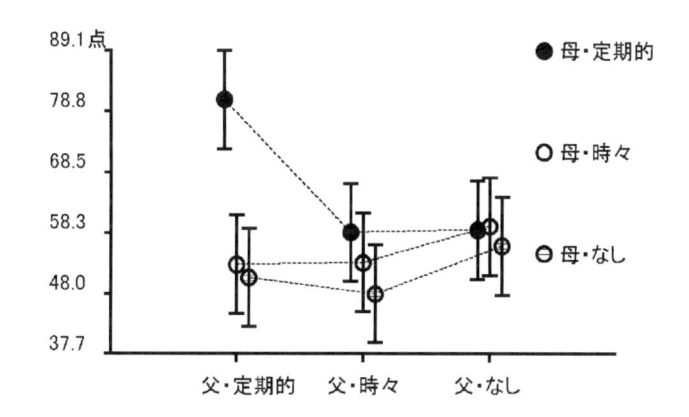

図8－14　父親と母親の運動経験別の
各セルの母平均の推定（交互作用を含む場合）

　交互作用を含まない場合は、各セルの平均を結んだ線が平行になるのに対して、交互作用を含んだ区間推定ではこれらは平行にならない。父親と母親が共に運動経験がある場合に、極めて運動能力（Tスコア）が高くなるのがわかる。

8.1.3　母数模型と変数模型

　今まで扱ってきた水準はあらかじめこちらが特定することが可能なものであった。実験であれば条件をコントロールすることが可能なものである。それに対して、「トレーニングの効果があるかどうかを調べるのに、被検者全員ではなく、その中からランダムに選んだ者を対象に分散分析を行い、差を検討する」という場合のように、水準となる対象者が特定の者ではなく、ランダムに選ばれる場合もある。この場合は水準自体が固定できないので、水準自体のバラツキが誤差として包含されることになる。前者を母数模型といい、後者を変数模型と呼ぶ。母数模型の場合は水準を特定（コントロール）できるので、母平均を推定することに意味があるが、変量模型の場合は水準自体がバラツクものなので、母平均を推定しても意味がなく、代わりに、バラツキの程度（分散）を推定する。また、繰り返しのある二元配置の分散分析では、不偏分散からF値を求める方法が異なる。
　表8－6と表8－7は母数模型と変量模型の場合の不偏分散の期待値を示している。

表8-6 母数模型の不偏分散の期待値

要因	模型	水準数	不偏分散の期待値
A	母数	a	$\sigma_E^2 + bc\sigma_A^2$
B	母数	b	$\sigma_E^2 + ac\sigma_B^2$
A×B			$\sigma_E^2 + c\sigma_{A\times B}^2$
E		c	σ_E^2

表8-7 変量模型の不偏分散の期待値

要因	模型	水準数	不偏分散の期待値
A	変量	a	$\sigma_E^2 + c\sigma_{A\times B}^2 + bc\sigma_A^2$
B	変量	b	$\sigma_E^2 + c\sigma_{A\times B}^2 + ac\sigma_B^2$
A×B			$\sigma_E^2 + c\sigma_{A\times B}^2$
E		c	σ_E^2

　母数模型の場合は要因A、要因B、交互作用ともに、誤差分散とそれぞれの分散から構成されているので、それらの不偏分散と誤差分散との比を求めればよい。しかし、変量模型の場合は、要因Aと要因Bに関しては誤差分散以外にも交互作用の分散も含まれている。したがって、交互作用の検定は交互作用と誤差分散の比からF値を求めてよいが、要因Aと要因Bは誤差分散ではなく、交互作用の不偏分散との比からF値を求めなければならない。
　表8-8と表8-9は先ほどの例題8-1の分散分析表をもとに母数模型と変量模型の場合を示したものである。

表8-8 母数模型の分散分析表

要因	平方和	自由度	平均平方	F値
母数A	208.98	2	104.49	3.84
母数B	659.36	2	329.68	12.12**
交互作用	574.12	4	143.53	5.28*
誤差	244.80	9	27.20	
計	1687.26	17		

表8-9 変量模型の分散分析表

要因	平方和	自由度	平均平方	F値
変量A	208.98	2	104.49	0.73
変量B	659.36	2	329.68	2.30
交互作用	574.12	4	143.53	5.28*
誤差	244.80	9	27.20	
計	1687.26	17		

表からわかるように、母数模型の場合は母数Bは1％水準で有意となるが、変量模型の場合は変量Bは有意とはならない。また、変量模型の場合は母平均ではなく、母分散の推定が問題になる。先の不偏分散の期待値から、

$$V_B = \sigma_E^2 + c\sigma_{A \times B}^2 + ac\sigma_B^2$$
$$V_{A \times B} = \sigma_E^2 + c\sigma_{A \times B}^2$$

となるので、求めるσ_B^2は

$$\sigma_B^2 = \frac{V_B - V_{A \times B}}{ac} = \frac{329.68 - 143.53}{3 \times 2} = 31.025$$

となる。

8.1.4 Excelによる繰り返しのある二元配置の分散分析の計算

　繰り返しのある二元配置の分散分析も、「分析ツール」を使って計算することができる。「分析ツール」を使うには、まず表8－10に示したようにあらかじめデータを入力しておき、メニューバーの「ツール」から、「分析ツール」を選び、「分散分析：繰り返しのある二元配置」を左クリックする。「入力範囲」欄に、2つの要因を各々「行」と「列」にし、繰り返しを縦に並べたデータラベルを含めてワークシートにドラッグして入力する。

表8－10　繰り返しのある二元配置の分散分析用のデータ

	A	B	C	D
1	父親　／　母親	定期的あり	時々あり	全くなし
2	定期的運動経験あり	83.5	61.0	52.6
3		78.0	45.0	49.0
4	非定期的運動経験あり	61.5	50.5	50.5
5		55.2	56.0	45.5
6	全く経験なし	62.5	62.1	56.6
7		54.5	56.6	55.5

表8－11　分析ツール「繰り返しのある二元配置の分散分析」の操作手順

順序	操　作　手　順
1	「ツール」を左クリック
2	「分析ツール」を左クリック
3	「分散分析：繰り返しのある二元配置」を左クリック
4	「入力範囲」欄に、2つの要因を各々「行」と「列」にしたデータをシートにドラッグして入力する。繰り返し数は「1標本あたりの行数」の欄に入力する。繰り返しのデータは縦に並べて入力する。

【練習問題8－1】思春期の肥満と脂肪摂取状況との関連を検討するために、全摂取エネルギーに対して脂肪の占める割合を調査した。明らかに肥満の傾向が顕著な者とそうでない者をそれぞれ男女から無作為に2名ずつ選び、その食事調査を行った。結果は下の図のようになった。脂肪摂取率に肥満の有無や性が関連するか分散分析を用いて検討せよ。

性＼肥満の有無	肥満	肥満なし
男子	83.5 78.0	61.0 45.0
女子	61.5 55.2	50.5 56.0

（単位：％）

9 繰り返しのない三元配置の分散分析

9.1 繰り返しのない三元配置の分散分析

　3つの要因を同時に検討しなければならない時、3つの要因を同時に検討する分散分析法を三元配置の分散分析と呼ぶ。特に、各水準の実験を1回ずつのみ実施する場合を「繰り返しのない三元配置の分散分析」と呼ぶ。三元配置の実験計画でも、各要因の水準が多くなれば、必然的に実験回数は飛躍的に多くなる。先にも述べたように、繰り返しのある場合は各実験水準の組み合わせ内の繰り返し数は同じでなければならない。つまり、かなり制約的な実験を強いられることになるので、分散分析ではせいぜい三元配置までが用いられる。それでも3つの主要因、2つずつの交互作用、さらに繰り返しがある場合は3つの交互作用の7要因についての検定を行うことになる。非常に計算は煩雑であり、推定も、その組み合わせ数は膨大である。したがって、ここでは検定の計算方法のみの説明にとどめることにする。

　3つの要因A，B，Cの各水準をA_i，B_j，C_kとする。そして、総平均をμ、水準A_iの平均からの偏差をα_i、水準B_jの平均からの偏差をβ_j、水準C_kの平均からの偏差をγ_k、水準A_iと水準B_jの交互作用を$\alpha\beta_{ij}$、水準A_iと水準C_kの交互作用を$\alpha\gamma_{ik}$、水準B_jと水準C_kの交互作用を$\beta\gamma_{jk}$、そしてμ、α_i、β_j、γ_k、$\alpha\beta_{ij}$、$\alpha\gamma_{ik}$、$\beta\gamma_{jk}$では説明できない個々のデータ固有の部分をε_{ijk}とすると、個々のデータX_{ijk}は次のように表現できる。

$$X_{ijk} = \mu + \alpha_i + \beta_j + \gamma_k + \alpha\beta_{ij} + \alpha\gamma_{ik} + \beta\gamma_{jk} + \varepsilon_{ijk}$$

　それらに対応する平方和があり、それを自由度で割った不偏分散、つまり、「要因Aによる分散」、「要因Bによる分散」、「要因Cによる分散」、「要因Aと要因Bの交互作用による分散」、「要因Aと要因Cの交互作用による分散」、「要因Bと要因Cの交互作用による分散」、「ε_{ijk}による分散（誤差分散）」がある。つまり、全変動は図9－1に示すような構造になっている。

全変動	級間変動	要因Aの変動
		要因Bの変動
		要因Cの変動
		要因Aと要因Bの交互作用の変動
		要因Aと要因Cの交互作用の変動
		要因Bと要因Cの交互作用の変動
		要因Aと要因Bと要因Cの交互作用の変動 （繰り返しのある場合のみ）
	誤差変動	

図9－1　三元配置の分散分析の全変動の内容

　ここで、三元配置の分散分析は、「要因Aによる分散」の誤差分散に対する比率、「要因Bによる分散」の誤差分散に対する比率、「要因Cによる分散」の誤差分散に対する比率、「要因Aと要因Bの交互作用による分散」の誤差分散に対する比率、「要因Aと要因Cの交互作用による分散」の誤差分散に対する比率、「要因Bと要因Cの交互作用による分散」の誤差分散に対する比率が一定以上の時、有意な差があると判断するものである。この判断は

　　F_{Ao}＝要因Aによる分散／誤差分散
　　F_{Bo}＝要因Bによる分散／誤差分散
　　F_{Co}＝要因Cによる分散／誤差分散
　　$F_{A \times Bo}$＝要因Aと要因Bの交互作用による分散／誤差分散
　　$F_{A \times Co}$＝要因Aと要因Cの交互作用による分散／誤差分散
　　$F_{B \times Co}$＝要因Bと要因Cの交互作用による分散／誤差分散

がF分布することを利用して検定する。
　手順は次の通りである。

① 要因Aの水準別のデータの合計（TA_i）、要因Bの水準別のデータの合計（TB_j）、要因Cの水準別のデータの合計（TC_k）、そして全データの合計（T）を求める。
② 要因Aと要因Bの水準の組み合わせ別の要因Cについての合計（TAB_{ij}）、要因Aと要因Cの水準の組み合わせ別の要因Bについての合計（TAC_{ik}）、要因Bと要因Cの水準の組み合わせ別の要因Aについての合計（TBC_{jk}）を求める。
③ 修正項（CT）を求める。

$$CT = \frac{T^2}{abc}$$　（ただし、a、b、cは要因A、B、Cの水準数）

④ 全平方和（S_T）、要因Aの平方和（S_A）、要因Bの平方和（S_B）、要因Cの平方和（S_C）、要因Aと要因Bの交互作用の平方和（$S_{A \times B}$）、要因Aと要因Cの交互作用の平方和（$S_{A \times C}$）、要因Bと要因Cの交互作用の平方和（$S_{B \times C}$）、誤差平方和（S_E）を求める。

$$S_T = \Sigma\Sigma\Sigma X_{ijk}^2 - CT$$

$$S_A = \Sigma \frac{TA_i^2}{bc} - CT$$

$$S_B = \Sigma \frac{TB_j^2}{ac} - CT$$

$$S_C = \Sigma \frac{TC_k^2}{ab} - CT$$

$$S_{AB} = \Sigma \frac{TAB_{ij}^2}{c} - CT$$

$$S_{AC} = \Sigma \frac{TAC_{ik}^2}{b} - CT$$

$$S_{BC} = \Sigma \frac{TBC_{jk}^2}{a} - CT$$

$$S_{A \times B} = S_{AB} - S_A - S_B$$

$$S_{A \times C} = S_{AC} - S_A - S_C$$

$$S_{B \times C} = S_{BC} - S_B - S_C$$

$$S_E = S_T - S_A - S_B - S_C - S_{A \times B} - S_{A \times C} - S_{B \times C}$$

⑤ 全分散の自由度（ϕ_T）、要因Aの自由度（ϕ_A）、要因Bの自由度（ϕ_B）、要因Cの自由度（ϕ_C）、要因Aと要因Bの交互作用の自由度（$\phi_{A \times B}$）、要因Aと要因Cの交互作用の自由度（$\phi_{A \times C}$）、要因Bと要因Cの交互作用の自由度（$\phi_{B \times C}$）、誤差の自由度（ϕ_E）を求める。

$$\phi_T = abc - 1$$

$$\phi_A = a - 1$$

$$\phi_B = b - 1$$

$$\phi_C = c - 1$$

$$\phi_{A \times B} = (a-1)(b-1)$$

$$\phi_{A \times C} = (a-1)(c-1)$$

$$\phi_{B \times C} = (b-1)(c-1)$$

$$\phi_E = \phi_T - \phi_A - \phi_B - \phi_C - \phi_{A \times B} - \phi_{A \times C} - \phi_{B \times C}$$

⑥ 要因Aの不偏分散（V_A）、要因Bの不偏分散（V_B）、要因Cの不偏分散（V_C）、要因Aと要因Bの交互作用の不偏分散（$V_{A×B}$）、要因Aと要因Cの交互作用の不偏分散（$V_{A×C}$）、要因Bと要因Cの交互作用の不偏分散（$V_{B×C}$）、誤差不偏分散（V_E）を求める。

$V_A = S_A / \phi_A$

$V_B = S_B / \phi_B$

$V_C = S_C / \phi_C$

$V_{A×B} = S_{A×B} / \phi_{A×B}$

$V_{A×C} = S_{A×C} / \phi_{A×C}$

$V_{B×C} = S_{B×C} / \phi_{B×C}$

$V_E = S_E / \phi_E$

⑦ F値を求める。

$F_{Ao} = V_A / V_E$

$F_{Bo} = V_B / V_E$

$F_{Co} = V_C / V_E$

$F_{A×Bo} = V_{A×B} / V_E$

$F_{A×Co} = V_{A×C} / V_E$

$F_{B×Co} = V_{B×C} / V_E$

⑧ これらをまとめて、次のような分散分析表にする
⑨ 自由度（ϕ_A、ϕ_E）、（ϕ_B、ϕ_E）、（ϕ_C、ϕ_E）、（$\phi_{A×B}$、ϕ_E）、（$\phi_{A×C}$、ϕ_E）、（$\phi_{B×C}$、ϕ_E）の5％あるいは1％のF値をF分布表から求める。
⑩ 計算されたF値（F_{Ao}、F_{Bo}、F_{Co}、$F_{A×Bo}$、$F_{A×Co}$、$F_{B×Co}$）とF分布表のF値（F）を比較する。

分散分析表

要因	平方和	自由度	不偏分散（平均平方）	F値
A	S_A	ϕ_A	V_A ($= S_A / \phi_A$)	F_{Ao} ($= V_A / V_E$)
B	S_B	ϕ_B	V_B ($= S_B / \phi_B$)	F_{Bo} ($= V_B / V_E$)
C	S_C	ϕ_C	V_C ($= S_C / \phi_C$)	F_{Co} ($= V_C / V_E$)
A×B	$S_{A×B}$	$\phi_{A×B}$	$V_{A×B}$ ($= S_{A×B} / \phi_{A×B}$)	$F_{A×Bo}$ ($= V_{A×B} / V_E$)
A×C	$S_{A×C}$	$\phi_{A×C}$	$V_{A×C}$ ($= S_{A×C} / \phi_{A×C}$)	$F_{A×Co}$ ($= V_{A×C} / V_E$)
B×C	$S_{B×C}$	$\phi_{B×C}$	$V_{B×C}$ ($= S_{B×C} / \phi_{B×C}$)	$F_{B×Co}$ ($= V_{B×C} / V_E$)
誤差	S_E	ϕ_E	V_E ($= S_E / \phi_E$)	
計	S_T	ϕ_T		

9．繰り返しのない三元配置の分散分析

【例題9－1】幼児の投動作の習熟に対して年齢、性、運動経験がどのように関連があるかどうか調べるために、3年齢段階（年長、年中、年少）、性（男児、女児）、運動経験（投動作について指導経験有と無）別に各1名の幼児を選び、10点満点の投動作の主観的評価を行った。得られた評価は次の通りである。分散分析を用いて、年齢、性、運動経験による幼児の投動作の評価の差を検討せよ。（ただし、母数模型として考えることにする。）

組	投動作指導歴	男児	女児
年長	指導経験有	10	7
	無	9	5
年中	指導経験有	9	6
	無	9	6
年少	指導経験有	8	5
	無	7	4

（単位：点）

要因Aと要因Bの水準の組み合わせ別の要因Cについての合計（TAB_{ij}）

組	男児	女児	計
年長	19	12	31
年中	18	12	30
年少	15	9	24
計	52	33	85

要因Aと要因Cの水準の組み合わせ別の要因Bについての合計（TAC_{ik}）

組	指導経験有	指導経験無	計
年長	17	14	31
年中	15	15	30
年少	13	11	24
計	45	40	85

要因Bと要因Cの水準の組み合わせ別の要因Aについての合計（TBC$_{jk}$）

性	指導経験有	指導経験無	計
男児	27	25	52
女児	18	15	33
計	45	40	85

一般的手順	実際の手続き
① 要因Aの水準別のデータの合計（TA$_i$）、要因Bの条件別のデータの合計（TB$_j$）、要因Cの水準別のデータの合計（TC$_k$）、そして全データの合計（T）を求める。	前頁および上の表に示した。
② 要因Aと要因Bの水準の組み合わせ別の要因Cについての合計（TAB$_{ij}$）、要因Aと要因Cの水準の組み合わせ別の要因Bについての合計（TAC$_{ik}$）、要因Bと要因Cの水準の組み合わせ別の要因Aについての合計（TBC$_{jk}$）を求める。	前頁および上の表に示した。
③ 修正項（CT）を求める。	$CT = \dfrac{T^2}{abc} = \dfrac{85^2}{3 \times 2 \times 2} = 602.08$
④ 全平方和（S$_T$）、要因Aの平方和（S$_A$）、要因Bの平方和（S$_B$）、要因Cの平方和（S$_C$）、要因Aと要因Bの交互作用の平方和（S$_{A \times B}$）、要因Aと要因Cの交互作用の平方和（S$_{A \times C}$）、要因Bと要因Cの交互作用の平方和（S$_{B \times C}$）、誤差平方和（S$_E$）を求める。	$S_T = \Sigma\Sigma\Sigma X_{ijk}^2 - CT$ $= 10^2+9^2+7^2+5^2+9^2+9^2+6^2+6^2+8^2+7^2+5^2+4^2-602.08$ $= 40.92$ $S_{AB} = \Sigma \dfrac{TAB_{ij}^2}{c} - CT$ $= (19^2+12^2+18^2+12^2+15^2+9^2)/2 - 602.08$ $= 37.42$ $S_{AC} = \Sigma \dfrac{TAC_{ik}^2}{b} - CT$ $= (17^2+14^2+15^2+15^2+13^2+11^2)/2 - 602.08$ $= 10.42$ $S_{BC} = \Sigma \dfrac{TBC_{jk}^2}{a} - CT$

9．繰り返しのない三元配置の分散分析

$$= (27^2 + 25^2 + 18^2 + 15^2)/3 - 602.08$$
$$= 32.25$$

$$S_A = \Sigma \frac{TA_i^2}{bc} - CT$$

$$= (31^2 + 30^2 + 24^2)/4 - 602.08$$
$$= 7.17$$

$$S_B = \Sigma \frac{TB_j^2}{ac} - CT$$

$$= (52^2 + 33^2)/6 - 602.08$$
$$= 30.09$$

$$S_C = \Sigma \frac{TC_k^2}{ab} - CT$$

$$= (45^2 + 40^2)/6 - 602.08$$
$$= 2.09$$

$$S_{A \times B} = S_{AB} - S_A - S_B$$
$$= 37.42 - 7.17 - 30.09$$
$$= 0.16$$

$$S_{A \times C} = S_{AC} - S_A - S_C$$
$$= 10.42 - 7.17 - 2.09$$
$$= 1.16$$

$$S_{B \times C} = S_{BC} - S_B - S_C$$
$$= 32.25 - 30.09 - 2.09$$
$$= 0.07$$

$$S_E = S_T - S_A - S_B - S_C - S_{A \times B} - S_{A \times C} - S_{B \times C}$$
$$= 40.92 - 7.17 - 30.09 - 2.09 - 0.16 - 1.16 - 0.07$$
$$= 0.18$$

⑤ 全分散の自由度（ϕ_T）、要因Aの自由度（ϕ_A）、要因Bの自由度（ϕ_B）、要因Cの自由度（ϕ_C）、要因Aと要因Bの交互作用の自由度（$\phi_{A \times B}$）、要因Aと要因Cの交互作用の自由度（$\phi_{A \times C}$）、要因Bと要因Cの交互作用の自由度（$\phi_{B \times C}$）、誤差の自由度（ϕ_E）を求める。	$\phi_T = abc - 1 = 3 \times 2 \times 2 - 1 = 11$ $\phi_A = a - 1 = 3 - 1 = 2$ $\phi_B = b - 1 = 2 - 1 = 1$ $\phi_C = c - 1 = 2 - 1 = 1$ $\phi_{A \times B} = (a-1)(b-1) = 2 \times 1 = 2$ $\phi_{A \times C} = (a-1)(c-1) = 2 \times 1 = 2$ $\phi_{B \times C} = (b-1)(c-1) = 1 \times 1 = 1$ $\phi_E = \phi_T - \phi_A - \phi_B - \phi_C - \phi_{A \times B} - \phi_{A \times C} - \phi_{B \times C}$

	＝１１－２－１－１－２－２－１＝２
⑥ 要因Ａの不偏分散（ＶＡ）、要因Ｂの不偏分散（ＶＢ）、要因Ｃの不偏分散（ＶＣ）、要因Ａと要因Ｂの交互作用の不偏分散（ＶＡ×Ｂ）、要因Ａと要因Ｃの交互作用の不偏分散（ＶＡ×Ｃ）、要因Ｂと要因Ｃの交互作用の不偏分散（ＶＢ×Ｃ）、誤差不偏分散（ＶＥ）を求める。	ＶＡ＝ＳＡ／φＡ＝７．１７／２＝３．５８ ＶＢ＝ＳＢ／φＢ＝３０．０９／１＝３０．０９ ＶＣ＝ＳＣ／φＣ＝２．０９／１＝２．０９ ＶＡ×Ｂ＝ＳＡ×Ｂ／φＡ×Ｂ＝０．１６／２＝０．０８ ＶＡ×Ｃ＝ＳＡ×Ｃ／φＡ×Ｃ＝１．１６／２＝０．５８ ＶＢ×Ｃ＝ＳＢ×Ｃ／φＢ×Ｃ＝０．０７／１＝０．０７ ＶＥ＝ＳＥ／φＥ＝０．１８／２＝０．０９
⑦ Ｆ値を求める。	ＦＡ₀＝ＶＡ／ＶＥ＝３．５８／０．０９＝３９．７８ ＦＢ₀＝ＶＢ／ＶＥ＝３０．０９／０．０９＝３３４．３３ ＦＣ₀＝ＶＣ／ＶＥ＝２．０９／０．０９＝２３．２２ ＦＡ×Ｂ₀＝ＶＡ×Ｂ／ＶＥ＝０．０８／０．０９＝０．８９ ＦＡ×Ｃ₀＝ＶＡ×Ｃ／ＶＥ＝０．５８／０．０９＝６．４４ ＦＢ×Ｃ₀＝ＶＢ×Ｃ／ＶＥ＝０．０７／０．０９＝０．７８
⑧ 分散分析表を作る。	次頁に示した。
⑨ 自由度（φＡ、φＥ）、（φＢ、φＥ）、（φＣ、φＥ）、（φＡ×Ｂ、φＥ）、（φＡ×Ｃ、φＥ）（φＢ×Ｃ、φＥ）の５％あるいは１％のＦ値をＦ分布表から求める。	自由度（２、２）の５％のＦ分布表の値は１９．０、１％の値は９９．０１である。また、自由度（１、２）の５％のＦ分布表の値は１８．５１、１％の値は９８．４９である。
⑩ 計算されたＦ値（ＦＡ₀、ＦＢ₀、ＦＣ₀、ＦＡ×Ｂ₀、ＦＡ×Ｃ₀、ＦＢ×Ｃ₀）とＦ分布表のＦ値（Ｆ）を比較する。	性差は１％水準で、年齢と指導経験は各々５％水準で有意差がみられたが、他の交互作用はすべて有意とはならなかった。

9．繰り返しのない三元配置の分散分析

分散分析表

要因	平方和	自由度	平均平方	F値
年齢	7.17	2	3.58	39.78*
性	30.09	1	30.09	334.33**
指導経験	2.09	1	2.09	23.22*
年齢×性	0.16	2	0.08	0.89
年齢×指導経験	1.16	2	0.58	6.44
性×指導経験	0.07	1	0.07	0.78
誤差	0.18	2	0.09	
計	40.92	11		

【練習問題9－1】「大学体育が卒業単位に含まれない場合、あなたは体育の授業を登録しますか」というアンケート調査をW総合大学で行った。W大学の体育の授業は、球技を中心としたコースと体力の向上を目的としたトレーニングコースがあり、各自で選択できるようになっている。調査の結果、以下の者が「いいえ」と回答した。この回答傾向は男女、学部、授業コース間で違いがあるといえるだろうか。三元配置の分散分析を用いて検討せよ。（ただし、母数模型として考えることにする。）

		球技系の授業	トレーニング系の授業
男子	文系学部	23.0	21.7
	理系学部	12.5	17.6
	医歯薬学部	9.0	8.5
女子	文系学部	19.7	31.2
	理系学部	11.0	18.3
	医歯薬学部	10.4	14.9

（単位：％）

10 繰り返しのある三元配置の分散分析

10.1 繰り返しのある三元配置の分散分析

　三元配置の分散分析で各水準で繰り返しがある場合を「繰り返しのある三元配置の分散分析」と呼ぶ。この場合も実験回数はかなり多くなるのが普通である。検定される要因数は、3つの主要因、2つずつの交互作用と3つの交互作用の7要因についての検定を行う。組み合わせも多く、計算も煩雑であるので検定の計算方法のみを説明する。

　3つの要因A，B，Cの各水準をA_i，B_j，C_kとする。そして、総平均をμ、水準A_iの平均からの偏差をα_i、水準B_jの平均からの偏差をβ_j、水準C_kの平均からの偏差をγ_k、水準A_iと水準B_jの交互作用を$\alpha\beta_{ij}$、水準A_iと水準C_kの交互作用を$\alpha\gamma_{ik}$、水準B_jと水準C_kの交互作用を$\beta\gamma_{jk}$、水準A_iと水準B_jと水準C_kの交互作用を$\alpha\beta\gamma_{ijk}$、そしてμ、α_i、β_j、γ_k、$\alpha\beta_{ij}$、$\alpha\gamma_{ik}$、$\beta\gamma_{jk}$、$\alpha\beta\gamma_{ijk}$では説明できない個々のデータ固有の部分をε_{ijkl}とすると個々のデータX_{ijkl}は次のように表現できる。

$$X_{ijkl} = \mu + \alpha_i + \beta_j + \gamma_k + \alpha\beta_{ij} + \alpha\gamma_{ik} + \beta\gamma_{jk} + \alpha\beta\gamma_{ijk} + \varepsilon_{ijkl}$$

　それらに対応する平方和があり、それを自由度で割った不偏分散、つまり、「要因Aによる分散」、「要因Bによる分散」、「要因Cによる分散」、「要因Aと要因Bの交互作用による分散」、「要因Aと要因Cの交互作用による分散」、「要因Bと要因Cの交互作用による分散」、「要因Aと要因Bと要因Cの交互作用による分散」、「ε_{ijkl}による分散（誤差分散）」がある。つまり、全変動は図10－1に示すような構造になっている。

全変動	級間変動	要因Aの変動
		要因Bの変動
		要因Cの変動
		要因Aと要因Bの交互作用の変動
		要因Aと要因Cの交互作用の変動
		要因Bと要因Cの交互作用の変動
		要因Aと要因Bと要因Cの交互作用の変動
	誤差変動	

図10-1　三元配置の分散分析の全変動の内容

ここで、三元配置の分散分析は、「要因Aによる分散」の誤差分散に対する比率、「要因Bによる分散」の誤差分散に対する比率、「要因Cによる分散」の誤差分散に対する比率、「要因Aと要因Bの交互作用による分散」の誤差分散に対する比率、「要因Aと要因Cの交互作用による分散」の誤差分散に対する比率、「要因Bと要因Cの交互作用による分散」の誤差分散に対する比率、「要因Aと要因Bと要因Cの交互作用による分散」の誤差分散に対する比率が一定以上の時、有意な差があると判断するものである。この判断は

F_{A_o}＝要因Aによる分散／誤差分散
F_{B_o}＝要因Bによる分散／誤差分散
F_{C_o}＝要因Cによる分散／誤差分散
$F_{A \times B_o}$＝要因Aと要因Bの交互作用による分散／誤差分散
$F_{A \times C_o}$＝要因Aと要因Cの交互作用による分散／誤差分散
$F_{B \times C_o}$＝要因Bと要因Cの交互作用による分散／誤差分散
$F_{A \times B \times C_o}$＝要因Aと要因Bと要因Cの交互作用による分散／誤差分散

がF分布することを利用して検定する。手順は次の通りである。

① 要因Aの水準別のデータの合計（TA_i）、要因Bの水準別のデータの合計（TB_j）、要因Cの水準別のデータの合計（TC_k）、そして全データの合計（T）を求める。
② 要因Aと要因Bの水準の組み合わせ別の要因Cについての合計（TAB_{ij}）、要因Aと要因Cの水準の組み合わせ別の要因Bについての合計（TAC_{ik}）、要因Bと要因Cの水準の組み合わせ別の要因Aについての合計（TBC_{jk}）、要因Aと要因Bと要因Cの水準の組み合わせ別の繰り返しについての合計（$TABC_{ijk}$）を求める。
③ 修正項（CT）を求める。

$$CT = \frac{T^2}{abcd}$$ （ただし、a、b、cは要因A、B、Cの水準数、dは繰り返し数）

④ 全平方和（S_T）、要因Aの平方和（S_A）、要因Bの平方和（S_B）、要因Cの平方和（S_C）、要因Aと要因Bの交互作用の平方和（$S_{A \times B}$）、要因Aと要因Cの交互作用の平方和（$S_{A \times C}$）、要因Bと要因Cの交互作用の平方和（$S_{B \times C}$）、要因Aと要因Bと要因Cの交互作用の平方和（$S_{A \times B \times C}$）、誤差平方和（S_E）を求める。

$$S_T = \Sigma\Sigma\Sigma\Sigma X_{ijkl}^2 - CT$$

$$S_A = \Sigma \frac{TA_i^2}{bcd} - CT$$

$$S_B = \Sigma \frac{TB_j^2}{acd} - CT$$

$$S_C = \Sigma \frac{TC_k^2}{abd} - CT$$

$$S_{AB} = \Sigma \frac{TAB_{ij}^2}{cd} - CT$$

$$S_{AC} = \Sigma \frac{TAC_{ik}^2}{bd} - CT$$

$$S_{BC} = \Sigma \frac{TBC_{jk}^2}{ad} - CT$$

$$S_{ABC} = \Sigma \frac{TABC_{ijk}^2}{d} - CT$$

$$S_{A \times B} = S_{AB} - S_A - S_B$$

$$S_{A \times C} = S_{AC} - S_A - S_C$$

$$S_{B \times C} = S_{BC} - S_B - S_C$$

$$S_{A \times B \times C} = S_{ABC} - S_A - S_B - S_C$$

$$S_E = S_T - S_A - S_B - S_C - S_{A \times B} - S_{A \times C} - S_{B \times C} - S_{A \times B \times C}$$

⑤ 全分散の自由度（ϕ_T）、要因Aの自由度（ϕ_A）、要因Bの自由度（ϕ_B）、要因Cの自由度（ϕ_C）、要因Aと要因Bの交互作用の自由度（$\phi_{A \times B}$）、要因Aと要因Cの交互作用の自由度（$\phi_{A \times C}$）、要因Bと要因Cの交互作用の自由度（$\phi_{B \times C}$）、要因Aと要因Bと要因Cの交互作用の自由度（$\phi_{A \times B \times C}$）、誤差の自由度（$\phi_E$）を求める。

$$\phi_T = abcd - 1$$

$$\phi_A = a - 1$$

$$\phi_B = b - 1$$

$$\phi_C = c - 1$$

$$\phi_{A \times B} = (a-1)(b-1)$$

$$\phi_{A \times C} = (a-1)(c-1)$$

$$\phi_{B \times C} = (b-1)(c-1)$$

$\phi_{A×B×C} = (a-1)(b-1)(c-1)$

$\phi_E = \phi_T - \phi_A - \phi_B - \phi_C - \phi_{A×B} - \phi_{A×C} - \phi_{B×C} - \phi_{A×B×C}$

⑥ 要因Aの不偏分散（V_A）、要因Bの不偏分散（V_B）、要因Cの不偏分散（V_C）、要因Aと要因Bの交互作用の不偏分散（$V_{A×B}$）、要因Aと要因Cの交互作用の不偏分散（$V_{A×C}$）、要因Bと要因Cの交互作用の不偏分散（$V_{B×C}$）、要因Aと要因Bと要因Cの交互作用の不偏分散（$V_{A×B×C}$）、誤差不偏分散（V_E）を求める。

$V_A = S_A / \phi_A$

$V_B = S_B / \phi_B$

$V_C = S_C / \phi_C$

$V_{A×B} = S_{A×B} / \phi_{A×B}$

$V_{A×C} = S_{A×C} / \phi_{A×C}$

$V_{B×C} = S_{B×C} / \phi_{B×C}$

$V_{A×B×C} = S_{A×B×C} / \phi_{A×B×C}$

$V_E = S_E / \phi_E$

⑦ F値を求める。

$F_{Ao} = V_A / V_E$

$F_{Bo} = V_B / V_E$

$F_{Co} = V_C / V_E$

$F_{A×Bo} = V_{A×B} / V_E$

$F_{A×Co} = V_{A×C} / V_E$

$F_{B×Co} = V_{B×C} / V_E$

$F_{A×B×Co} = V_{A×B×C} / V_E$

⑧ これらをまとめて、次のような分散分析表にする
⑨ 自由度（ϕ_A、ϕ_E）、（ϕ_B、ϕ_E）、（ϕ_C、ϕ_E）、（$\phi_{A×B}$、ϕ_E）、（$\phi_{A×C}$、ϕ_E）、（$\phi_{B×C}$、ϕ_E）（$\phi_{A×B×C}$、ϕ_E）の5%あるいは1%のF値をF分布表から求める。
⑩ 計算されたF値（F_{Ao}、F_{Bo}、F_{Co}、$F_{A×Bo}$、$F_{A×Co}$、$F_{B×Co}$、$F_{A×B×Co}$）とF分布表のF値（F）を比較する。

10．繰り返しのある三元配置の分散分析

分散分析表

要因	平方和	自由度	不偏分散（平均平方）	F値
A	S_A	ϕ_A	$V_A (=S_A/\phi_A)$	$F_{Ao} (=V_A/V_E)$
B	S_B	ϕ_B	$V_B (=S_B/\phi_B)$	$F_{Bo} (=V_B/V_E)$
C	S_C	ϕ_C	$V_C (=S_C/\phi_C)$	$F_{Co} (=V_C/V_E)$
A×B	$S_{A\times B}$	$\phi_{A\times B}$	$V_{A\times B} (=S_{A\times B}/\phi_{A\times B})$	$F_{A\times Bo} (=V_{A\times B}/V_E)$
A×C	$S_{A\times C}$	$\phi_{A\times C}$	$V_{A\times C} (=S_{A\times C}/\phi_{A\times C})$	$F_{A\times Co} (=V_{A\times C}/V_E)$
B×C	$S_{B\times C}$	$\phi_{B\times C}$	$V_{B\times C} (=S_{B\times C}/\phi_{B\times C})$	$F_{B\times Co} (=V_{B\times C}/V_E)$
A×B×C	$S_{A\times B\times C}$	$\phi_{A\times B\times C}$	$V_{A\times B\times C} (=S_{A\times B\times C}/\phi_{A\times B\times C})$	$F_{A\times B\times Co} (=V_{A\times B\times C}/V_E)$
誤差	S_E	ϕ_E	$V_E (=S_E/\phi_E)$	
計	S_T	ϕ_T		

【例題10−1】エアクッションの靴は衝撃吸収性に優れているが、この衝撃吸収性は、エアバッグ内の仕切数、空気圧、低圧と高圧部分の二重構造の有無に影響を受けることがわかっている。そこで、上記3条件を組み合わせた靴を作成し、フォースプレート板にて床反力を2回ずつ測定し、通常の靴を対照群として、その比率を求めた。どの要因が影響を及ぼしているか検定せよ。

仕切数	二重構造の有無	空気圧高		空気圧低	
多	有	89	86	76	78
	無	86	65	67	79
中	有	80	82	79	82
	無	77	78	86	85
少	有	89	94	88	91
	無	83	91	79	75

（単位：％）

まず、仕切数を要因A、空気圧を要因B、二重構造の有無を要因Cとして、三元表と各2要因ずつを組み合わせた二元表をつくる。

要因Aと要因Bと要因Cの水準の組み合わせ別の繰り返しについての合計（$TABC_{ijk}$）

仕切数	二重構造の有無	空気圧高	空気圧低
多	有	175	154
	無	151	146
中	有	162	161
	無	155	171
少	有	183	179
	無	174	154

要因Aと要因Bの水準の組み合わせ別の要因Cについての合計（ＴＡＢｉｊ）

仕切数	空気圧高	空気圧低	計
多	３２６	３００	６２６
中	３１７	３３２	６４９
少	３５７	３３３	６９０
計	１０００	９６５	１９６５

要因Aと要因Cの水準の組み合わせ別の要因Bについての合計（ＴＡＣｉｋ）

仕切数	二重構造有	二重構造無	計
多	３２９	２９７	６２６
中	３２３	３２６	６４９
少	３６２	３２８	６９０
計	１０１４	９５１	１９６５

要因Bと要因Cの水準の組み合わせ別の要因Aについての合計（ＴＢＣｊｋ）

空気圧	二重構造有	二重構造無	計
高	５２０	４８０	１０００
低	４９４	４７１	９６５
計	１０１４	９５１	１９６５

一般的手順	実際の手続き
① 要因Aの水準別のデータの合計（ＴＡｉ）、要因Bの水準別のデータの合計（ＴＢｊ）、要因Cの水準別のデータの合計（ＴＣｋ）、そして全データの合計（Ｔ）を求める。	上の表に示した。
② 要因Aと要因Bの水準の組み合わせ別の要因Cについての合計（ＴＡＢｉｊ）、要因Aと要因Cの水準の組み合わせ別の要因Bについての合計	上の表に示した。

（ＴＡＣ$_{ik}$)、要因Ｂと要因Ｃの水準の組み合わせ別の要因Ａについての合計（ＴＢＣ$_{jk}$)、要因Ａと要因Ｂと要因Ｃの水準の組み合わせ別のくり返しについての合計（ＴＡＢＣ$_{ijk}$)を求める。	
③ 修正項（ＣＴ）を求める。	$CT = \dfrac{T^2}{abcd} = \dfrac{1965^2}{3 \times 2 \times 2 \times 2} = 160884.38$
④ 全平方和（Ｓ$_T$)、要因Ａの平方和（Ｓ$_A$)、要因Ｂの平方和（Ｓ$_B$)、要因Ｃの平方和（Ｓ$_C$)、要因Ａと要因Ｂの交互作用の平方和（Ｓ$_{A \times B}$)、要因Ａと要因Ｃの交互作用の平方和（Ｓ$_{A \times C}$)、要因Ｂと要因Ｃの交互作用の平方和（Ｓ$_{B \times C}$)、要因Ａと要因Ｂと要因Ｃの交互作用の平方和（Ｓ$_{A \times B \times C}$)、誤差平方和（Ｓ$_E$)を求める。	$S_T = \Sigma\Sigma\Sigma\Sigma X_{ijkl}^2 - CT = 1184.62$ $S_A = \Sigma \dfrac{TA_i^2}{bcd} - CT = 262.75$ $S_B = \Sigma \dfrac{TB_j^2}{acd} - CT = 51.04$ $S_C = \Sigma \dfrac{TC_k^2}{abd} - CT = 165.37$ $S_{AB} = \Sigma \dfrac{TAB_{ij}^2}{cd} - CT = 447.37$ $S_{AC} = \Sigma \dfrac{TAC_{ik}^2}{bd} - CT = 536.37$ $S_{BC} = \Sigma \dfrac{TBC_{jk}^2}{ad} - CT = 228.45$ $S_{ABC} = \Sigma \dfrac{TABC_{ijk}^2}{d} - CT = 821.12$ $S_{A \times B} = S_{AB} - S_A - S_B = 133.58$ $S_{A \times C} = S_{AC} - S_A - S_C = 108.25$ $S_{B \times C} = S_{BC} - S_B - S_C = 12.04$ $S_{A \times B \times C} = S_{ABC} - S_A - S_B - S_C = 341.96$ $S_E = S_T - S_A - S_B - S_C - S_{A \times B} - S_{A \times C} - S_{B \times C} - S_{A \times B \times C}$ $\quad = 109.63$
⑤ 全分散の自由度（φ$_T$)、要因Ａの自由度（φ$_A$)、要因Ｂの自由度（φ$_B$)、要因Ｃの自由度（φ$_C$)、要因Ａと要因Ｂの交互作用の自由度（φ$_{A \times B}$)、要因Ａと要因Ｃの交互作用の自由度（φ$_{A \times C}$)、	$\phi_T = abcd - 1 = 23$ $\phi_A = a - 1 = 2$ $\phi_B = b - 1 = 1$ $\phi_C = c - 1 = 1$ $\phi_{A \times B} = (a-1)(b-1) = 2$ $\phi_{A \times C} = (a-1)(c-1) = 2$ $\phi_{B \times C} = (b-1)(c-1) = 1$

要因Bと要因Cの交互作用の自由度（$\phi_{B×C}$）、要因Aと要因Bと要因Cの交互作用の自由度（$\phi_{A×B×C}$）、誤差の自由度（ϕ_E）を求める。	$\phi_{A×B×C}=(a-1)(b-1)(c-1)=2$ $\phi_E=\phi_T-\phi_A-\phi_B-\phi_C-\phi_{A×B}-\phi_{A×C}-\phi_{B×C}-\phi_{A×B×C}$ 　　$=12$
⑥ 要因Aの不偏分散（V_A）、要因Bの不偏分散（V_B）、要因Cの不偏分散（V_C）、要因Aと要因Bの交互作用の不偏分散（$V_{A×B}$）、要因Aと要因Cの交互作用の不偏分散（$V_{A×C}$）、要因Bと要因Cの交互作用の不偏分散（$V_{B×C}$）、要因Aと要因Bと要因Cの交互作用の不偏分散（$V_{A×B×C}$）、誤差不偏分散（V_E）を求める。	$V_A=S_A／\phi_A=131.38$ $V_B=S_B／\phi_B=51.04$ $V_C=S_C／\phi_C=165.37$ $V_{A×B}=S_{A×B}／\phi_{A×B}=66.79$ $V_{A×C}=S_{A×C}／\phi_{A×C}=54.13$ $V_{B×C}=S_{B×C}／\phi_{B×C}=12.04$ $V_{A×B×C}=S_{A×B×C}／\phi_{A×B×C}=170.98$ $V_E=S_E／\phi_E=9.14$
⑦ F値を求める。	$F_{Ao}=V_A／V_E=14.374$ $F_{Bo}=V_B／V_E=\ 5.584$ $F_{Co}=V_C／V_E=18.093$ $F_{A×Bo}=V_{A×B}／V_E=7.307$ $F_{A×Co}=V_{A×C}／V_E=5.922$ $F_{B×Co}=V_{B×C}／V_E=1.317$ $F_{A×B×Co}=V_{A×B×C}／V_E=18.707$
⑧ 分散分析表を作る。	次頁に示した。
⑨ 自由度（ϕ_A、ϕ_E）、（ϕ_B、ϕ_E）、（ϕ_C、ϕ_E）、（$\phi_{A×B}$、ϕ_E）、（$\phi_{A×C}$、ϕ_E）（$\phi_{B×C}$、ϕ_E）、（$\phi_{A×B×C}$、ϕ_E）の5％あるいは1％のF値をF分布表から求める。	自由度（1、12）の5％のF分布表の値は4.747、1％の値は9.330である。また、自由度（2、12）の5％のF分布表の値は3.885、1％の値は6.927である。
⑩ 計算されたF値（F_{Ao}、F_{Bo}、F_{Co}、$F_{A×Bo}$、$F_{A×Co}$、$F_{B×Co}$、$F_{A×B×Co}$）とF分布表のF値（F）を比較する。	「空気圧×二重構造有無」には有意差はみられなかったが、「空気圧」「仕切数×二重構造有無」には5％水準で、「仕切数」「二重構造有無」「仕切数×空気圧」「仕切数×空気圧×二重構造有無」には1％水準で有意差がみられた。

10. 繰り返しのある三元配置の分散分析

分散分析表

要因	平方和	自由度	平均平方	F値
仕切数	262.75	2	131.38	14.374**
空気圧	51.04	1	51.04	5.584*
二重構造有無	165.37	1	165.37	18.093**
仕切数×空気圧	133.58	2	66.79	7.307**
仕切数×二重構造有無	108.25	2	54.13	5.922*
空気圧×二重構造有無	12.04	1	12.04	1.317
仕切数×空気圧×二重構造有無	341.96	2	170.98	18.707**
誤差	109.63	12	9.14	
計	1184.62	23		

11 ラテン方格

11.1 ラテン方格

11.1.1 3水準のラテン方格

　ラテン方格とは、昔の数学パズルである「ラテン方陣（方格）」を用いて、実験の各水準を割り付ける方法である。このことにより実験の回数を減らすことができる。例えば、3元配置の分散分析では、繰り返しがなくても3水準では27回（＝3×3×3）の実験が必要であったが、ラテン方格による割付では9回で済ませることができる。
　ラテン方陣（方格）とは、四角の陣地に3人ずつの大将、中将、少将がいたとき、縦横どの方向からみても大将、中将、少将が1人ずついるように配置させることを呼ぶ。例えば、表11－1はその一例である。

表11－1　ラテン方陣の一例

大将	中将	少将
中将	少将	大将
少将	大将	中将

この表で、大将＝1、中将＝2、少将＝3という水準を割り付けると、表11－2のようになる。

表11－2　ラテン方格による水準の割付（クロス表形式）

	B1	B2	B3
A1	C1	C2	C3
A2	C2	C3	C1
A3	C3	C1	C2

つまり、表11－3に示した9回の実験をする。

表11－3 ラテン方格による水準の割付（一覧表形式）

パターン	要因A	要因B	要因C
1	1	1	1
2	1	2	2
3	1	3	3
4	2	1	2
5	2	2	3
6	2	3	1
7	3	1	3
8	3	2	1
9	3	3	2

　このように割り付けると、例えば、C1はAおよびBの各水準と1回ずつ組み合わされる。この状況はC2とC3についても同様である。したがって、この割付の実験（測定・調査）が行われると、Cの主効果を2つの要因の主効果と分離することができる。このようなラテン方格はn×nのクロス表の場合、(n－1)個存在する。

　ただし、ラテン方格は実験回数が少なく、交互作用の平方和を誤差変動として扱うので、それぞれの交互作用については検定できない。つまり、各要因の主効果のみを扱うことになる。

　ラテン方格の計算手順は以下の通りである。

① 総計（T）と、要因A、B、Cの各水準別の合計（A_i、B_i、C_i）を求める。

② 修正項（CT）を計算する。

$$CT = \frac{T^2}{N}$$

$$\left(\begin{array}{l} ただし、\\ N：総データ数（＝n×n）\\ n：水準数 \end{array}\right)$$

③ 全変動（S_T）を求める。

$$S_T = \Sigma\Sigma X_{ij}^2 － CT$$

④ 要因Aの級間分散（S_A）を求める。

$$S_A = \Sigma\left(\frac{A_i^2}{n}\right) － CT$$

⑤ 要因Bの級間分散（S_B）を求める。

$$S_B = \Sigma\left(\frac{B_i^2}{n}\right) － CT$$

⑥ 要因Cの級間分散（S_C）を求める。

$$S_C = \Sigma\left(\frac{C_i^2}{n}\right) － CT$$

⑦ 誤差変動SE（S_E）を求める。

$$S_E = S_T － S_A － S_B － S_C$$

⑧ 各要因（変動）の自由度を求める。
$\phi_T = N - 1 = 8$

$\phi_A = \phi_B = \phi_C = 2 \quad (= n_i - 1)$

$\phi_E = \phi_T - \phi_A - \phi_B - \phi_C = 8 - 2 - 2 - 2 = 2$

⑨ 要因Aの不偏分散（V_A）、要因Bの不偏分散（V_B）、要因Cの不偏分散（V_C）、誤差の不偏分散（V_E）を求める。

$V_A = S_A / \phi_A$
$V_B = S_B / \phi_B$
$V_C = S_C / \phi_C$
$V_E = S_E / \phi_E$

⑩ F値を求める。

$F_{Ao} = V_A / V_E$
$F_{Bo} = V_B / V_E$
$F_{Co} = V_C / V_E$

⑪ これらをまとめて下のような分散分析表にする。

⑫ 自由度（$\phi_A = 2$、$\phi_E = 2$）の5％あるいは1％のF値をF分布表から求める。

⑬ 計算された各要因のF値（F_{Ao}、F_{Bo}、F_{Co}）とF分布表のF値（F）を比較する。

分散分析表

要因	平方和	自由度	不偏分散（平均平方）	F値
A	S_A	ϕ_A	$V_A \ (= S_A / \phi_A)$	$F_{Ao} \ (= V_A / V_E)$
B	S_B	ϕ_B	$V_B \ (= S_B / \phi_B)$	$F_{Bo} \ (= V_B / V_E)$
C	S_C	ϕ_C	$V_C \ (= S_C / \phi_C)$	$F_{Co} \ (= V_C / V_E)$
誤差	S_E	ϕ_E	$V_E \ (= S_E / \phi_E)$	
計	S_T	ϕ_T		

【例題11-1】競泳用の水着のカルマン渦による抵抗に対する、繊維素材、織目、伸縮性の影響を測定するために、人間の形状をした人形に、3種類の繊維素材、3種類の織目、3段階の伸縮性を各々備えた水着を同一速度での流水プールで抵抗を測定した。本来は27回（＝3×3×3）必要な実験設定であったが、経費の都合で実験の回数を減らしたかったので、ラテン方格を用いて、実験パターンを設定し、ランダムな順序で実験を行った。実験の割付と実験結果は以下の通りであった。いかなる要因が水の抵抗に影響を及ぼしているか検定せよ。

表11-4 実験の割付

繊維の素材

織目		A繊維	B繊維	C繊維
	粗い	伸縮大	伸縮中	伸縮小
	中	伸縮小	伸縮大	伸縮中
	細かい	伸縮中	伸縮小	伸縮大

表11-5　実験の結果

繊維の素材

		A繊維	B繊維	C繊維
織目	粗い	2000	2116	2310
	中	2031	2137	2199
	細かい	2115	2214	2340

一般的手順	実際の手続き
① 総計（T）と、要因A、B、Cの各水準別の合計（A_i、B_i、C_i）を求める。	表11-6に示した。
② 修正項（CT）を計算する。	$CT = \dfrac{T^2}{N} = \dfrac{19462^2}{9} = 42085493.78$
③ 全変動（S_T）を求める。	$S_T = \Sigma\Sigma X_{ij}^2 - CT = 42191508 - 42085493.78$ 　　$= 106014.22$
④ 要因Aの級間分散（S_A）を求める。	$S_A = \Sigma\left(\dfrac{A_i^2}{n}\right) - CT = 82574.89$
⑤ 要因Bの級間分散（S_B）を求める。	$S_B = \Sigma\left(\dfrac{B_i^2}{n}\right) - CT = 17081.55$
⑥ 要因Cの級間分散（S_C）を求める。	$S_C = \Sigma\left(\dfrac{C_i^2}{n}\right) - CT = 2657.55$
⑦ 誤差変動SE（S_E）を求める。	$S_E = S_T - S_A - S_B - S_C = 3700.23$
⑧ 各要因（変動）の自由度を求める。	$\phi_T = N - 1 = 8$ $\phi_A = \phi_B = \phi_C = 2$ $\phi_E = \phi_T - \phi_A - \phi_B - \phi_C = 8 - 2 - 2 - 2 = 2$
⑨ 要因Aの不偏分散（V_A）、要因Bの不偏分散（V_B）、要因Cの不偏分散（V_C）、誤差の不偏分散（V_E）を求める。	$V_A = S_A / \phi_A = 82574.89 / 2 = 41287.44$ $V_B = S_B / \phi_B = 17081.55 / 2 = 8540.78$ $V_C = S_C / \phi_C = 2657.55 / 2 = 1328.78$ $V_E = S_E / \phi_E = 3700.23 / 2 = 1850.11$
⑩ F値を求める。	$F_{A0} = V_A / V_E = 41287.44 / 1850.11 = 22.316$ $F_{B0} = V_B / V_E = 8540.78 / 1850.11 = 4.616$ $F_{C0} = V_C / V_E = 1328.78 / 1850.11 = 0.718$
⑪ 分散分析表をつくる。	次頁に示した。
⑫ 自由度（2、2）の5％あるいは1％のF値をF分布表から求める。	自由度（2、2）の5％のF分布表の値は19.0、1％の値は99.01である。

⑬ 計算された各要因のF値（F_{A_0}、F_{B_0}、F_{C_0}）とF分布表のF値（F）を比較する。	繊維の素材は5％水準で有意差がみられたが、他の織目と伸縮性は有意とはならなかった。

表11-6　総計と各要因の水準別合計

データ	A1	A2	A3	計
B1	2000	2116	2310	6426
B2	2031	2137	2199	6367
B3	2115	2214	2340	6669
計	6146	6467	6849	19462

C1	6477
C2	6430
C3	6555

注）繊維の素材をA、織目をB、伸縮をCとしている。

分散分析表

要因	平方和	自由度	平均平方	F値
繊維素材	82574.89	2	41287.44	22.316*
織目	17081.55	2	8540.78	4.616
伸縮性	2657.55	2	1328.78	0.718
誤差	3700.23	2	1850.11	
計	106014.22	8		

11.1.2　4×4のラテン方格

　ラテン方格は3要因の分散分析をより少ない実験回数で分析する方法であるが、水準数は3以外にも4水準でも可能である。例えば、4水準のラテン方格には次のような割付がある。

表11-7　4水準のラテン方格の一例

	B1	B2	B3	B4
A1	C1	C2	C3	C4
A2	C2	C1	C4	C3
A3	C3	C4	C1	C2
A4	C4	C3	C2	C1

　通常の3元配置の分散分析では64回（＝4×4×4）の実験が必要であるが、この割付では16回ですむ。水準数nが4になり、自由度が2から3にかわるのみで、計算の方法はまったく3水準と同じである。

11.1.3 グレコラテン方格

ラテン方格の考えをさらに発展させて、２つのラテン方格を組み合わせて、４要因の分析をすることができる。例えば、下の図のように２つのラテン方格を組み合わせて、右のようなグレコラテン方格をつくることができる。

```
   ラテン方格Ａ         ラテン方格Ｂ        グレコラテン方格
   1  2  3            1  3  2            11  23  32
   2  3  1      +     2  1  3      =     22  31  13
   3  1  2            3  2  1            33  12  21
```

そして、１０の位の数値に要因Ｃの水準を割り当て、１の位の数値に要因Ｄの水準を割り付けると、要因Ｃと要因Ｄの主効果を分離して求めることができる。上の例では下の表のようになる。

表１１－８　グレコラテン方格の割付例

	Ｂ１	Ｂ２	Ｂ３
Ａ１	Ｃ１Ｄ１	Ｃ２Ｄ３	Ｃ３Ｄ２
Ａ２	Ｃ２Ｄ２	Ｃ３Ｄ１	Ｃ１Ｄ３
Ａ３	Ｃ３Ｄ３	Ｃ１Ｄ２	Ｃ２Ｄ１

さらに、これを発展させて、３つのラテン方格を組み合わせる方法もある。これは超グレコラテン方格と呼ばれる。しかし、４要因以上になると、より体系的に割付が行われる直交配列表を用いる場合が多く、実際はほとんど使われない。直交配列表による方法では２つの要因間の交互作用も検定することができる。

12

2水準の直交配列表

12.1 2水準

12.1.1 2水準8回の交互作用がない場合

　いくつかある列のどの2列を取り上げても、お互いの組み合わせのパターンが同回数現れるような表を直交配列と呼ぶ。例えば、下の表はどの2列を取り上げても、（1，1）（1，2）（2，1）（2，2）が2回ずつある。このような性質を持っている配列を2水準の直交配列と呼ぶ。実験が2水準の場合、実験の割付をこの直交配列表を用いて行うことができる。

表12－1　2水準8回の直交配列表

実験番号	1	2	3	4	5	6	7
1	1	1	1	1	1	1	1
2	1	1	1	2	2	2	2
3	1	2	2	1	1	2	2
4	1	2	2	2	2	1	1
5	2	1	2	1	2	1	2
6	2	1	2	2	1	2	1
7	2	2	1	1	2	2	1
8	2	2	1	2	1	1	2
成分	a	b	ab	c	ac	bc	abc

つまり、下の表のように「1」には水準1、「2」には水準2を割り付けた実験を行う。

表12－2　2水準8回の直交配列表による割付例

実験番号	A	B	C	D	E	F	G
1	A1	B1	C1	D1	E1	F1	G1
2	A1	B1	C1	D2	E2	F2	G2
3	A1	B2	C2	D1	E1	F2	G2
4	A1	B2	C2	D2	E2	F1	G1
5	A2	B1	C2	D1	E2	F1	G2
6	A2	B1	C2	D2	E1	F2	G1
7	A2	B2	C1	D1	E2	F2	G1
8	A2	B2	C1	D2	E1	F1	G2
成分	a	b	ab	c	ac	bc	abc

このように、交互作用を考慮しなければ、上の表に示すように、要因を最高7つ（実際は誤差要因があるので6つ）まで割り付け、8回の実験でそれらの要因の主効果を検討することができる。直交配列表を使わず、通常の分散分析では各2水準の7要因では128（＝2^7）回の実験が必要になるが、直交配列では8回で分析することができる。

上のような割付で実験を行った場合、各要因の平方和は

$$\text{平方和} = \frac{1}{8}\{(\text{水準1のデータの和}) - (\text{水準2のデータの和})\}^2$$

となる。この場合、自由度は全て1である。要因が割り付けられない列が誤差要因となる。誤差平方和はそれらの平方和の合計となり、それらの自由度の合計が誤差平方和の自由度となる。2水準の場合は各要因の自由度が1なので、2水準の場合のみ列数と等しくなる。

具体的な計算手順は以下の通りである。
① 総計（T）と、各要因の水準別の合計（T_{ij}）を求める。
② 修正項（CT）を計算する。

$$CT = \frac{T^2}{8}$$

③ 全平方和（S_T）を求める。

$$S_T = \Sigma Y_i^2 - CT$$

④ 次の式から各要因の平方和（S_i）を求める。

$$S_i = \frac{1}{8}(T_{i1} - T_{i2})^2 \quad (\text{ただし、}T_{ij}: \text{要因}i\text{の水準}j\text{のデータの和})$$

⑤ 要因が割り付けられない列の平方和を合計して、誤差平方和（S_E）を求める。
⑥ 各要因の自由度を求める。
⑦ 各要因の不偏分散を求める。
⑧ F値を求める。
⑨ 分散分析表にまとめる。
⑩ 自由度（1、ϕ_E）の5％あるいは1％のF値をF分布表から求める。
⑪ 計算された各要因のF値とF分布表のF値（F）を比較する。

【例題12－1】体育実技のユニホームを検討しており、学生がどのようなデザインを好んでいるか知りたい。そこで、それぞれ上着の色（A）、襟のデザイン（B）、胸ポケットの有無（C）、パンツの裾の形状（D）、パンツのポケットの有無（E）の5つの点に関して、2つのパターンを組み合わせたものを実際に作成して、学生に提示し、10点満点で評価してもらうことにした。作成には経費がかかるのでできるだけ少なくしたい。そこで、2水準8回の実験用の直交配列表を用いて、各要因の水準を割り付けた。結果は以下の通りである。

要因	A	B	C	D	E			評価
1	1	1	1	1	1	1	1	3.5
2	1	1	1	2	2	2	2	4.1
3	1	2	2	1	1	2	2	9.2
4	1	2	2	2	2	1	1	6.3
5	2	1	2	1	2	1	2	8.8
6	2	1	2	2	1	2	1	7.9
7	2	2	1	1	2	2	1	3.3
8	2	2	1	2	1	1	2	1.4

12．2水準の直交配列表

一般的手順	実際の手続き
① 総計（T）と、各要因の水準別の合計（T_{ij}）を求める。	次頁の表に示した。
② 修正項（CT）を計算する。	$CT = \dfrac{T^2}{8} = \dfrac{44.5^2}{8} = 247.53$
③ 全平方和（S_T）を求める。	$S_T = \Sigma Y_i^2 - CT = 306.09 - 247.53 = 58.56$
④ 各要因の平方和（S_i）を求める。	$S_1 = \dfrac{1}{8}(T_{11} - T_{12})^2 = \dfrac{1}{8}(23.1 - 21.4)^2$ $= 0.361$ $S_2 = \dfrac{1}{8}(T_{21} - T_{22})^2 = \dfrac{1}{8}(24.3 - 20.2)^2$ $= 2.101$ $S_3 = \dfrac{1}{8}(T_{31} - T_{32})^2 = \dfrac{1}{8}(12.3 - 32.2)^2$ $= 49.501$ $S_4 = \dfrac{1}{8}(T_{41} - T_{42})^2 = \dfrac{1}{8}(24.8 - 19.7)^2$ $= 3.251$ $S_5 = \dfrac{1}{8}(T_{51} - T_{52})^2 = \dfrac{1}{8}(22.0 - 22.5)^2$ $= 0.031$ $S_6 = \dfrac{1}{8}(T_{61} - T_{62})^2 = \dfrac{1}{8}(20.0 - 24.5)^2$ $= 2.531$ $S_7 = \dfrac{1}{8}(T_{71} - T_{72})^2 = \dfrac{1}{8}(21.0 - 23.5)^2$ $= 0.781$
⑤ 誤差平方和（S_E）を求める。	要因が割り付けられていない平方和を合計して誤差平方和（S_E）を求める。

		$S_E = 2.531 + 0.781 = 3.312$
⑥ 各要因の自由度を求める。	各要因の自由度は全て1となる。誤差要因の自由度は要因が割り付けられていない要因の自由度の合計となる。この場合は2となる。
⑦ 各要因の不偏分散を求める。	下の表に示した。
⑧ F値を求める。	下の表に示した。
⑨ 分散分析表をつくる。	下の表に示した。
⑩ 自由度（1、ϕ_E）の5％あるいは1％のF値をF分布表から求める。	自由度（1、2）の5％のF値は18.513、1％のF値は98.502である。
⑪ 計算された各要因のF値とF分布表のF値（F）を比較する。	要因C（胸ポケットの有無）が29.888＞18.513となるので、この要因のみが5％水準で有意となる。

	A	B	C	D	E	誤差	誤差	測定値
1	1	1	1	1	1	1	1	3.5
2	1	1	1	2	2	2	2	4.1
3	1	2	2	1	1	2	2	9.2
4	1	2	2	2	2	1	1	6.3
5	2	1	2	1	2	1	2	8.8
6	2	1	2	2	1	2	1	7.9
7	2	2	1	1	2	2	1	3.3
8	2	2	1	2	1	1	2	1.4
							合計	44.5
							2乗和	306.09

水準1の和	23.1	24.3	12.3	24.8	22.0	20.0	21.0
水準2の和	21.4	20.2	32.2	19.7	22.5	24.5	23.5
平方和	0.361	2.101	49.501	3.251	0.031	2.531	0.781

分散分析表

要因	平方和	自由度	不偏分散（平均平方）	F値
A	0.361	1	0.361	0.218
B	2.101	1	2.101	1.269
C	49.501	1	49.501	29.888*
D	3.251	1	3.251	1.963
E	0.031	1	0.031	0.019
誤差	3.312	2	1.656	
計	58.557	7		

12.1.2 2水準8回の交互作用がある場合

　主効果のみならず、交互作用も直交配列表を用いて割り付けることができる。ただし、通常、交互作用は2要因までで、3要因以上の交互作用は検討することはしない。これは3要因以上の交互作用はたとえあったとしても、その影響は小さい場合がほとんどだからである。割り付ける場合、主効果はどの列に対しても自由に割り付けられたが、交互作用は自由に割り付けることができない。2要因の交互作用は、主効果を割り付けた列によって、現れる列が決まっているからである。交互作用は、直交配列表の成分の積となる列に現れる。したがって、その列に交互作用を割り付けなければならない。例えば、要因Aと要因Bを第1列と第2列に割り付けた場合、その交互作用は第3列に現れるので、そこに交互作用を割り付けることになる。なぜなら、要因Aの成分はa、要因Bの成分はbで、その積abは第3列にあるからである。ただし、成分の積に2乗の項ができた場合は、その項は無視して考えることにする。例えば、第1列と第3列に要因を割り付けた場合、成分の積は

$$a \times ab = a^2 b$$

となるが、a^2の項は無視してbのみとする。すると、交互作用は第2列に現れることになる。下の表はこのようにして求められた交互作用の現れる列である。

表12－3　交互作用が現れる列

	1	2	3	4	5	6
1						
2	3					
3	2	1				
4	5	6	7			
5	4	7	6	1		
6	7	4	5	2	3	
7	6	5	4	3	2	1

12.1.3 2水準16回の実験の場合

　6要因以上の要因を分析する場合や、要因数が多く、うまく交互作用が割り付けられない場合は8回の実験では全部の要因を割り付けられない。その場合は、下の図のような16回の実験による直交配列表を用いて割り付けを行う。

表12－4　2水準16回の実験の直交配列表

	1	2	3	4	5	6	7	8	9	10	11	12	13	14	15
1	1	1	1	1	1	1	1	1	1	1	1	1	1	1	1
2	1	1	1	1	1	1	1	2	2	2	2	2	2	2	2
3	1	1	1	2	2	2	2	1	1	1	1	2	2	2	2
4	1	1	1	2	2	2	2	2	2	2	2	1	1	1	1
5	1	2	2	1	1	2	2	1	1	2	2	1	1	2	2
6	1	2	2	1	1	2	2	2	2	1	1	2	2	1	1
7	1	2	2	2	2	1	1	1	1	2	2	2	2	1	1
8	1	2	2	2	2	1	1	2	2	1	1	1	1	2	2
9	2	1	2	1	2	1	2	1	2	1	2	1	2	1	2
10	2	1	2	1	2	1	2	2	1	2	1	2	1	2	1
11	2	1	2	2	1	2	1	1	2	1	2	2	1	2	1
12	2	1	2	2	1	2	1	2	1	2	1	1	2	1	2
13	2	2	1	1	2	2	1	1	2	2	1	1	2	2	1
14	2	2	1	1	2	2	1	2	1	1	2	2	1	1	2
15	2	2	1	2	1	1	2	1	2	2	1	2	1	1	2
16	2	2	1	2	1	1	2	2	1	1	2	1	2	2	1
成分	a	b	ab	c	ac	bc	abc	d	ad	bd	abd	cd	acd	bcd	abcd

　計算の手順は2水準8回の実験の場合と全く同様に行うことができる。また、交互作用について

は、上の表の成分の積に等しい列に現れる。ただし、8回の実験の場合と同様に、2乗の項は無視する。下の表12－5は2水準16回の実験の場合の交互作用が現れる列をまとめて一覧表にしたものである。

表12－5　2水準16回の実験の場合の交互作用が現れる列

	1	2	3	4	5	6	7	8	9	10	11	12	13	14
1														
2	3													
3	2	1												
4	5	6	7											
5	4	7	6	1										
6	7	4	5	2	3									
7	6	5	4	3	2	1								
8	9	10	11	12	13	14	15							
9	8	11	10	13	12	15	14	1						
10	11	8	9	14	15	12	13	2	3					
11	10	9	8	15	14	13	12	3	2	1				
12	13	14	15	8	9	10	11	4	5	6	7			
13	12	15	14	9	8	11	10	5	4	7	6	1		
14	15	12	13	10	11	8	9	6	7	4	5	2	3	
15	14	13	12	11	10	9	8	7	6	5	4	3	2	1

12.1.4　擬水準の割付

　水準数が4つの場合は、2水準の場合を利用して割り付けることができる。2つの要因を組み合わせて、4つの水準にする。例えば、2つの列の水準の組み合わせが1－1は1、1－2は2、2－1は3、2－2は4という具合に4水準を割り付ける。この4水準に関する平方和は、この2つの要因とこれらの交互作用の計3列の平方和の合計になる。

13

３水準の直交配列表

13.1 ３水準

13.1.1 ３水準９回の交互作用がない場合

　３水準９回の直交配列表を表１３－１に示した。通常の分散分析では、３要因３水準では２７回の実験が必要になるが、直交配列表を使えば９回で行うことができる。２水準の場合、列の数は、実験回数をｎとすると、（ｎ－１）の要因（列）が検討できたが、３水準の場合は（ｎ－１）／２の要因となる。したがって、３水準９回の直交配列表の列数は４つとなる。

表１３－１　３水準９回の直交配列表

	A	B	C	D
1	1	1	1	1
2	1	2	2	2
3	1	3	3	3
4	2	1	2	3
5	2	2	3	1
6	2	3	1	2
7	3	1	3	2
8	3	2	1	3
9	3	3	2	1
成分	a	b	ab	ab^2

　表１３－２は、上の直交配列表を用いた場合の割付例である。Ａ１は要因Ａの水準１という意味である。

表１３－２　３水準９回の直交配列表による割付例

	A	B	C	D
1	A1	B1	C1	D1
2	A1	B2	C2	D2
3	A1	B3	C3	D3
4	A2	B1	C2	D3
5	A2	B2	C3	D1
6	A2	B3	C1	D2
7	A3	B1	C3	D2
8	A3	B2	C1	D3
9	A3	B3	C2	D1

この場合は３要因まで割り付けることができる。

上のような割付で実験を行った場合、各要因の平方和は

$$\text{平方和} = \frac{\Sigma T_{ij}^2}{3} - CT$$

$$\left\{ \begin{array}{l} \text{ただし、} \\ \quad CT：\text{修正項} = \dfrac{T^2}{9} \\ \quad T：\text{総計} \\ \quad T_{ij}：\text{各要因の水準別の合計} \end{array} \right.$$

となる。２水準の場合は自由度が１であったが、３水準の場合は自由度は全て２である。また、２水準同様、要因が割り付けられない列が誤差要因となる。誤差平方和はそれらの平方和の合計となり、それらの自由度の合計が誤差平方和の自由度となる。この点に関しては２水準の場合、各要因の自由度が１であったので合計される列数が自由度となったが、３水準の場合はそうはならない。

具体的な計算手順は以下の通りである。
① 総計（T）と、各要因の水準別の合計（T_{ij}）を求める。
② 修正項（CT）を計算する。

$$CT = \frac{T^2}{9}$$

③ 全平方和（S_T）を求める。

$$S_T = \Sigma Y_i^2 - CT$$

④ 次の式から各要因の平方和（S_i）を求める。

$$S_i = \frac{\Sigma T_{ij}^2}{3} - CT$$

⑤ 要因が割り付けられない列の平方和を合計して、誤差平方和（S_E）を求める。
⑥ 各要因の自由度を求める。
⑦ 各要因の不偏分散を求める。
⑧ F値を求める。
⑨ 分散分析表にまとめる。
⑩ 自由度（２、ϕ_E）の５％あるいは１％のF値をF分布表から求める。
⑪ 計算された各要因のF値とF分布表のF値（F）を比較する。

13．3水準の直交配列表

【例題13-1】様々な条件下でのパワーウォーク実施後の疲労度を調べた。3種類の速さ（速い、中程度、遅い）、3種類の鉄亜鈴の重さ（重い、中程度、軽い）、3種類の道路の高低（高低差が大、中程度、平坦）の条件を直交配列表により割り振り、ランダムな順序で1日おきに実施し、その直後に10段階の主観的な疲労度を申告してもらった。結果は以下の通りである。どの要因がパワーウォークの疲労度に影響しているといえるか検討せよ。

実験番号	速さ	負荷の重さ	誤差	道路の高低	主観的疲労度
1	1	1	1	1	4
2	1	2	2	2	6
3	1	3	3	3	5
4	2	1	2	3	5
5	2	2	3	1	6
6	2	3	1	2	7
7	3	1	3	2	10
8	3	2	1	3	9
9	3	3	2	1	9

一般的手順	実際の手続き
① 総計（T）と、各要因の水準別の合計（T_i）を求める。	次頁の表に示した。
② 修正項（CT）を計算する。	$CT = \dfrac{T^2}{9} = \dfrac{61^2}{9} = 413.44$
③ 全平方和（S_T）を求める。	$S_T = \sum Y_i^2 - CT = 449 - 413.44 = 35.56$
④ 各要因の平方和（S_i）を求める。	$S_1 = \dfrac{\sum T_{1j}^2}{3} - CT = \dfrac{15^2 + 18^2 + 28^2}{3} - 413.44$ $= 30.89$ $S_2 = \dfrac{\sum T_{2j}^2}{3} - CT = \dfrac{19^2 + 21^2 + 21^2}{3} - 413.44$ $= 0.89$ $S_3 = \dfrac{\sum T_{3j}^2}{3} - CT = \dfrac{20^2 + 20^2 + 21^2}{3} - 413.44$ $= 0.22$ $S_4 = \dfrac{\sum T_{4j}^2}{3} - CT = \dfrac{19^2 + 23^2 + 19^2}{3} - 413.44$ $= 3.56$
⑤ 誤差平方和（S_E）を求める。	要因が割り当てられていない平方和を合計して誤差平方和（S_E）を求める。

	$S_E = 0.22$
⑥ 各要因の自由度を求める。	各要因の自由度は全て2となる。誤差要因は割り当てられていない要因の自由度の合計となる。したがって、この場合は2となる。
⑦ 各要因の不偏分散を求める。	下の表に示した。
⑧ F値を求める。	下の表に示した。
⑨ 分散分析表をつくる。	下の表に示した。
⑩ 自由度（2、ϕ_E）の5％あるいは1％のF値をF分布表から求める。	自由度（2、2）の5％のF値は19.00、1％のF値は99.00である。
⑪ 計算された各要因のF値とF分布表のF値（F）を比較する。	「速さ」が139.0＞99.00となるので、この要因のみが1％水準で有意となる。

実験番号	速さ	負荷の重さ	誤差	道路の高低	主観的疲労度
1	1	1	1	1	4
2	1	2	2	2	6
3	1	3	3	3	5
4	2	1	2	3	5
5	2	2	3	1	6
6	2	3	1	2	7
7	3	1	3	2	10
8	3	2	1	3	9
9	3	3	2	1	9
				合計	61
				2乗和	449

水準1の和	15	19	20	19
水準2の和	18	21	20	23
水準3の和	28	21	21	19
平方和	30.89	0.89	0.22	3.56

分散分析表

要因	平方和	自由度	不偏分散（平均平方）	F値
速さ	30.89	2	15.44	139.0**
負荷	0.89	2	0.44	4.0
高低	3.56	2	1.78	16.0
誤差	0.22	2	0.11	
計	35.56	8		

13.1.2 3水準27回の交互作用がない場合

要因が4つ以上になる場合は、9回の直交配列表では足りなくなり、27回を用いる。表13－3は3水準27回の直交配列表である。

13．3水準の直交配列表

表13－3　3水準27回の直交配列表

	1	2	3	4	5	6	7	8	9	10	11	12	13
1	1	1	1	1	1	1	1	1	1	1	1	1	1
2	1	1	1	1	2	2	2	2	2	2	2	2	2
3	1	1	1	1	3	3	3	3	3	3	3	3	3
4	1	2	2	2	1	1	1	2	2	2	3	3	3
5	1	2	2	2	2	2	2	3	3	3	1	1	1
6	1	2	2	2	3	3	3	1	1	1	2	2	2
7	1	3	3	3	1	1	1	3	3	3	2	2	2
8	1	3	3	3	2	2	2	1	1	1	3	3	3
9	1	3	3	3	3	3	3	2	2	2	1	1	1
10	2	1	2	3	1	2	3	1	2	3	1	2	3
11	2	1	2	3	2	3	1	2	3	1	2	3	1
12	2	1	2	3	3	1	2	3	1	2	3	1	2
13	2	2	3	1	1	2	3	2	3	1	3	1	2
14	2	2	3	1	2	3	1	3	1	2	1	2	3
15	2	2	3	1	3	1	2	1	2	3	2	3	1
16	2	3	1	2	1	2	3	3	1	2	2	3	1
17	2	3	1	2	2	3	1	1	2	3	3	1	2
18	2	3	1	2	3	1	2	2	3	1	1	2	3
19	3	1	3	2	1	3	2	1	3	2	1	3	2
20	3	1	3	2	2	1	3	2	1	3	2	1	3
21	3	1	3	2	3	2	1	3	2	1	3	2	1
22	3	2	1	3	1	3	2	2	1	3	3	2	1
23	3	2	1	3	2	1	3	3	2	1	1	3	2
24	3	2	1	3	3	2	1	1	3	2	2	1	3
25	3	3	2	1	1	3	2	3	2	1	2	1	3
26	3	3	2	1	2	1	3	1	3	2	3	2	1
27	3	3	2	1	3	2	1	2	1	3	1	3	2
成分	a	b	ab	ab^2	c	ac	ac^2	bc	abc	ab^2c^2	bc^2	ab^2c	abc^2

また、表13－4はこの配列表を用いて割り付けた例である。

表13-4　3水準27回の直交配列表による割付例

	1	2	3	4	5	6	7	8	9	10	11	12	13
1	A1	B1	C1	D1	E1	F1	G1	H1	I1	J1	K1	L1	M1
2	A1	B1	C1	D1	E2	F2	G2	H2	I2	J2	K2	L2	M2
3	A1	B1	C1	D1	E3	F3	G3	H3	I3	J3	K3	L3	M3
4	A1	B2	C2	D2	E1	F1	G1	H2	I2	J2	K3	L3	M3
5	A1	B2	C2	D2	E2	F2	G2	H3	I3	J3	K1	L1	M1
6	A1	B2	C2	D2	E3	F3	G3	H1	I1	J1	K2	L2	M2
7	A1	B3	C3	D3	E1	F1	G1	H3	I3	J3	K2	L2	M2
8	A1	B3	C3	D3	E2	F2	G2	H1	I1	J1	K3	L3	M3
9	A1	B3	C3	D3	E3	F3	G3	H2	I2	J2	K1	L1	M1
10	A2	B1	C2	D3	E1	F2	G3	H1	I2	J3	K1	L2	M3
11	A2	B1	C2	D3	E2	F3	G1	H2	I3	J1	K2	L3	M1
12	A2	B1	C2	D3	E3	F1	G2	H3	I1	J2	K3	L1	M2
13	A2	B2	C3	D1	E1	F2	G3	H2	I3	J1	K3	L1	M2
14	A2	B2	C3	D1	E2	F3	G1	H3	I1	J2	K1	L2	M3
15	A2	B2	C3	D1	E3	F1	G2	H1	I2	J3	K2	L3	M1
16	A2	B3	C1	D2	E1	F2	G3	H3	I1	J2	K2	L3	M1
17	A2	B3	C1	D2	E2	F3	G1	H1	I2	J3	K3	L1	M2
18	A2	B3	C1	D2	E3	F1	G2	H2	I3	J1	K1	L2	M3
19	A3	B1	C3	D2	E1	F3	G2	H1	I3	J2	K1	L3	M2
20	A3	B1	C3	D2	E2	F1	G3	H2	I1	J3	K2	L1	M3
21	A3	B1	C3	D2	E3	F2	G1	H3	I2	J1	K3	L2	M1
22	A3	B2	C1	D3	E1	F3	G2	H2	I1	J3	K3	L2	M1
23	A3	B2	C1	D3	E2	F1	G3	H3	I2	J1	K1	L3	M2
24	A3	B2	C1	D3	E3	F2	G1	H1	I3	J2	K2	L1	M3
25	A3	B3	C2	D1	E1	F3	G2	H3	I2	J1	K2	L1	M3
26	A3	B3	C2	D1	E2	F1	G3	H1	I3	J2	K3	L2	M1
27	A3	B3	C2	D1	E3	F2	G1	H2	I1	J3	K1	L3	M2

計算の手順は9回の場合と全く同様である。

13.1.3　3水準の交互作用

3水準の交互作用は、該当する列の成分をXとYとすると、XYとXY^{2}を成分に持つ2列に現れる。例えば、第1列と第2列に主効果を割り付けると、

$a \times b = ab$
$a \times b^2 = ab^2$

となり、交互作用は第3列と第4列に現れることになる。ただし、a、b、cに関して3乗（6乗）の要素は1とする。また、成分表にない場合は

$a^3 b^3 c^3 \div$（当該成分）

を求め、再度、3乗の要素を1として、成分表から探す。例えば、3水準27回の実験の直交配列表の第1列と第4列の交互作用が現れる列の成分の1つは

$a \times ab^2 = a^2 b^2$

となるが、このような成分はどの列にもない。そこで、

$a^3 b^3 c^3 \div a^2 b^2 = abc^3$

となり、3乗の項（c^3）を1とすると、abとなり、第3列に割り付けられる。また、もう1つの

成分は

a×(ab²)²＝a×a²b⁴＝a³b⁴

となる。ここで、3乗の項を1として、整理すると

a³b³×b＝b

となり、もう一方の列は第2列になる。表13－5はこのように求められた、3水準27回の実験の直交配列表で交互作用が現れる列を一覧表にしたものである。

表13－5　3水準27回の直交配列表で交互作用の現れる列

		1	2	3	4	5	6	7	8	9	10	11	12
	2	3											
		4											
	3	4	4										
		2	1										
	4	3	1	1									
		2	3	2									
	5	6	8	9	12								
		7	11	13	10								
	6	7	9	10	13	7							
		5	12	11	8	1							
	7	6	13	12	9	1	1						
		5	10	8	11	6	5						
	8	9	11	12	6	11	13	3					
		10	5	7	13	2	4	12					
	9	10	12	13	7	13	12	4	10				
		8	6	5	11	3	2	11	1				
	10	9	7	6	12	4	3	13	1	1			
		8	13	11	5	12	11	2	9	8			
	11	13	8	10	7	2	3	9	2	4	6		
		12	5	6	9	8	10	4	5	7	3		
	12	13	6	7	10	10	9	3	7	6	4	1	
		11	9	8	5	4	2	8	3	2	5	13	
	13	12	10	9	6	3	4	10	4	3	7	12	1
		11	7	5	8	9	8	2	6	5	2	1	11

また、表13－6は3水準9回の直交配列表の交互作用が現れる列の一覧表である。

表13－6　3水準9回の直交配列表で交互作用の現れる列

	1	2	3	4
1				
2	3			
	4			
3	4	4		
	2	1		
4	3	1	1	
	2	3	2	

このように、3水準9回の場合は、要素を割り付けた列以外の2列に必ず交互作用が割り付けられる。したがって、交互作用を考慮すると、4列全てに要因が割り付けられることになり、誤差要因は求められず、実際は用いることができない。

－ 167 －

14 多水準法・擬水準法

14.1 多水準法

　前章までの2水準や3水準の直交配列表を用いた分析では、すべての水準数が各々2あるは3に固定されていた。これに対して、特定の要因のみ水準数を増やして実験したい場合がある。例えば、2水準法で、特定の要因のみ4水準にする場合や、3水準法で特定の要因のみ6水準にする場合である。このように特定の要因のみ水準数の倍数に増やす方法を多水準法と呼ぶ。

　多水準法の原理は、直交配列表の1列に1要因を割り付けるのではなく、2列に1要因を割り付けることにより便宜上水準数を倍にする。ただし、その平方和には交互作用も付随しているので、結局3列分の平方和を合計し、その自由度を3と考えて、不偏分散（平均平方）を求める。

　例えば、表14-1は、要因Aのみ4水準で、他の2つの要因は2水準のままの例を示している。要因Aは配列表の1列目と2列目、そしてそれらの交互作用が割り付けられている3列目に割り付けられている。実際の要因Aの第1水準は、直交配列表の第1列から第3列までのパターンが（1-1-1）、第2水準は（1-2-2）、第3水準は（2-1-2）、第4水準は（2-2-1）に対応している。

表14-1　直交配列表と実際の水準設定

実験番号	1 A	2 A	3 A	4	5 B	6 C	7	実際の水準設定
1	1	1	1	1	1	1	1	A1B1C1
2	1	1	1	2	2	2	2	A1B2C2
3	1	2	2	1	1	2	2	A2B1C2
4	1	2	2	2	2	1	1	A2B2C1
5	2	1	2	1	2	1	2	A3B2C1
6	2	1	2	2	1	2	1	A3B1C2
7	2	2	1	1	2	2	1	A4B2C2
8	2	2	1	2	1	1	2	A4B1C1

実際の計算手順は、直交配列表の３列に割り付けられた平方和を合計して１つの要因の平方和とする点と、その自由度が３になる点を除けば、通常の２水準の直交配列表を用いた分析と全く同様である。

【例題１４－１】スポーツウェアは保温性や軽さ以外にも、かいた汗を速く乾かす速乾性も重要である。いかなる生地が速乾性に優れているかを調べた。縦横格子状に糸を織ったものと、ループ状に編んだもの（＝繊維の配置）、２種類の繊維、そして、繊維の太さを４段階に変えて、各生地にたらした０．１ｃｃの水が10km／hの風のもとで乾燥するまでの時間を計測した。２水準８回の実験の結果は以下のようになった。多水準法を用いて分析せよ。

実験番号	A	A	A	誤差	B	C	誤差	測定値
1	1	1	1	1	1	1	1	2.4
2	1	1	1	2	2	2	2	3.5
3	1	2	2	1	1	2	2	8.1
4	1	2	2	2	2	1	1	6.9
5	2	1	2	1	2	1	2	10.2
6	2	1	2	2	1	2	1	8.5
7	2	2	1	1	2	2	1	7.7
8	2	2	1	2	1	1	2	4.2

（単位：分）

（Ａ：繊維の太さ、Ｂ：繊維の配置、Ｃ：繊維の種類）

一般的手順	実際の手続き
① 総計（Ｔ）と、各要因の水準別の合計（T_i）を求める。	１７２頁の表に示した。
② 修正項（ＣＴ）を計算する。	$CT = \dfrac{T^2}{8} = \dfrac{51.5^2}{8} = 331.53$
③ 全平方和（S_T）を求める。	$S_T = \Sigma Y_i^2 - CT = 384.45 - 331.53 = 52.920$
④ 各要因の平方和（S_i）を求める。	$S_1 = \dfrac{1}{8}(T_{11} - T_{12})^2 = \dfrac{1}{8}(20.9 - 30.6)^2$ $= 11.761$ $S_2 = \dfrac{1}{8}(T_{21} - T_{22})^2 = \dfrac{1}{8}(24.6 - 26.9)^2$ $= 0.661$ $S_3 = \dfrac{1}{8}(T_{31} - T_{32})^2 = \dfrac{1}{8}(17.8 - 33.7)^2$ $= 31.601$

$$S_4 = \frac{1}{8}(T_{41}-T_{42})^2 = \frac{1}{8}(28.4-23.1)^2$$
$$=3.511$$

$$S_5 = \frac{1}{8}(T_{51}-T_{52})^2 = \frac{1}{8}(23.2-28.3)^2$$
$$=3.251$$

$$S_6 = \frac{1}{8}(T_{61}-T_{62})^2 = \frac{1}{8}(23.7-27.8)^2$$
$$=2.101$$

$$S_7 = \frac{1}{8}(T_{71}-T_{72})^2 = \frac{1}{8}(25.5-26.0)^2$$
$$=0.031$$

⑤ 多水準の要因の平方和（S_A）を求める。	3つの平方和を合計して多水準の要因の平方和（S_A）を求める。 $S_A=11.761+0.661+31.601=44.023$
⑥ 誤差平方和（S_E）を求める。	要因が割り当てられていない平方和を合計して誤差平方和（S_E）を求める。 $S_E=3.511+0.031=3.542$
⑦ 各要因の自由度を求める。	多水準の自由度は3、その他の要因の自由度は全て1、誤差要因の自由度は$8-1-(3+1+1)=2$となる。
⑧ 各要因の不偏分散を求める。	次頁の表に示した。
⑨ F値を求める。	次頁の表に示した。
⑩ 分散分析表をつくる。	次頁の表に示した。
⑪ 自由度（1、ϕ_E）と（3、ϕ_E）の5％あるいは1％のF値をF分布表から求める。	自由度（1、2）の5％のF値は18.513、1％のF値は98.502である。また、自由度（3、2）の5％のF値は19.164、1％のF値は99.164である。
⑫ 計算された各要因のF値とF分布表のF値（F）を比較する。	いずれの要因も18.513や19.164よりも小なので有意差はない。

実験番号	A	A	A	誤差	B	C	誤差	測定値
1	1	1	1	1	1	1	1	2.4
2	1	1	1	2	2	2	2	3.5
3	1	2	2	1	1	2	2	8.1
4	1	2	2	2	2	1	1	6.9
5	2	1	2	1	2	1	2	10.2
6	2	1	2	2	1	2	1	8.5
7	2	2	1	1	2	2	1	7.7
8	2	2	1	2	1	1	2	4.2
							合計	51.5
							2乗和	384.45

水準1の和	20.9	24.6	17.8	28.4	23.2	23.7	25.5
水準2の和	30.6	26.9	33.7	23.1	28.3	27.8	26
平方和	11.761	0.661	31.601	3.511	3.251	2.101	0.031

分散分析表

要因	平方和	自由度	不偏分散（平均平方）	F値
A	44.023	3	14.676	8.285
B	3.251	1	3.251	1.836
C	2.101	1	2.101	1.186
誤差	3.542	2	1.771	
計	52.917	7		

14.2 擬水準法

　擬水準法も多水準法と同様に、すべてが2水準や3水準でない場合を扱う。多水準法は2あるいは3の倍数にする際に用いるが、そうではない場合は擬水準法を用いる。例えば、2水準法で特定の要因のみが3水準の場合、多水準法と同様に便宜的に4水準をつくり、その1つの水準を他の3水準の1つにする。

　例えば、表14-2は、要因Aは3水準で、別の要因は2水準のままの例を示している。要因Aは配列表の1列目から3列目に割り付けられているので、名目上は直交配列表の第1列から第3列までのパターンが（1-1-1）、（1-2-2）、（2-1-2）、（2-2-1）の4水準であるが、その中の（1-1-1）と（2-2-1）に同じ第1水準を割り付けている。

表14-2　直交配列表と実際の水準設定

実験番号	1	2	3	4	5	6	7	実際の水準設定
	A	A	A	B				
1	1	1	1	1	1	1	1	A1B1
2	1	1	1	2	2	2	2	A1B2
3	1	2	2	1	1	2	2	A2B1
4	1	2	2	2	2	1	1	A2B2

5	2	1	2	1	2	1	2	A3B1
6	2	1	2	2	1	2	1	A3B2
7	2	2	1	1	2	2	1	A1B1
8	2	2	1	2	1	1	2	A1B2

このような場合、各要因の平方和、例えば要因Aは

$$\text{要因Aの平方和} = \Sigma \left\{ \frac{(A_i\text{水準のデータの和})^2}{A_i\text{水準のデータ数}} \right\} - \text{修正項}$$

となる。そして、A1の水準のデータ数は4、A2とA3のデータ数は2である。他は通常の直交配列表を用いた分析と同じである。

【例題14-2】ポリエステル繊維は洗濯しても縮んだりせず、扱いやすいが、吸湿性がなく、スポーツウェアとして不向きあるといわれていた。しかし、繊維に微孔（小さい穴）をあけたり、断面の形状を変化させることにより、吸水性が高まることがわかった。どのような微孔の大きさと断面の形状の場合に最も吸水性が高まるか実験した。形状は星型、Y字型、S字型の3種類、微孔の大きさは1μmと2μmの2種類の繊維でできた20cm四方の生地を水につけ、吸水性を調べた。結果は以下のようになった。擬水準法を用いて検定せよ。

実験番号	A	A	A	B				実際の水準設定	測定値
1	1	1	1	1	1	1	1	A1B1	0.83
2	1	1	1	2	2	2	2	A1B2	0.88
3	1	2	2	1	1	2	2	A2B1	0.79
4	1	2	2	2	2	1	1	A2B2	0.84
5	2	1	2	1	2	1	2	A3B1	0.75
6	2	1	2	2	1	2	1	A3B2	0.79
7	2	2	1	1	2	2	1	A1B1	0.85
8	2	2	1	2	1	1	2	A1B2	0.83

（A：断面形状、B：微孔の大きさ）　　　　　　　　　　　　　　　　　　（単位：ml）

一般的手順	実際の手続き
① 総計（T）と、各要因の水準別の合計（T_i）を求める。	次頁の表に示した。
② 修正項（CT）を計算する。	$CT = \dfrac{T^2}{8} = \dfrac{6.56^2}{8} = 5.379$
③ 全平方和（S_T）を求める。	$S_T = \Sigma Y_i^2 - CT = 5.391 - 5.379 = 0.012$
④ 各要因の平方和（S_i）を求める。	$S_A = \Sigma \left\{ \dfrac{(A_i\text{水準のデータの和})^2}{A_i\text{水準のデータ数}} \right\} - CT$

	$$= \frac{3.39^2}{4} + \frac{1.63^2}{2} + \frac{1.54^2}{2} - 5.379 = 0.008$$ $$S_B = \Sigma \left\{ \frac{(B_i水準のデータの和)^2}{B_i水準のデータ数} \right\} - CT$$ $$= \frac{3.22^2}{4} + \frac{3.34^2}{4} - 5.379 = 0.002$$
⑤ 誤差平方和（S_E）を求める。	$S_E = 0.012 - 0.008 - 0.002 = 0.002$
⑥ 各要因の自由度を求める。	3水準である要因Aの自由度は2、2水準である要因Bの自由度は1、誤差要因の自由度は8－1－（2＋1）＝4となる。
⑦ 各要因の不偏分散を求める。	下の表に示した。
⑧ F値を求める。	下の表に示した。
⑨ 分散分析表をつくる。	下の表に示した。
⑩ 自由度（2、ϕ_E）と（1、ϕ_E）の5%あるいは1%のF値をF分布表から求める。	自由度（2、4）の5%のF値は6.944、1%のF値は18.00である。また、自由度（1、4）の5%のF値は7.709、1%のF値は21.198である。
⑪ 計算された各要因のF値とF分布表のF値（F）を比較する。	要因A（形状）が8.390＞6.944となるので、この要因のみが5%水準で有意となる。

水準別の合計

	A1		A2	A3	合計
B1	0.83	0.85	0.79	0.75	3.22
B2	0.88	0.83	0.84	0.79	3.34
合計	3.39		1.63	1.54	6.56

分散分析表

要因	平方和	自由度	不偏分散（平均平方）	F値
A	0.008	2	0.004	8.390*
B	0.002	1	0.002	3.740
誤差	0.002	4	0.0005	
計	0.012	7		

15 乱塊法

15.1 乱塊法

今までの実験順序は完全にランダム（無作為）に実施されるという前提で行われてきた。例えば、一元配置の分散分析でも順序は表15-1のようになる。例えば、3回目までは水準3の実験は行われないし、水準1は12回目ですべて終了してしまっている。

表15-1　一元配置の分散分析における実験順序

水準1	1	5	7	11	12
水準2	2	3	6	10	15
水準3	4	8	9	13	14

それに対して、「1日に各実験を1回ずつしか実施できない」とか、「一通り各水準の実験をしたら別の場所に移らないといけない」というような状況がある場合がある。この場合は完全ランダム化とは考えられない。この場合の「日」や「場所」をブロック要因と呼ぶ（注：「因子」と呼ばれる場合もあるが本書では全体の整合性を保つために「要因」と統一して用いる）。例えば、表15-2に示すような、ブロックAでまず各水準が一通り実施され、次にブロックBで各水準が一通り実施される。これを繰り返す。つまり、各ブロック内ではランダムな順序で実施されるが、特定の水準だけ早く終わるとか、遅いということはない。このような繰り返しを「反復」と呼ぶ。

表15-2　反復のある場合の実験順序

	A	B	C	D	E
水準1	1	5	9	11	13
水準2	2	4	8	10	15
水準3	3	6	7	12	14

（A-Eは日、時間、場所などのブロック）

このように考えると、一元配置の分散分析でもかならず繰り返し数は等しくなる。また、それらのデータの順番（位置）も同じ水準内であればどこでもいいというわけにはいかなくなる。つまり、実質的には、反復も１つの要因とみなした二元配置の分散分析の枠組みとして考えなければならなくなる。ただし、反復は水準設定など実験する者が特定できるとは限らないので変量模型として考え、その交互作用なども特定できないので誤差要因として考えることになる。このような分析法を乱塊法と呼ぶ。一元配置の乱塊法はまったく二元配置の分散分析法と同じになる。また、二元配置の乱塊法は繰り返しのない三元配置の分散分析法となる。表１５－３は二元配置の乱塊法での実験順序例を示している。反復の内の４つの実験順序はいずれもランダム化しているが、反復間で順序が前後することはない。ただし、反復と関係する交互作用は誤差とみなす。

表１５－３　二元配置の乱塊法での実験順序例

反復	要因Ａ	要因Ｂ B１	B２
R１	A１	1	3
	A２	4	2
R２	A１	8	7
	A２	5	6
R３	A１	12	9
	A２	11	10

母数模型での平方和

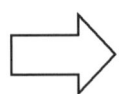

要因	平方和
A	S_A
B	S_B
C	S_C
A×B	$S_{A×B}$
A×C	$S_{A×C}$
B×C	$S_{B×C}$
誤差	S_E
計	S_T

母数模型を用いた乱塊法の平方和

要因	平方和
A	S_A
B	S_B
R（=C）	$S_{R(=C)}$
A×B	$S_{A×B}$
誤差（S_E'）	$S_E + S_{A×R} + S_{B×R}$
計	S_T

図１５－１　二元配置の乱塊法と繰り返しのない三元配置の分散分析法との対応

また、一元配置の乱塊法は母数模型の二元配置の分散分析法と平方和の構造は全く同じになる。ただ単に、要因Ｂが変量模型の反復要因となるのみである。

－ 176 －

15. 乱塊法

母数模型での平方和	
要因	平方和
A	S_A
B	S_B
誤差	S_E
計	S_T

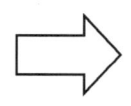

母数模型を用いた乱塊法の平方和	
要因	平方和
A	S_A
R（＝B）	$S_{R(=B)}$
誤差	S_E
計	S_T

図15－2　一元配置の乱塊法と繰り返しのない二元配置の分散分析法との対応

　乱塊法にはいろいろな配置が考えられるが、ここでは母数模型二元配置で反復のある乱塊法についての手順を考える。手順は次の通りである。

① 要因Aの水準別のデータの合計（TA_i）、要因Bの水準別のデータの合計（TB_j）、反復Rの水準別のデータの合計（TR_k）、そして全データの合計（T）を求める。
② 要因Aと要因Bの水準の組み合わせ別の反復Rについての合計（TAB_{ij}）を求める。
③ 修正項（CT）を求める。

$$CT = \frac{T^2}{abr}$$ 　　（ただし、a、b、rは要因A、B、Rの水準数）

④ 全平方和（S_T）、要因Aの平方和（S_A）、要因Bの平方和（S_B）、反復Rの平方和（S_R）、要因Aと要因Bの交互作用の平方和（$S_{A\times B}$）、誤差平方和（S_E）を求める。

$$S_T = \Sigma\Sigma\Sigma X_{ijk}^2 - CT$$

$$S_A = \Sigma \frac{TA_i^2}{br} - CT$$

$$S_B = \Sigma \frac{TB_j^2}{ar} - CT$$

$$S_R = \Sigma \frac{TR_k^2}{ab} - CT$$

$$S_{AB} = \Sigma \frac{TAB_{ij}^2}{r} - CT$$

$$S_{A\times B} = S_{AB} - S_A - S_B$$

$$S_E = S_T - S_A - S_B - S_R - S_{A\times B}$$

⑤ 全分散の自由度（ϕ_T）、要因Aの自由度（ϕ_A）、要因Bの自由度（ϕ_B）、反復Rの自由度（ϕ_R）、要因Aと要因Bの交互作用の自由度（$\phi_{A\times B}$）、誤差の自由度（ϕ_E）を求める。

$$\phi_T = abr - 1$$

$$\phi_A = a - 1$$

$$\phi_B = b - 1$$

$\phi_R = r - 1$

$\phi_{A \times B} = (a - 1)(b - 1)$

$\phi_E = \phi_T - \phi_A - \phi_B - \phi_R - \phi_{A \times B}$

⑥ 要因Aの不偏分散（V_A）、要因Bの不偏分散（V_B）、反復Rの不偏分散（V_R）、要因Aと要因Bの交互作用の不偏分散（$V_{A \times B}$）、誤差不偏分散（V_E）を求める。

$V_A = S_A / \phi_A$

$V_B = S_B / \phi_B$

$V_R = S_R / \phi_R$

$V_{A \times B} = S_{A \times B} / \phi_{A \times B}$

$V_E = S_E / \phi_E$

⑦ F値を求める。

$F_{Ao} = V_A / V_E$

$F_{Bo} = V_B / V_E$

$F_{Ro} = V_R / V_E$

$F_{A \times Bo} = V_{A \times B} / V_E$

⑧ これらをまとめて、次のような分散分析表にする
⑨ 自由度（ϕ_A、ϕ_E）、（ϕ_B、ϕ_E）、（ϕ_R、ϕ_E）、（$\phi_{A \times B}$、ϕ_E）の5％あるいは1％のF値をF分布表から求める。
⑩ 計算されたF値（F_{Ao}、F_{Bo}、F_{Ro}、$F_{A \times Bo}$）とF分布表のF値（F）を比較する。

分散分析表

要因	平方和	自由度	不偏分散（平均平方）	F値
A	S_A	ϕ_A	$V_A (= S_A / \phi_A)$	$F_{Ao} (= V_A / V_E)$
B	S_B	ϕ_B	$V_B (= S_B / \phi_B)$	$F_{Bo} (= V_B / V_E)$
R	S_R	ϕ_R	$V_R (= S_R / \phi_R)$	$F_{Ro} (= V_R / V_E)$
A×B	$S_{A \times B}$	$\phi_{A \times B}$	$V_{A \times B} (= S_{A \times B} / \phi_{A \times B})$	$F_{A \times Bo} (= V_{A \times B} / V_E)$
誤差	S_E	ϕ_E	$V_E (= S_E / \phi_E)$	
計	S_T	ϕ_T		

【例題15－1】ヨットの船体は常に水に浸かり、波や強風を受けるので、耐久性の高いＦＲＰ（繊維強化プラスチック）が用いられている。このＦＲＰは縦横に並べたガラス繊維を重ね合わせて、全体を合成樹脂で固めてつくられる。特に、ヨットでは小さな傷ができても広がって航行に影響を与えないことが重要である。そこで、2種類のガラス繊維の太さと3種類の合成樹脂の組み合わせの中でどれが最も強度が強いかを検討した。各々を組み合わせて作った1ｍ四方の板に30

cmの長さの傷をつけ、四方向を各々５００ｋｇｆの力で１２時間牽引し、傷の大きさを測定した。ただし、牽引器が６台しかなかったので１日に各々の水準の組み合わせを１回ずつ計６回の実験を行い、これを３日間実施した。結果は以下の通りである。

反復	ガラス繊維の太さ（要因Ａ）	合成樹脂の種類（要因Ｂ） Ｂ１	Ｂ２	Ｂ３
１日目（Ｒ１）	太い（Ａ１）	２３	２０	２４
	細い（Ａ２）	２８	２７	２１
２日目（Ｒ２）	太い（Ａ１）	１６	１９	２５
	細い（Ａ２）	２８	２１	２７
３日目（Ｒ３）	太い（Ａ１）	１８	２２	２８
	細い（Ａ２）	２２	３１	２９

（単位：mm^2）

まず、ガラスの繊維の太さを要因Ａ、合成樹脂の種類を要因Ｂ、反復を要因Ｒとして、要因Ｒ別の合計と、ガラスの繊維の太さと合成樹脂の種類の２要因を組み合わせた二元表をつくる。

要因Ｒ別の合計

反復	計
１日目	１４３
２日目	１３６
３日目	１５０
計	４２９

要因Ａと要因Ｂの水準の組み合わせ別の要因Ｃについての合計（ＴＡＢ$_{ij}$）

ガラスの繊維の太さ	合成樹脂の種類（要因Ｂ） Ｂ１	Ｂ２	Ｂ３	計
太い（Ａ１）	５７	６１	７７	１９５
細い（Ａ２）	７８	７９	７７	２３４
計	１３５	１４０	１５４	４２９

一般的手順	実際の手続き
① 要因Aの水準別のデータの合計（TA_i）、要因Bの水準別のデータの合計（TB_j）、要因Rの水準別のデータの合計（TR_k）、そして全データの合計（T）を求める。	前頁の表に示した。
② 要因Aと要因Bの水準の組み合わせ別の合計（TAB_{ij}）を求める。	前頁の表に示した。
③ 修正項（CT）を求める。	$CT = \dfrac{T^2}{abr} = \dfrac{429^2}{2 \times 3 \times 3} = 1022 4.50$
④ 全平方和（S_T）、要因Aの平方和（S_A）、要因Bの平方和（S_B）、要因Rの平方和（S_R）、要因Aと要因Bの交互作用の平方和（$S_{A \times B}$）誤差平方和（S_E）を求める。	$S_T = \Sigma\Sigma\Sigma X_{ijk}^2 - CT = 308.50$ $S_A = \Sigma \dfrac{TA_i^2}{br} - CT = 84.5$ $S_B = \Sigma \dfrac{TB_j^2}{ar} - CT = 32.33$ $S_R = \Sigma \dfrac{TR_k^2}{ab} - CT = 16.33$ $S_{AB} = \Sigma \dfrac{TAB_{ij}^2}{r} - CT = 159.83$ $S_{A \times B} = S_{AB} - S_A - S_B = 43.00$ $S_E = S_T - S_A - S_B - S_R - S_{A \times B} = 132.34$
⑤ 全分散の自由度（ϕ_T）、要因Aの自由度（ϕ_A）、要因Bの自由度（ϕ_B）、要因Rの自由度（ϕ_R）、要因Aと要因Bの交互作用の自由度（$\phi_{A \times B}$）、誤差の自由度（ϕ_E）を求める。	$\phi_T = abr - 1 = 17$ $\phi_A = a - 1 = 1$ $\phi_B = b - 1 = 2$ $\phi_R = r - 1 = 2$ $\phi_{A \times B} = (a-1)(b-1) = 2$ $\phi_E = \phi_T - \phi_A - \phi_B - \phi_R - \phi_{A \times B} = 10$
⑥ 要因Aの不偏分散（V_A）、要因Bの不偏分散（V_B）、要因Rの不偏分散（V_R）、要因Aと要因Bの交互作用の不偏分散（$V_{A \times B}$）、誤差不偏分散（V_E）を求める。	$V_A = S_A / \phi_A = 84.50$ $V_B = S_B / \phi_B = 16.17$ $V_R = S_R / \phi_R = 8.17$ $V_{A \times B} = S_{A \times B} / \phi_{A \times B} = 21.50$ $V_E = S_E / \phi_E = 13.23$
⑦ F値を求める。	$F_{A_0} = V_A / V_E = 6.387$ $F_{B_0} = V_B / V_E = 1.222$

	$F_{Ro}=V_R/V_E=0.618$ $F_{A\times Bo}=V_{A\times B}/V_E=1.625$
⑧ 分散分析表を作る。	下に示した。
⑨ 自由度（ϕ_A、ϕ_E）、（ϕ_B、ϕ_E）、（ϕ_R、ϕ_E）、（$\phi_{A\times B}$、ϕ_E）の5%あるいは1%のF値をF分布表から求める。	自由度（1、10）の5％のF分布表の値は4.964、1％の値は10.044である。また、自由度（2、10）の5％のF分布表の値は4.103、1％の値は7.559である。
⑩ 計算されたF値（F_{Ao}、F_{Bo}、F_{Ro}、$F_{A\times Bo}$）とF分布表のF値（F）を比較する。	ガラスの繊維の太さのみが5％水準で有意となり、他の要因は交互作用も含めて有意差はなかった。

分散分析表

要因	平方和	自由度	平均平方	F値
ガラスの繊維の太さ	84.50	1	84.50	6.387*
合成樹脂の種類	32.33	2	16.17	1.222
反復	16.33	2	8.17	0.618
ガラスの繊維の太さ×合成樹脂の種類	43.00	2	21.50	1.625
誤差	132.34	10	13.23	
計	308.50	17		

16 分割法

16.1　分割法

16.1.1　要因Aと要因Bを別々にランダム化し、反復がある場合

　繰り返しのある二元配置の分散分析などでは、例えば、表16－1のように2つの要因の各水準をその都度設定し直して実験を繰り返す。

表16－1　繰り返しのある二元配置での実験順序例

要因A	要因B			
	B1	B2	B3	B4
A1	1	12	2	3
	15	17	9	18
A2	7	4	19	8
	23	5	20	21
A3	6	14	10	11
	16	24	13	22

　このような場合、水準設定に非常に時間、労力、費用がかかると実験は非効率的なものになる。そこで、水準設定がむずかしい要因についてはそのままで、別の要因の水準設定のみを変えて実験

をすることを考える。例えば、表１６－２は、まず、要因Ａについて、ランダムに水準を選ぶ。例えば、Ａ１→Ａ２→Ａ３となったとしよう。実験はＡ１の水準設定の中で、要因Ｂの４つの水準をランダムに実施する。例えば、Ａ１Ｂ１→Ａ１Ｂ３→Ａ１Ｂ４→Ａ１Ｂ２となる。これをＡ２とＡ３について行う。次に、再度、要因Ａの３つの水準をランダムに選ぶ。２回目はＡ３→Ａ２→Ａ１となったとしよう。そこで、Ａ３の水準設定の中で要因Ｂの４つの水準をランダムに実施する。例えば、Ａ３Ｂ１→Ａ３Ｂ２→Ａ３Ｂ２→Ａ３Ｂ４となる。これをＡ２とＡ１について行う。つまり、要因Ａと要因Ｂの組み合わせについてランダムな順序で実施するのではなく、要因Ａと要因Ｂを別々にランダム化して実験順序を決める。このような方法を分割法と呼ぶ。

表１６－２　反復のある二元配置の分割法での実験順序例

反復	要因Ａ	要因Ｂ			
		Ｂ１	Ｂ２	Ｂ３	Ｂ４
R１	Ａ１	1	4	2	3
	Ａ２	7	5	6	8
	Ａ３	11	12	10	9
R２	Ａ１	24	22	21	23
	Ａ２	17	20	19	18
	Ａ３	13	14	15	16

　この場合は誤差は要因Ｂについての誤差と、要因Ａについての誤差の２つの誤差が発生することになるので、分散分析表の中で、それらの要因の影響は別々に検討されることになり、分散分析表は表１６－３のような要因配置になる。ただし、反復Ｒと要因Ａは 誤差E_1で検定を行い、誤差E_1と要因ＢとＡ×Ｂは誤差E_2で検定する。

表１６－３　分割法での分散分析表の要因配置

要因	平方和
反復Ｒ	S_R
要因Ａ	S_A
誤差E_1	S_{E1}
要因Ｂ	S_B
Ａ×Ｂ	$S_{A×B}$
誤差E_2	S_{E2}
計	S_T

反復Ｒと要因Ａは 誤差E_1で検定する

誤差E_1と要因ＢとＡ×Ｂは誤差E_2で検定する

　誤差E_1は、反復を母数模型の要因Ｃと考えると、要因Ａと要因Ｃの交互作用Ａ×Ｃに相当する。また、誤差E_2は、要因Ｂと要因Ｃの交互作用Ｂ×Ｃと本来の誤差要因の合計に相当する。

表16－4　反復のある二元配置の分割法と繰り返しのない三元配置の分散分析法との対応

母数模型での平方和

要因	平方和
A	S_A
B	S_B
C	S_C
A×B	$S_{A×B}$
A×C	$S_{A×C}$
B×C	$S_{B×C}$
誤差	S_E
計	S_T

母数模型を用いた分割法の平方和

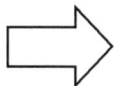

要因	平方和
反復R	$S_{R(=C)}$
要因A	S_A
誤差E_1	$S_{E1}(=S_{A×C})$
要因B	S_B
A×B	$S_{A×B}$
誤差E_2	$S_{E2}(=S_{B×C}+S_E)$
計	S_T

16.1.2 要因A・B内はランダム化し、要因Cはそれらと分割してランダム化し、反復がない場合

　前のような配置・実験順序以外にも、反復はないものの3つの母数模型から三元配置の分散分析で、要因Cのみが水準設定がむずかしい場合などもある。この場合は、要因Aと要因Bの水準の組み合わせには問題がなく、ランダム化が可能である。例えば、表16－5は、要因A・B内はランダム化し、要因Cはそれらと分割してランダム化した実験順序例を示している。まず、要因Cの3つの水準についてランダム化する。その結果、C1→C3→C2になったとする。次に、C1水準内の要因Aの2水準と要因Bの3水準を組み合わせた6回の実験順序をランダムに決める。例えば、A1B1→A1B3→A2B1→A1B2→A2B2→A2B3となったとする。これを次はC3について行い、最後にC2について行う。

表16－5　要因A・B内はランダム化し、要因Cはそれらと分割してランダム化した実験順序例

要因C	要因A	要因B B1	B2	B3
C1	A1	1	4	2
C1	A2	3	5	6
C2	A1	18	15	16
C2	A2	13	14	17
C3	A1	11	8	12
C3	A2	7	9	10

この場合は誤差は要因Aと要因Bについての誤差と、要因Cに関連した交互作用についての誤差の2つの誤差が発生し、分散分析表の中で、それらの要因の影響は別々に検討されることになり、分散分析表は表16-6のような要因配置になる。要因Aと要因Bは 誤差E_1で検定を行い、誤差E_1と要因C、A×C、B×Cは誤差E_2で検定する。

表16-6 分散分析表の要因配置

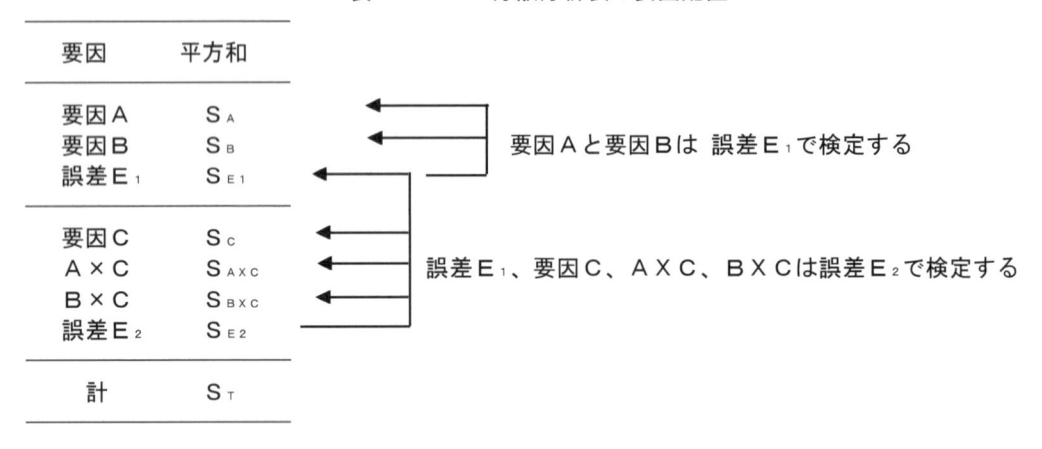

要因	平方和
要因A	S_A
要因B	S_B
誤差E_1	S_{E1}
要因C	S_C
A×C	$S_{A×C}$
B×C	$S_{B×C}$
誤差E_2	S_{E2}
計	S_T

要因Aと要因Bは 誤差E_1で検定する

誤差E_1、要因C、A×C、B×Cは誤差E_2で検定する

ここでも、繰り返しのない母数模型の三元配置の要因と対応させると、誤差E_1は、要因Aと要因Bの交互作用A×Bに相当する。また、誤差E_2は本来の誤差要因に相当する。

表16-7 反復のない三元配置の分割法と繰り返しのない三元配置の分散分析法との対応

母数模型での平方和

要因	平方和
A	S_A
B	S_B
C	S_C
A×B	$S_{A×B}$
A×C	$S_{A×C}$
B×C	$S_{B×C}$
誤差	S_E
計	S_T

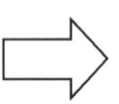

母数模型を用いた分割法の平方和

要因	平方和
要因A	S_A
要因B	S_B
誤差E_1	S_{E1} ($=S_{A×B}$)
要因C	S_C
A×C	$S_{A×C}$
B×C	$S_{B×C}$
誤差E_2	S_{E2} ($=S_E$)
計	S_T

分割法にはいろいろな配置が考えられるが、ここではお互い別々にランダム化される二元配置で反復のある分割法についての手順を考える。手順は次の通りである。

① 要因Aの水準別のデータの合計（TA_i）、要因Bの水準別のデータの合計（TB_j）、反復Rの水準別のデータの合計（TR_k）、そして全データの合計（T）を求める。
② 要因Aと要因Bの水準の組み合わせ別の反復Rについての合計（TAB_{ij}）と要因Aと反復Rについての合計（TAR_{ik}）を求める。
③ 修正項（CT）を求める。

$$CT = \frac{T^2}{abr} \quad \text{(ただし、a、b、rは要因A、B、Rの水準数)}$$

④ 全平方和（S_T）、要因Aの平方和（S_A）、要因Bの平方和（S_B）、反復Rの平方和（S_R）、要因Aと要因Bの交互作用の平方和（$S_{A \times B}$）、第1次要因の誤差平方和（S_{E1}）、第2次要因の誤差平方和（S_{E2}）を求める。

$$S_T = \sum\sum\sum X_{ijk}^2 - CT$$

$$S_A = \sum \frac{TA_i^2}{br} - CT$$

$$S_B = \sum \frac{TB_j^2}{ar} - CT$$

$$S_R = \sum \frac{TR_k^2}{ab} - CT$$

$$S_{AB} = \sum \frac{TAB_{ij}^2}{r} - CT$$

$$S_{A \times B} = S_{AB} - S_A - S_B$$

$$S_{AR} = \sum \frac{TAR_{ik}^2}{b} - CT$$

$$S_{E1} = S_{AR} - S_A - S_R$$

$$S_{E2} = S_T - S_A - S_B - S_R - S_{A \times B} - S_{E1}$$

⑤ 全分散の自由度（ϕ_T）、要因Aの自由度（ϕ_A）、要因Bの自由度（ϕ_B）、反復Rの自由度（ϕ_R）、要因Aと要因Bの交互作用の自由度（$\phi_{A \times B}$）、第1次要因の誤差の自由度（ϕ_{E1}）、第2次要因の誤差の自由度（ϕ_{E2}）を求める。

$$\phi_T = abr - 1$$

$$\phi_A = a - 1$$

$$\phi_B = b - 1$$

$$\phi_R = r - 1$$

$$\phi_{A \times B} = (a-1)(b-1)$$

$$\phi_{E1} = (a-1)(r-1)$$

$$\phi_{E2} = \phi_T - \phi_A - \phi_B - \phi_R - \phi_{A \times B} - \phi_{E1}$$

⑥ 要因Aの不偏分散（V_A）、要因Bの不偏分散（V_B）、反復Rの不偏分散（V_R）、要因Aと要因Bの交互作用の不偏分散（$V_{A \times B}$）、第1次要因の誤差不偏分散（V_{E1}）、第2次要因の誤差不偏分散（V_{E2}）を求める。

$V_A = S_A / \phi_A$

$V_B = S_B / \phi_B$

$V_R = S_R / \phi_R$

$V_{A \times B} = S_{A \times B} / \phi_{A \times B}$

$V_{E1} = S_{E1} / \phi_{E1}$

$V_{E2} = S_{E2} / \phi_{E2}$

⑦ F値を求める。

$F_{Ao} = V_A / V_{E1}$

$F_{Ro} = V_R / V_{E1}$

$F_{E1} = V_{E1} / V_{E2}$

$F_{Bo} = V_B / V_{E2}$

$F_{A \times Bo} = V_{A \times B} / V_{E2}$

⑧ これらをまとめて、次のような分散分析表にする
⑨ 自由度（ϕ_A、ϕ_{E1}）、（ϕ_R、ϕ_{E1}）、（ϕ_{E1}、ϕ_{E2}）、（ϕ_B、ϕ_{E2}）、（$\phi_{A \times B}$、ϕ_{E2}）の5％あるいは1％のF値をF分布表から求める。
⑩ 計算されたF値（F_{Ao}、F_{Bo}、F_{Ro}、$F_{A \times Bo}$、F_{E1}）とF分布表のF値（F）を比較する。

分散分析表

要因	平方和	自由度	不偏分散（平均平方）	F値
R	S_R	ϕ_R	$V_R (= S_R / \phi_R)$	$F_{Ro} (= V_R / V_{E1})$
A	S_A	ϕ_A	$V_A (= S_A / \phi_A)$	$F_{Ao} (= V_A / V_{E1})$
第1次要因誤差	S_{E1}	ϕ_{E1}	$V_{E1} (= S_{E1} / \phi_{E1})$	$F_{E1} (= V_{E1} / V_{E2})$
B	S_B	ϕ_B	$V_B (= S_B / \phi_B)$	$F_{Bo} (= V_B / V_{E2})$
A×B	$S_{A \times B}$	$\phi_{A \times B}$	$V_{A \times B} (= S_{A \times B} / \phi_{A \times B})$	$F_{A \times Bo} (= V_{A \times B} / V_{E2})$
第2次要因誤差	S_{E2}	ϕ_{E2}	$V_{E2} (= S_{E2} / \phi_{E2})$	
計	S_T	ϕ_T		

【例題16－1】ゴルフシャフトは軽くて反発力のあるものにするために、カーボン強化シートを棒状に巻いてつくる。その際、カーボン強化シートの織り方や巻く角度によって、反発力に差がでてくることがわかっている。そこで、織り方と巻く角度を変化させたゴルフシャフトをつくり、そのシャフト別のボールの飛距離を測定する実験を行った。ただし、スウィングマシンは1台で、巻く角度は容易に変えられるが、シートの種類を変えるには多くの時間を要する。そこで、1種類のシートを用いて、連続して角度を変えた実験を2日に分けて行った。結果は以下の通りである。分割表を用いて分析せよ。

16. 分割法

反復	織り方	巻く角度（要因Ｂ）			
		１０°	２０°	３０°	４０°
１日目 （Ｒ１）	縦横織り	９５	１０３	１０５	９９
	三軸織り	９８	９９	１０２	１０２
２日目 （Ｒ２）	縦横織り	９４	９８	１０１	９９
	三軸織り	９７	８９	１００	９９

（単位：ｍ）

　まず、織り方を要因Ａ、巻く角度を要因Ｂ、反復を要因Ｒとして、各要因別の合計と、織り方と巻く角度の２要因を組み合わせた二元表と、織り方と反復の２要因を組み合わせた二元表をつくる。

要因Ａと要因Ｂの水準の組み合わせ別の合計（ＴＡＢ$_{ij}$）

織り方（要因Ａ）	巻く角度（要因Ｂ）				計
	Ｂ１	Ｂ２	Ｂ３	Ｂ４	
縦横織り（Ａ１）	１８９	２０１	２０６	１９８	７９４
三軸織り（Ａ２）	１９５	１８８	２０２	２０１	７８６
計	３８４	３８９	４０８	３９９	１５８０

要因Ａと要因Ｒの水準の組み合わせ別の合計（ＴＡＲ$_{ik}$）

織り方（要因Ａ）	反復（要因Ｒ）		計
	Ｒ１	Ｒ２	
縦横織り（Ａ１）	４０２	３９２	７９４
三軸織り（Ａ２）	４０１	３８５	７８６
計	８０３	７７７	１５８０

一般的手順	実際の手続き
① 要因Ａの水準別のデータの合計（ＴＡ$_i$）、要因Ｂの水準別のデータの合計（ＴＢ$_j$）、要因Ｒの水準別のデータの合	上の表に示した。

計（TR$_k$）、そして全データの合計（T）を求める。	
② 要因Aと要因Bの水準の組み合わせ別の合計（TAB$_{ij}$）と要因Aと反復Rについての合計（TAR$_{ik}$）を求める。	前頁の表に示した。
③ 修正項（CT）を求める。	$CT = \dfrac{T^2}{abr} = \dfrac{1580^2}{2 \times 4 \times 2} = 156025.00$
④ 全平方和（S$_T$）、要因Aの平方和（S$_A$）、要因Bの平方和（S$_B$）、要因Rの平方和（S$_R$）、要因Aと要因Bの交互作用の平方和（S$_{A \times B}$）、第1次要因の誤差平方和（S$_{E1}$）、第2次因子の誤差平方和（S$_{E2}$）を求める。	$S_T = \sum\sum\sum X_{ijk}^2 - CT = 221.00$ $S_A = \sum \dfrac{TA_i^2}{br} - CT = 4.00$ $S_B = \sum \dfrac{TB_j^2}{ar} - CT = 85.50$ $S_R = \sum \dfrac{TR_k^2}{ab} - CT = 42.25$ $S_{AB} = \sum \dfrac{TAB_{ij}^2}{r} - CT = 143.00$ $S_{AR} = \sum \dfrac{TAR_{ik}^2}{b} - CT = 48.50$ $S_{A \times B} = S_{AB} - S_A - S_B = 53.50$ $S_{E1} = S_{AR} - S_A - S_R = 2.25$ $S_{E2} = S_T - S_A - S_B - S_R - S_{A \times B} - S_{E1} = 33.50$
⑤ 全分散の自由度（ϕ_T）、要因Aの自由度（ϕ_A）、要因Bの自由度（ϕ_B）、要因Rの自由度（ϕ_R）、要因Aと要因Bの交互作用の自由度（$\phi_{A \times B}$）、第1次要因の誤差の自由度（ϕ_{E1}）、第2次要因の誤差の自由度（ϕ_{E2}）を求める。	$\phi_T = abr - 1 = 15$ $\phi_A = a - 1 = 1$ $\phi_B = b - 1 = 3$ $\phi_R = r - 1 = 1$ $\phi_{A \times B} = (a-1)(b-1) = 3$ $\phi_{E1} = (a-1)(r-1) = 1$ $\phi_{E2} = \phi_T - \phi_A - \phi_B - \phi_R - \phi_{A \times B} = 6$
⑥ 要因Aの不偏分散（V$_A$）、要因Bの不偏分散（V$_B$）、要因Rの不偏分散（V$_R$）、要因Aと要因Bの交互作用の不偏分散（V$_{A \times B}$）、第1次要因の誤差不偏分散（V$_{E1}$）、第2次要因の誤差不偏	$V_A = S_A / \phi_A = 4.00$ $V_B = S_B / \phi_B = 28.50$ $V_R = S_R / \phi_R = 42.25$ $V_{A \times B} = S_{A \times B} / \phi_{A \times B} = 17.83$ $V_{E1} = S_{E1} / \phi_{E1} = 2.25$ $V_{E2} = S_{E2} / \phi_{E2} = 5.58$

16. 分割法

分散（V_{E2}）を求める。	
⑦ F値を求める。	$F_{Ao}=V_A/V_{E1}=1.778$ $F_{Bo}=V_B/V_{E2}=5.108$ $F_{Ro}=V_R/V_{E1}=18.778$ $F_{A×Bo}=V_{A×B}/V_{E2}=3.195$ $F_{E1o}=V_{E1}/V_{E2}=0.403$
⑧ 分散分析表を作る。	下に示した。
⑨ 自由度（ϕ_A、ϕ_{E1}）、（ϕ_R、ϕ_{E1}）、（ϕ_{E1}、ϕ_{E2}）、（ϕ_B、ϕ_{E2}）、（$\phi_{A×B}$、ϕ_{E2}）の5％あるいは1％のF値をF分布表から求める。	自由度（1、1）の5％のF分布表の値は161.446、1％の値は4052.185である。そして、自由度（1、6）の5％のF分布表の値は5.987、1％の値は13.745である。また、自由度（3、6）の5％のF分布表の値は4.757、1％の値は9.780である。
⑩ 計算されたF値（F_{Ao}、F_{Bo}、F_{Ro}、$F_{A×Bo}$）とF分布表のF値（F）を比較する。	巻く角度のみが5％水準で有意となり、他の要因は交互作用も含めて有意差はなかった。

分散分析表

要因	平方和	自由度	平均平方	F値
反復	42.25	1	42.25	18.778
織り方	4.00	1	4.00	1.778
誤差1	2.25	1	2.25	0.403
巻く角度	85.50	3	28.50	5.108*
織り方×巻く角度	53.50	3	17.83	3.195
誤差2	33.50	6	5.58	
計	221.00	15		

17 枝分かれ実験

17.1 枝分かれ実験

17.1.1 枝分かれ実験

　水準が技術的に特定できるものでなく、属性を示す母集団からランダムに選ばれたものである場合の分散分析を変量模型と呼んだ（「8.1.3 母数模型と変量模型」を参照）。多元配置の分散分析で、各要因がそれぞれ変量模型から成る場合、そのデータ構造は階層的なものになる。このような場合の分散分析を枝分かれ実験と呼ぶ。変量模型の場合、特定できない水準をランダムに選ぶ際のバラツキも誤差成分になるので、各層（要因）の誤差は最下グループ内の繰り返しによるバラツキではなく、その層の直下の要因のバラツキになる。つまり、分散分析法のF値は、分母が最下層の誤差分散（級内分散）ではなく、各層の直下の要因の分散になる。

　下の表は、3つの要因A（2水準）、B（3水準）、C（2水準）からなる繰り返し数3の場合のデータ構造を示したものである。

表17-1　枝分かれ実験のデータ構造

要因A	\multicolumn{6}{c}{A_1}	\multicolumn{6}{c}{A_2}
要因B	B_1		B_2		B_3		B_1		B_2		B_3	
要因C	C_1	C_2	C_1	C_2	C_1	C_2	C_1	C_2	C_1	C_2	C_1	C_2
繰り返し	X_{1111} X_{1112} X_{1113}	X_{1121} X_{1122} X_{1123}	X_{1211} X_{1212} X_{1233}	X_{1221} X_{1222} X_{1223}	X_{1311} X_{1312} X_{1313}	X_{1321} X_{1322} X_{1323}	X_{2111} X_{2112} X_{2113}	X_{2121} X_{2122} X_{2123}	X_{2211} X_{2212} X_{2213}	X_{2221} X_{2222} X_{2223}	X_{2311} X_{2312} X_{2313}	X_{2321} X_{2322} X_{2323}

　そして、総平均をμ、水準A_iの平均からの偏差をα_i、水準A_iの条件下での水準B_jの平均からの偏差をβ_{ij}、水準A_iおよび水準B_jの条件下での水準C_kの平均からの偏差をγ_{ijk}、そして、同じ条件下で1回の繰り返し測定による変動部分をε_{ijkl}とすると、個々のデータX_{ijkl}は次のように表現できる。

$$X_{ijkl} = \mu + \alpha_i + \beta_{ij} + \gamma_{ijk} + \varepsilon_{ijkl}$$

　これらに対応する平方和、およびそれらを自由度で割った不偏分散があるが、先に述べたように、

すべて変量模型であるならば、水準をランダムに選ぶ際の誤差も上位の層（要因）に含まれる。例えば、3要因からなる上の例では、その不偏分散の期待値の構造は下の表のようになる。

表17－2　各要因の不偏分散の期待値の構造

要因A	誤差分散（級内分散）	要因Cによる変動	要因Bによる変動	要因Aによる変動
要因B	誤差分散（級内分散）	要因Cによる変動	要因Bによる変動	
要因C	誤差分散（級内分散）	要因Cによる変動		
誤差	誤差分散（級内分散）			

したがって、要因Cの変動の検定は

$F_{C(AB)_0}$＝要因Cによる分散／誤差分散

として、F値を求めることができるが、その上位要因Bは

$F_{B(A)_0}$＝要因Bによる分散／要因Cによる分散

となり、通常の分散分析のように

F_{B_0}＝要因Bによる分散／誤差分散

とはならない。同様に、要因Aも要因Bの不偏分散を用いて、

F_{A_0}＝要因Aによる分散／要因Bによる分散

として求めることになる。また、この分散分析は全て変量模型であるので、技術的に特定することが不可能であるので平均値を推定することは意味がなく、分散成分を推定することになる。

例えば、3要因からなる、繰り返しのある場合の計算手順は次の通りである。

① 要因Aの水準別のデータの合計（TA_i）、要因Bの水準別のデータの合計（TB_{ij}）、要因Cの水準別のデータの合計（TC_{ijk}）、そして全データの合計（T）を求める。

要因A	\multicolumn{6}{c}{A_1}	\multicolumn{6}{c}{A_2}
要因B	B_1		B_2		B_3		B_1		B_2		B_3	
要因C	C_1	C_2	C_1	C_2	C_1	C_2	C_1	C_2	C_1	C_2	C_1	C_2
繰り返し	X_{1111} X_{1112} X_{1113}	X_{1121} X_{1122} X_{1123}	X_{1211} X_{1212} X_{1233}	X_{1221} X_{1222} X_{1223}	X_{1311} X_{1312} X_{1313}	X_{1321} X_{1322} X_{1323}	X_{2111} X_{2112} X_{2113}	X_{2121} X_{2122} X_{2123}	X_{2211} X_{2212} X_{2213}	X_{2221} X_{2222} X_{2223}	X_{2311} X_{2312} X_{2313}	X_{2321} X_{2322} X_{2323}
水準Cの和	TC_{111}	TC_{112}	TC_{121}	TC_{122}	TC_{131}	TC_{132}	TC_{211}	TC_{212}	TC_{221}	TC_{222}	TC_{231}	TC_{232}
水準Bの和	\multicolumn{2}{c}{TB_{11}}	\multicolumn{2}{c}{TB_{12}}	\multicolumn{2}{c}{TB_{13}}	\multicolumn{2}{c}{TB_{21}}	\multicolumn{2}{c}{TB_{22}}	\multicolumn{2}{c}{TB_{23}}
水準Aの和	\multicolumn{6}{c}{TA_1}	\multicolumn{6}{c}{TA_2}
全体の和	\multicolumn{12}{c}{T}

② 修正項（CT）を求める。

$$CT = \frac{T^2}{abcn}$$

> ただし、
>   a, b, c は要因A、B、Cの水準数
>   n は繰り返し数

③ 全平方和（S_T）、要因Aの平方和（S_A）、要因Bの平方和（$S_{B(A)}$）、要因Cの平方和（$S_{C(AB)}$）、誤差平方和（S_E）を求める。

$$S_T = \sum\sum\sum\sum X_{ijkl}^2 - CT$$

$$S_A = \frac{\sum TA_i^2}{bcn} - CT$$

$$S_{B(A)} = \frac{\sum\sum TB_{ij}^2}{cn} - CT - S_A$$

$$S_{C(AB)} = \frac{\sum\sum\sum TC_{ijk}^2}{n} - CT - S_A - S_{B(A)}$$

$$S_E = S_T - S_A - S_{B(A)} - S_{C(AB)}$$

④ 全分散の自由度（ϕ_T）、要因Aの自由度（ϕ_A）、要因Bの自由度（$\phi_{B(A)}$）、要因Cの自由度（$\phi_{C(AB)}$）、誤差の自由度（ϕ_E）を求める。

$$\phi_T = abcn - 1$$

$$\phi_A = a - 1$$

$$\phi_{B(A)} = a(b - 1)$$

$$\phi_{C(AB)} = ab(c - 1)$$

$$\phi_E = abc(n - 1)$$

⑤ 要因Aの不偏分散（V_A）、要因Bの不偏分散（$V_{B(A)}$）、要因Cの不偏分散（$V_{C(AB)}$）、誤差不偏分散（V_E）を求める。

$$V_A = S_A / \phi_A$$

$$V_{B(A)} = S_{B(A)} / \phi_{B(A)}$$

$$V_{C(AB)} = S_{C(AB)} / \phi_{C(AB)}$$

$$V_E = S_E / \phi_E$$

⑥ F値を求める。

$$F_{C(AB)\,o} = V_{C(AB)} / V_E$$

$$F_{B(A)\,o} = V_{B(A)} / V_{C(AB)}$$

$$F_{A\,o} = V_A / V_{B(A)}$$

⑦ これらをまとめて下のような分散分析表にする。
⑧ 自由度（ϕ_A、$\phi_{B(A)}$）、（$\phi_{B(A)}$、$\phi_{C(AB)}$）、（$\phi_{C(AB)}$、ϕ_E）の5％あるいは1％のF値をF分布表から求める。
⑨ 計算されたF値（F_{Ao}、$F_{B(A)o}$、$F_{C(AB)o}$）とF分布表のF値（F）を比較する。
⑩ 分散成分を推定する。

$$\sigma_A^2 = \frac{V_A - V_{B(A)}}{bcn}$$

$$\sigma_B^2 = \frac{V_{B(A)} - V_{C(AB)}}{cn}$$

$$\sigma_C^2 = \frac{V_{C(AB)} - V_E}{n}$$

$$\sigma_E^2 = V_E$$

分散分析表

要因	平方和	自由度	不偏分散（平均平方）	F値
A	S_A	ϕ_A	V_A （$=S_A/\phi_A$）	F_{Ao} （$=V_A/V_{B(A)}$）
B	$S_{B(A)}$	$\phi_{B(A)}$	$V_{B(A)}$ （$=S_{B(A)}/\phi_{B(A)}$）	$F_{B(A)o}$ （$=V_{B(A)}/V_{C(AB)}$）
C	$S_{C(AB)}$	$\phi_{C(AB)}$	$V_{C(AB)}$ （$=S_{C(AB)}/\phi_{C(AB)}$）	$F_{C(AB)o}$ （$=V_{C(AB)}/V_E$）
誤差	S_E	ϕ_E	V_E （$=S_E/\phi_E$）	
計	S_T	ϕ_T		

【例題17-1】D中学は1学年9クラスで構成され、5名の体育科教員がいる。その教員が各々6クラスの体育の授業を担当している。この中学で、教員による技術指導の差について調べようと考えた。しかし、全員を対象に測定するのは大変なので、教員2名をランダムに選び、その教員が担当しているクラスの中から3クラス選び、さらに2名の生徒をランダムに選んだ。そして、バスケットボールのランニングシュートを20回試技させ、成功回数を求めた。この測定を1週間おきに2回実施した。測定結果は以下の通りである。

教員	A_1						A_2					
クラス	B_1		B_2		B_3		B_1		B_2		B_3	
生徒	C_1	C_2	C_1	C_2	C_1	C_2	C_1	C_2	C_1	C_2	C_1	C_2
1回目	9	10	7	8	8	4	10	13	14	13	7	7
2回目	10	11	8	10	9	7	10	10	13	17	7	8

一般的手順	実際の手続き
① 要因Aの水準別のデータの合計（TA_i）、要因Bの水準別のデータの合計（TB_{ij}）、要因Cの水準別のデータの合計（TC_{ijk}）、そして全データの合計（T）を求める。	199頁の表に示した。

② 修正項（CT）を求める。	$CT = \dfrac{T^2}{abcn} = \dfrac{230^2}{2 \times 3 \times 2 \times 2} = 2204.167$
③ 全平方和（S_T）、要因Aの平方和（S_A）、要因Bの平方和（$S_{B(A)}$）、要因Cの平方和（$S_{C(AB)}$）、誤差平方和（S_E）を求める。	$S_T = \Sigma\Sigma\Sigma\Sigma X_{ijkl}^2 - CT$ $\quad = 9^2 + 10^2 + 10^2 + \cdots + 8^2 - 2204.167$ $\quad = 187.833$ $S_A = \dfrac{\Sigma TA_i^2}{bcn} - CT$ $\quad = \dfrac{101^2 + 129^2}{3 \times 2 \times 2} - 2204.167$ $\quad = 32.666$ $S_{B(A)} = \dfrac{\Sigma\Sigma TB_{ij}^2}{cn} - CT - S_A$ $\quad = \dfrac{40^2 + 33^2 + 28^2 + 43^2 + 57^2 + 29^2}{2 \times 2} - 2204.167 - 32.666$ $\quad = 116.167$ $S_{C(AB)} = \dfrac{\Sigma\Sigma\Sigma TC_{ijk}^2}{n} - CT - S_A - S_{B(A)}$ $\quad = \dfrac{19^2 + 21^2 + \cdots + 15^2}{2} - 2204.167 - 32.666 - 116.167$ $\quad = 17.0$ $S_E = S_T - S_A - S_{B(A)} - S_{C(AB)}$ $\quad = 187.833 - 32.666 - 116.167 - 17.0$ $\quad = 22.0$
④ 全分散の自由度（ϕ_T）、要因Aの自由度（ϕ_A）、要因Bの自由度（$\phi_{B(A)}$）、要因Cの自由度（$\phi_{C(AB)}$）、誤差の自由度（ϕ_E）を求める。	$\phi_T = abcn - 1 = 2 \times 3 \times 2 \times 2 - 1 = 23$ $\phi_A = a - 1 = 2 - 1 = 1$ $\phi_{B(A)} = a(b-1) = 2 \times (3-1) = 4$ $\phi_{C(AB)} = ab(c-1) = 2 \times 3 \times (2-1) = 6$ $\phi_E = abc(n-1) = 2 \times 3 \times 2 \times (2-1) = 12$
⑤ 要因Aの不偏分散（V_A）、要因Bの不偏分散（$V_{B(A)}$）、要因Cの不偏分散（$V_{C(AB)}$）、誤差不偏分散（V_E）を求める。	$V_A = S_A / \phi_A = 32.666 / 1 = 32.666$ $V_{B(A)} = S_{B(A)} / \phi_{B(A)} = 116.167 / 4 = 29.042$ $V_{C(AB)} = S_{C(AB)} / \phi_{C(AB)} = 17.0 / 6 = 2.833$ $V_E = S_E / \phi_E = 22.0 / 12 = 1.833$

⑥ F値を求める。	$F_{C(AB)o} = V_{C(AB)}/V_E = 2.833/1.833$ $= 1.55$ $F_{B(A)o} = V_{B(A)}/V_{C(AB)} = 29.042/2.833$ $= 10.25$ $F_{Ao} = V_A/V_{B(A)} = 32.666/29.042 = 1.12$
⑦ これらをまとめて下のような分散分析表にする。	次頁に示した。
⑧ 自由度（ϕ_A、$\phi_{B(A)}$）、（$\phi_{B(A)}$、$\phi_{C(AB)}$）、（$\phi_{C(AB)}$、ϕ_E）の5％あるいは1％のF値をF分布表から求める。	5％の有意水準の自由度（1，4）のF値は7.709、自由度（4，6）は4.534、自由度（6，12）は2.99である。
⑨ 計算されたF値（F_{Ao}、$F_{B(A)o}$、$F_{C(AB)o}$）とF分布表のF値（F）を比較する。	$F_{B(A)o} = 10.25 > 4.534$となり、クラスによる要因のみが5％水準で有意となる。したがって、教員の授業での技術指導には有意な差がないといえる。
⑩ 分散成分を推定する。	分散成分を推定すると、 $\sigma_A^2 = \dfrac{V_A - V_{B(A)}}{bcn} = \dfrac{32.666 - 29.042}{3 \times 2 \times 2}$ $= 0.302$ $\sigma_B^2 = \dfrac{V_{B(A)} - V_{C(AB)}}{cn} = \dfrac{29.042 - 2.833}{2 \times 2}$ $= 6.552$ $\sigma_C^2 = \dfrac{V_{C(AB)} - V_E}{n} = \dfrac{2.833 - 1.833}{2}$ $= 0.500$ $\sigma_E^2 = V_E = 1.833$ となり、教員による分散は他の分散に比べると最も小さい。

教員	A₁						A₂					
クラス	B₁		B₂		B₃		B₁		B₂		B₃	
生徒	C₁	C₂	C₁	C₂	C₁	C₂	C₁	C₂	C₁	C₂	C₁	C₂
1回目 2回目	9 10	10 11	7 8	8 10	8 9	4 7	10 10	13 10	14 13	13 17	7 7	7 8
生徒の和	19	21	15	18	17	11	20	23	27	30	14	15
クラスの和	40		33		28		43		57		29	
教員の和	101						129					
全体の和	230											

分散分析表

要因	平方和	自由度	平均平方	F値
教員	32.666	1	32.666	1.125
クラス	116.167	4	29.042	10.251*
生徒	17.000	6	2.833	1.546
誤差	22.000	12	1.833	
計	187.833	23		

18 ノンパラメトリック検定法

18.1 ウィルコクスンの順位和検定

18.1.1 ノンパラメトリック検定法

　今まで述べてきたいろいろな検定方法は、母集団が正規分布に従うことを前提にしていた。その仮定があきらかに満たされない場合は、正規分布の仮定を必要としない別の方法を選ぶことになる。例えば、人間がパフォーマンスの評価などを１００点満点で実施してもその分布は正規分布しないことはよく知られている。基本的に、人間の主観的判断は「ＡはＢよりも優れている」「ＣはＤよりも劣っている」という判断しかできておらず、表面上は間隔尺度の数値であっても、厳密には順序尺度の数値でしかない。このようなデータを扱うには、ｔ検定や分散分析ではなく、正規分布など特定の分布を仮定しない検定法を用いなければならない。このような特定の分布を仮定しない検定法をノンパラメトリック検定法と呼ぶ。この方法の多くはデータが間隔尺度で求められていても、一度、それらの順位を求め、その順位に基づいて統計量を求めている。
　分布を仮定しないなど制約が緩やかなノンパラメトリック検定法ではあるが、ｔ検定や分散分析などの通常の検定法と比較して検定力は高くない。つまり、通常の検定法では積極的に有意差を見出せる場合でも、ノンパラメトリック検定法では有意差を検出できない場合もある。

18.1.2 ウィルコクスンの順位和検定

　ウィルコクスンの順位和検定は、ｔ検定に対応するものである。２群のデータに順位をつけ、その順位の和をもって両群の平均値（メディアン）の差を検定する。
　例えば、データ数が５個と２個の場合を考える。総数が７個なので、データには１から７までの順位がつけられる。それらの順位が一方の群、例えば２個からなる群に割り付けられるケースは、７つの中から２つを選ぶ組み合わせになるので２１（＝ $_7C_2$）パターンになる。表１８－１はそれらの組み合わせと、その場合の順位の和を示したものである。そして、表１８－２はそれらの順位和の度数分布表を示している。

表１８－１　総数７個の順位から２個取り出した場合の組み合わせと順位の和

no.	組み合わせ		順位和
1	1	2	3
2	1	3	4
3	1	4	5
4	1	5	6
5	1	6	7
6	1	7	8
7	2	3	5
8	2	4	6
9	2	5	7
10	2	6	8
11	2	7	9
12	3	4	7
13	3	5	8
14	3	6	9
15	3	7	10
16	4	5	9
17	4	6	10
18	4	7	11
19	5	6	11
20	5	7	12
21	6	7	13

表１８－２　順位和の度数分布表

区分	度数	比率
3	1	4.76
4	1	4.76
5	2	9.52
6	2	9.52
7	3	14.29
8	3	14.29
9	3	14.29
10	2	9.52
11	2	9.52
12	1	4.76
13	1	4.76

　このことから、データが著しく大きいものが一方の群に集中する場合、順位は（１，２）となり、その場合の確率は4．76％となる。逆に小さいものが集中する（６，７）となる場合の確率も4．76％となる。つまり、片側検定では（１，２）となる場合や（６，７）となる場合は５％水準で有意差があることになる。ただし、両側検定では最も極端な場合でも９．52％となり、２個と５個の組み合わせではどのような組み合わせになっても有意にはならない。
　実際の検定では、一方の群のデータ数をn_1とすると、順位和（R）から$n_1(n_1+1)/2$を引いたTを用いる。

$$T = R - \frac{n_1(n_1+1)}{2}$$

　ただし、これは最も小となる値が０になるようにするためで本質的な問題ではない。両群のデータ数が少ない場合は上で述べた方法により生起する確率が５％となるTの一覧表をあらかじめ作成しておくことができる。表１８－３はそのようにして求められたものである。

表18-3　有意水準5％の棄却限界値

一方の群のデータ数

データの総数	2	3	4	5	6	7	8	9	10	11	12	13	14	15
8		0:15	0:16	0:15										
9		1:17	1:19	1:19	1:17									
10	0:16	1:20	2:22	2:23	2:22	1:20	0:16							
11	0:18	2:22	3:25	3:27	3:27	3:25	2:22	0:18						
12	0:20	2:25	4:28	5:30	5:31	5:30	4:28	2:25	0:20					
13	0:22	3:27	4:32	6:34	6:36	6:36	6:34	4:32	3:27	0:22				
14	1:23	3:30	5:35	7:38	8:40	8:41	8:40	7:38	5:35	3:30	1:23			
15	1:25	4:32	6:38	8:42	10:44	10:46	10:46	10:44	8:42	6:38	4:32	1:25		
16	1:27	4:35	7:41	9:46	11:49	12:51	13:51	12:51	11:49	9:46	7:41	4:35	1:27	
17	1:29	5:37	8:44	11:49	13:53	14:56	15:57	15:57	14:56	13:53	11:49	8:44	5:37	1:29

注）a:bはT≦aまたはb≦Tとなる場合に有意差があることを示す。

表18-4　有意水準1％の棄却限界値

一方の群のデータ数

データの総数	3	4	5	6	7	8	9	10	11	12	13	14
10		0:24	0:25	0:24								
11		0:28	1:29	1:29	0:28							
12	0:27	1:31	1:34	2:34	1:34	1:31	0:27					
13	0:30	1:35	2:38	3:39	3:39	2:38	1:35	0:30				
14	0:33	2:38	3:42	4:44	4:45	4:44	3:42	2:38	0:33			
15	1:35	2:42	4:46	5:49	6:50	6:50	5:49	4:46	2:42	1:35		
16	1:38	3:45	5:50	6:54	7:56	7:57	7:56	6:54	5:50	3:45	1:38	
17	1:41	3:49	6:54	7:59	9:61	9:63	9:63	9:61	7:59	6:54	3:49	1:41

注）a:bはT≦aまたはb≦Tとなる場合に有意差があることを示す。

また、データ数が大きい場合は、n_2をもう一方の群のデータ数、Nを総数（＝n_1+n_2）とすると、Tが近似的に平均$n_1n_2/2$、分散$n_1n_2(N+1)/12$の正規分布することを利用して検定することができる。

ウィルコクスンの順位和検定の具体的な手順は以下の通りである。

① 表面上間隔尺度で測定されたデータに、両群を含めた順位をつける。

② 一方の群の順位の合計Rを求める。

③ Rから統計量T

$$T = R - \frac{n_1(n_1+1)}{2}$$

を求める。

④ データ数が少ない場合は表18-3を用いて検定する。データ数が多い場合は平均$n_1n_2/2$、分散$n_1n_2(N+1)/12$の正規分布することを利用して検定する

【例題１８−１】 K大学リーグ戦で防御率が３点未満と３点以上のピッチャーのフォームをプロの専門家に１００点満点で評価してもらった。結果は以下の通りであった。両群に違いがあるか検定せよ。

グループ	評 価 点
防御率３点未満	90　86　70　65
３点以上	50　40　69　55

一般的手順	実際の手続き
① 表面上間隔尺度で測定されたデータに、両群を含めた順位をつける。	下の表に示した。
② 一方の群の順位の合計Rを求める。	R＝8＋7＋6＋4＝25
③ 統計量Tを求める。	$T = R - \dfrac{n_1(n_1+1)}{2} = 25 - \dfrac{4 \times (4+1)}{2} = 15$
④ 表を用いて検定する。	表１８−３より両側５％で有意となる棄却限界値は１６なので、この場合は有意な差はないと判断する。

グループ	評 価 点
防御率３点未満	90（8）　86（7）　70（6）　65（4）
３点以下	50（2）　40（1）　69（5）　55（3）

注）カッコ内が順位を示す。

18.2　クラスカル・ワリスの検定

18.2.1　クラスカル・ワリスの検定

　クラスカル・ワリスの検定は３群以上の平均値の差を検定するもので、正規分布を仮定した場合の１元配置の分散分析に相当する。
　全ての群を含んだ場合の、i群のj番目の順位をr_{ij}、i群のデータ数をn_i、全データ数をN（$=\Sigma n_i$）、i群の順位の和をR_i（$=\Sigma r_{ij}$）、群の数をmとすると、全データの順位平均は$(N+1)/2$となり、各群の順位に差があるかどうかは、各水準の順位平均がこの全データの順位平均とどの程度乖離しているのかという点から検討することができる。つまり、

$$\left(\frac{R_i}{n_i} - \frac{N+1}{2} \right)^2$$

の分布を求めて、それらの確率から判断することができる。例えば、データ数がいずれも２個の３群からなる場合は、順位の組み合わせは表１８−５の通り１５パターンになる。

表１８－５　各群２つの順位からなる組み合わせ

no.	A		B		C	
1	1	2	3	4	5	6
2	1	2	3	5	4	6
3	1	2	3	6	4	5
4	1	3	2	4	5	6
5	1	3	2	5	4	6
6	1	3	2	6	4	5
7	1	4	2	3	5	6
8	1	4	2	5	3	6
9	1	4	2	6	3	5
10	1	5	2	3	4	6
11	1	5	2	4	3	6
12	1	5	2	6	3	4
13	1	6	2	3	4	5
14	1	6	2	4	3	5
15	1	6	2	5	3	4

そして、これらの乖離度とその２乗和は表１８－６となる。

表１８－６　乖離度とその２乗和

no.	乖離A	乖離B	乖離C	２乗和
1	-2.0	0.0	2.0	8.0
2	-2.0	0.5	1.5	6.5
3	-2.0	1.0	1.0	6.0
4	-1.5	-0.5	2.0	6.5
5	-1.5	0.0	1.5	4.5
6	-1.5	0.5	1.0	3.5
7	-1.0	-1.0	2.0	6.0
8	-1.0	0.0	1.0	2.0
9	-1.0	0.5	0.5	1.5
10	-0.5	-1.0	1.5	3.5
11	-0.5	-0.5	1.0	1.5
12	-0.5	0.5	0.0	0.5
13	0.0	-1.0	1.0	2.0
14	0.0	-0.5	0.5	0.5
15	0.0	0.0	0.0	0.0

また、これらの度数分布表を求め、その累積比率を求めると、表１８－７となり、各群２個の３群の場合は、最も極端な８の乖離度でも５％水準で有意とはならない。有意差をみつけるには、さらに各群のデータ数を増やした分析をする必要がある。

表18-7 乖離度の度数分布表

区分	頻度	比率	累積比率
8.0	1	6.7	6.7
7.5	0	0.0	6.7
7.0	0	0.0	6.7
6.5	2	13.3	20.0
6.0	2	13.3	33.3
5.5	0	0.0	33.3
5.0	0	0.0	33.3
4.5	1	6.7	40.0
4.0	0	0.0	40.0
3.5	2	13.3	53.3
3.0	0	0.0	53.3
2.5	0	0.0	53.3
2.0	2	13.3	66.7
1.5	2	13.3	80.0
1.0	0	0.0	80.0
0.5	2	13.3	93.3
0.0	1	6.7	100.0

ただし、乖離度をχ^2分布に近似させるために、実際は、乖離度に各群の個数と$\dfrac{12}{N(N+1)}$をかけた統計量K

$$K=\frac{12}{N(N+1)}\left(\sum\frac{R_i^2}{n_i}\right)-3(N+1)$$

を用いる。例えば、各群のデータ数が3、2、2の3群の場合は全部で210通りとなり、各組み合わせの統計量Kの度数分布表は表18-8のようになる。ここで、統計量4.7143以上なら片側5％で有意となる。

表18-8 データ数が3、2、2の場合のK統計量の度数分布表

統計量	頻度	累積頻度	累積比率	有意性
5.3571	6	6	2.9	片側5％有意
4.7143	4	10	4.8	片側5％有意
4.5000	4	14	6.7	
4.4643	8	22	10.5	
3.9286	16	38	18.1	
3.7500	8	46	21.9	
3.6071	4	50	23.8	
3.4286	2	52	24.8	
3.1786	4	56	26.7	
2.8571	4	60	28.6	
2.7500	8	68	32.4	
2.4643	8	76	36.2	
2.4286	4	80	38.1	
2.2143	8	88	41.9	
2.0000	4	92	43.8	
1.9286	6	98	46.7	
1.6071	12	110	52.4	
1.4643	8	118	56.2	
1.3571	12	130	61.9	
1.1786	8	138	65.7	
0.8571	6	144	68.6	
0.7143	12	156	74.3	
0.6071	12	168	80.0	
0.5000	12	180	85.7	
0.2143	8	188	89.5	
0.1786	16	204	97.1	
0.0000	6	210	100.0	

表18-9は3群の場合、上記のような方法であらかじめ求めた棄却限界値を一覧表にしたものである。

表18-9 5％の有意水準での棄却限界値

データ数	棄却限界値
3　2　2	4.7143
3　3　1	5.1429
3　3　2	5.3611
3　3　3	5.6000
4　2　2	5.3333
4　3　1	5.2083
4　3　2	5.4444
4　3　3	5.7909
4　4　1	4.9667
4　4　2	5.4545
4　4　3	5.5985
4　4　4	5.6923

各群のデータが多い場合は、このKが自由度（m－1）のχ^2分布することを利用して検定する。

クラスカル・ワリスの検定の具体的な手順は以下の通りである。

① 表面上間隔尺度で測定されたデータに、全群を含めた順位をつける。

② 各群の順位の合計 R_i を求める。

③ R_i から統計量K

$$K = \frac{12}{N(N+1)} \left(\Sigma \frac{R_i^2}{n_i} \right) - 3(N+1)$$

を求める。

④ データ数が少ない場合は表18-9を用いて検定する。データ数が多い場合は自由度($m-1$)の χ^2 分布することを利用して検定する。

【例題18-2】幼稚園の年長組、年中組、年少組から各3名ずつランダムに選び、テニスボール投げをしてもらい、そのフォームの評価を20点満点で評価した。結果は以下の通りであった。投動作のフォームの評価に年齢差があるか検定せよ。

クラス	評価点		
年長組	19	18	17
年中組	12	11	8
年少組	10	9	6

一般的手順	実際の手続き
① 表面上間隔尺度で測定されたデータに、全群を含めた順位をつける。	下の表に示した。
② 各群の順位の合計 R_i を求める。	下の表に示した。
③ R_i から統計量Kを求める。	$K = \frac{12}{9 \times (9+1)} \left(\frac{24^2}{3} + \frac{13^2}{3} + \frac{8^2}{3} \right) - 3 \times (9+1) = 5.946$
④ 表を用いて検定する。	表18-9より片側5％で有意となる棄却限界値は5.6なので、5％の有意水準で有意差があり、年齢差があるといえる。

クラス	評価点			順位和
年長組	19 (9)	18 (8)	17 (7)	24
年中組	12 (6)	11 (5)	8 (2)	13
年少組	10 (4)	9 (3)	6 (1)	8

18.3　フリードマンの検定
18.3.1　フリードマンの検定

　クラスカル・ワリスの検定では、各群のデータはお互いに独立して得られたものであったが、繰り返し得られるデータに対応がある場合はフリードマンの検定を用いる。データに対応がある場合は、各群のデータ数は当然同数にならなければならない。また、形式上は２元配置の分散分析のようなデータの配置になる。
　例えば、３つの創作ダンスの作品を３名の評定者が別々に評価した場合などが相当する。この場合、順位は同一評定者内の評価点に関してつけられる。

表１８－１０　フリードマンの検定に適したデータ例

	評定者ａ	評定者ｂ	評定者ｃ
作品Ａ	５０	１４	８０
作品Ｂ	６０	１９	８８
作品Ｃ	７０	２０	９５

　上の事例では、評定者ａは自分が考える評価の平均点として６０点を想定しているのに対して、評定者ｂは１５点程度を、評定者ｃはかなり甘く８０点台後半を想定している。このような場合は、間隔尺度として分析しても、作品の違いよりも評定者がどの程度を平均と考えているのかのみに結果が左右されてしまうので、ノンパラメトリック検定法を用いるべきである。
　フリードマンの検定も、基本的に平均順位からの乖離をもとに判断されるが、クラスカル・ワリスの検定と異なり、各群のデータ数が一定（＝ｂ）となるので、群の数をａとすると求める統計量は次のＦとなる。また、順位は同一繰り返しの中でつけられる点が異なる。

$$F = \frac{12}{ab(a+1)}(\Sigma R_i^2) - 3b(a+1)$$

　例えば、３×３の場合、２１６（＝${}_3P_3 \times {}_3P_3 \times {}_3P_3 = 6 \times 6 \times 6$）通りの並び方がある。その各々についてＦを求めて、度数分布表をつくると、表１８－１１になる。

パターン	評定者1			評定者2			評定者3			統計量
1	1	2	3	1	2	3	1	2	3	6.000
2	1	2	3	1	2	3	1	3	2	4.667
3	1	2	3	1	2	3	2	1	3	4.667
4	1	2	3	1	2	3	2	3	1	2.000
5	1	2	3	1	2	3	3	1	2	2.000
6	1	2	3	1	2	3	3	2	1	0.667
7	1	2	3	1	3	2	1	2	3	4.667
8	1	2	3	1	3	2	1	3	2	4.667
9	1	2	3	1	3	2	2	1	3	2.667
10	1	2	3	1	3	2	2	3	1	2.667
11	1	2	3	1	3	2	3	1	2	0.667
12	1	2	3	1	3	2	3	2	1	0.667
13	1	2	3	2	1	3	1	2	3	4.667
14	1	2	3	2	1	3	1	3	2	2.667

（途中省略）

199	3	2	1	2	3	1	1	2	3	0.667
200	3	2	1	2	3	1	1	3	2	2.667
201	3	2	1	2	3	1	2	1	3	0.667
202	3	2	1	2	3	1	2	3	1	4.667
203	3	2	1	2	3	1	3	1	2	2.667
204	3	2	1	2	3	1	3	2	1	4.667
205	3	2	1	3	1	2	1	2	3	0.667
206	3	2	1	3	1	2	1	3	2	0.667
207	3	2	1	3	1	2	2	1	3	2.667
208	3	2	1	3	1	2	2	3	1	2.667
209	3	2	1	3	1	2	3	1	2	4.667
210	3	2	1	3	1	2	3	2	1	4.667
211	3	2	1	3	2	1	1	2	3	0.667
212	3	2	1	3	2	1	1	3	2	2.000
213	3	2	1	3	2	1	2	1	3	2.000
214	3	2	1	3	2	1	2	3	1	4.667
215	3	2	1	3	2	1	3	1	2	4.667
216	3	2	1	3	2	1	3	2	1	6.000

表18－11　3×3の統計量の度数分布表

統計量	度数	累積度数	累積比率	有意性
6.000	6	6	2.8	片側5％有意
4.667	36	42	19.4	
2.667	36	78	36.1	
2.000	36	114	52.8	
0.667	90	204	94.4	
0.000	12	216	100.0	

つまり、統計量Fが6以上の時、片側5％水準で有意差があることになる。このように、データ数が少ない場合は上で述べた方法により生起する確率が5％となるFの一覧表をあらかじめ作成しておくことができる。表18－12はそのようにして求められたものである。

表18－12　aとbの組み合わせ別棄却限界値

a	b	5％	1％
3	3	6.000	－
3	4	6.500	8.000
3	5	6.400	8.400
4	2	6.000	－
4	3	7.400	9.000
4	4	7.800	9.600
4	5	7.800	9.960
5	3	8.533	10.130
5	4	8.800	11.000

フリードマンの検定の具体的な手順は以下の通りである。

① 表面上間隔尺度で測定されたデータに、各繰り返し内での順位をつける。

② 各群の順位の合計R_iを求める。

③ R_iから統計量F

$$F = \frac{12}{ab(a+1)}(\Sigma R_i^2) - 3b(a+1)$$

を求める。

④ データ数が少ない場合は表18-12を用いて検定する。データ数が多い場合は自由度$(a-1)$のχ^2分布することを利用して検定する。

【例題18-3】3つの創作ダンスの作品を4名の評定者が別々に評価した。結果は以下の通りとなった。作品間に評価の差があると考えてよいかを検定せよ。

	評定者a	評定者b	評定者c	評定者d
作品A	50	14	80	35
作品B	60	19	88	34
作品C	70	20	95	45

一般的手順	実際の手続き
① 表面上間隔尺度で測定されたデータに、各繰り返し内での順位をつける。	下の表に示した。
② 各群の順位の合計R_iを求める。	下の表に示した。
③ R_iから統計量Fを求める。	$F = \frac{12}{ab(a+1)}(\Sigma R_i^2) - 3b(a+1) = 6.5$
④ 表を用いて検定する。	表18-12より片側5%で有意となる棄却限界値は6.5なので、5%の有意水準で有意差があり、作品への評価には差があるといえる。

	評定者a	評定者b	評定者c	評定者d	順位和
作品A	1	1	1	2	5
作品B	2	2	2	1	7
作品C	3	3	3	3	12

19 相関係数と回帰係数

19.1 相関係数

19.1.1 相関

　例えば、1時間で40km走る車があるとしよう。この車は2時間で80km走るだろうし、3時間で120km走るだろうと考えられる。この車の走る距離と時間の関係は時間をxとすれば40×kmである。つまり、走った距離をyとすればy＝40xという関係がある。そこで6時間後に走った距離は

　　y＝40×6＝240（km）

　このようにxが決まればyも自動的に決まるという関係を「関数関係」と呼ぶ。特にxとyの間に次のような関係が成り立つとき「yはxの一次関数である」と呼ぶ。

　　y＝ax＋b

　図19－1に示すと次の通りである。aは傾きを示す数値で、xが1増加する時に増加する量を示している。この値が正（＋,positive）ならば直線は右上がりとなり、負（－,negative）ならば右下がりとなる。bは切片と呼ばれ、y軸との交点を示す。この値が正（＋）ならば直線はx軸より上で交差し、負（－）ならばx軸の下で交差する。

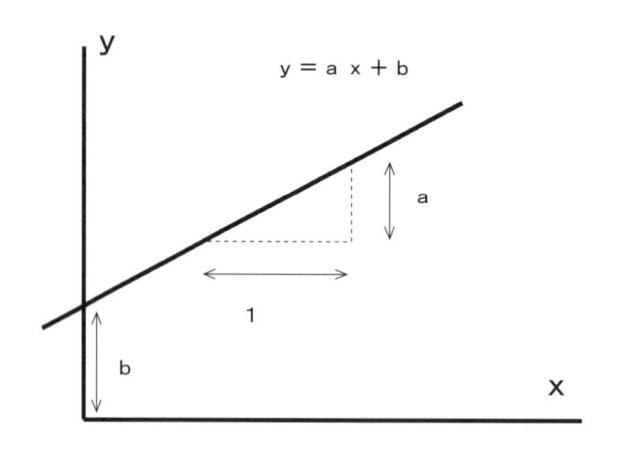

図19-1　1次関数の係数の意味

　ところがxの値が決まったからといってyの値が正確に決まらない、そうかといって両者が全く無関係であるともいえない関係がある。例えば、身長と体重を考えたとき、身長がわかれば体重を正確に言い当てられるものではない。しかし、身長が高いものは体重も重い傾向がある。逆に、身長の低いものは体重も軽い傾向がある。このように2つの項目があり、xの値が決まれば必然的にyの値が決まるというわけではないが、両者の間になんらかの関連性が認められるとき、「xとyの間には相関関係がある」と呼ぶ。関数関係と相関関係を図19-2に示すと次のようになる。

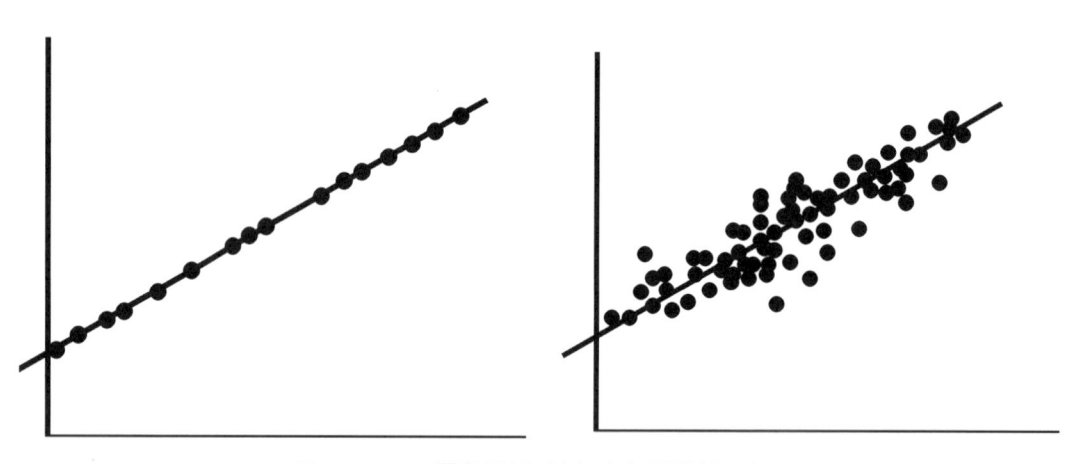

図19-2　関数関係（左）と相関関係（右）

　関数関係の場合は傾向を示す直線上にすべてのデータが位置するが、相関関係の場合は傾向を示す直線の周りに散らばるように分布する。
　相関関係の場合、特にxが増加すればするほどyも増加する傾向がある（xが減少すればするほどyも減少する）場合を正（＋）の相関と呼ぶ。この場合、分布を示す楕円の長軸は右上がりとなる。また、逆に、xが増加すればするほどyが減少する（xが減少すればするほどyは増加する）傾向がある場合を負（－）の相関と呼ぶ。この場合、楕円の長軸は右下がりとなる。図19-3は正の相関と負の相関を示したものである。

19．相関係数と回帰係数

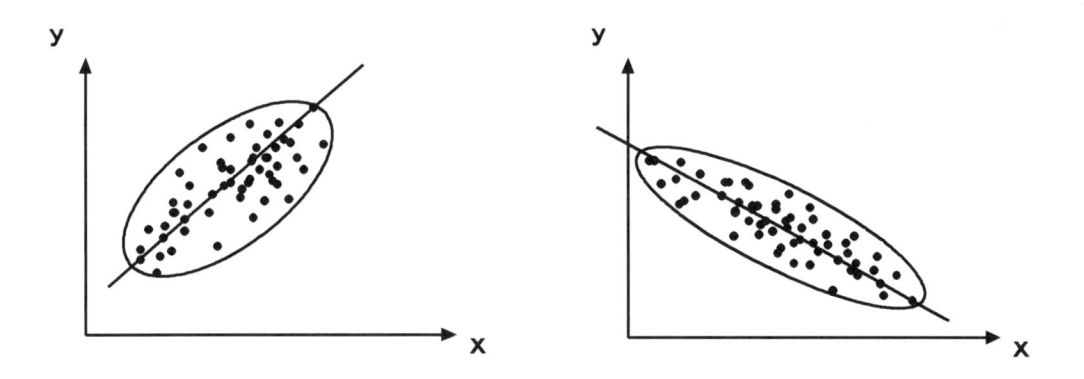

図19－3　正の相関（左）と負の相関（右）

　正の相関も負の相関もなく、なんの傾向もみられない場合を無相関と呼ぶ。データの分布は楕円ではなく、完全な円となり、長軸の方向は定かではない。図19－4は無相関の場合の散布図を示したものである。

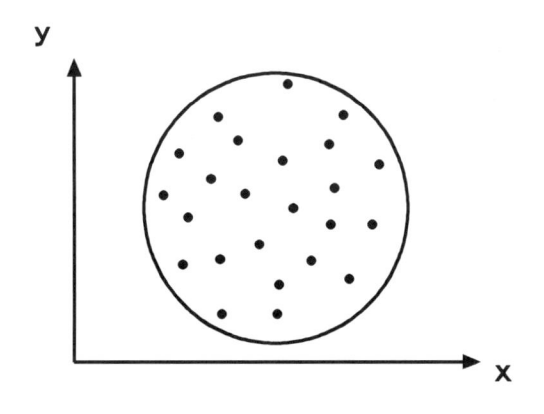

図19－4　無相関関係

　このような相関の程度を示す指数を相関係数といい、通常はrで表され、次の式によって求められる。

$$r = \frac{\Sigma xy - \frac{(\Sigma x)(\Sigma y)}{n}}{\sqrt{\Sigma x^2 - \frac{(\Sigma x)^2}{n}} \sqrt{\Sigma y^2 - \frac{(\Sigma y)^2}{n}}}$$

　相関係数は＋1から－1までの範囲にあり、＋1に近ければ近いほど強い正の相関を示し、－1に近ければ近いほど強い負の相関を示す。また、0に近ければ近いほど無相関であることを示している。一般には表19－1に示すような解釈ができる。

表19-1　相関係数の一般的な解釈

rの値（絶対値）	相関係数の解釈
0.0 ～ 0.2	ほとんど相関がない
0.2 ～ 0.4	低い相関がある
0.4 ～ 0.7	かなり相関がある
0.7 ～ 1.0	高い相関がある

ただし、後に相関係数の検定の部分で述べるが、相関係数は求められたデータ数に依存し、データが多ければ多いほど低く、少なければ少ないほど高くなる傾向がある。次の図19-5に示すように、極端な場合、データが2個の場合はどのような場合も相関係数は1になる。

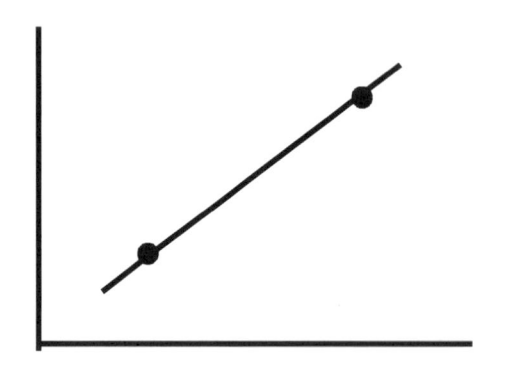

図19-5　2個のデータは必ず直線上に位置するので相関係数は1になる

次の図19-6から図19-17は、データ数60の場合のいろいろな相関係数の散布図を示した。説明のためにデータの分布を楕円として表現し、説明してきたが、実際のデータではそのように理想的な分布（2次元正規分布）をするとはかぎらない。実際の分布の様子と相関係数の対応を直感的に理解して欲しい。

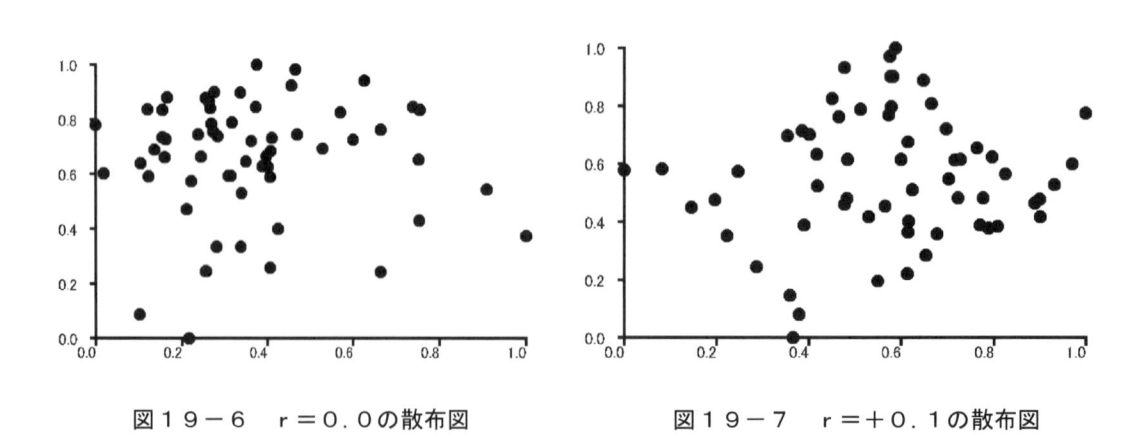

図19-6　r＝0.0の散布図　　　　　図19-7　r＝＋0.1の散布図

19．相関係数と回帰係数

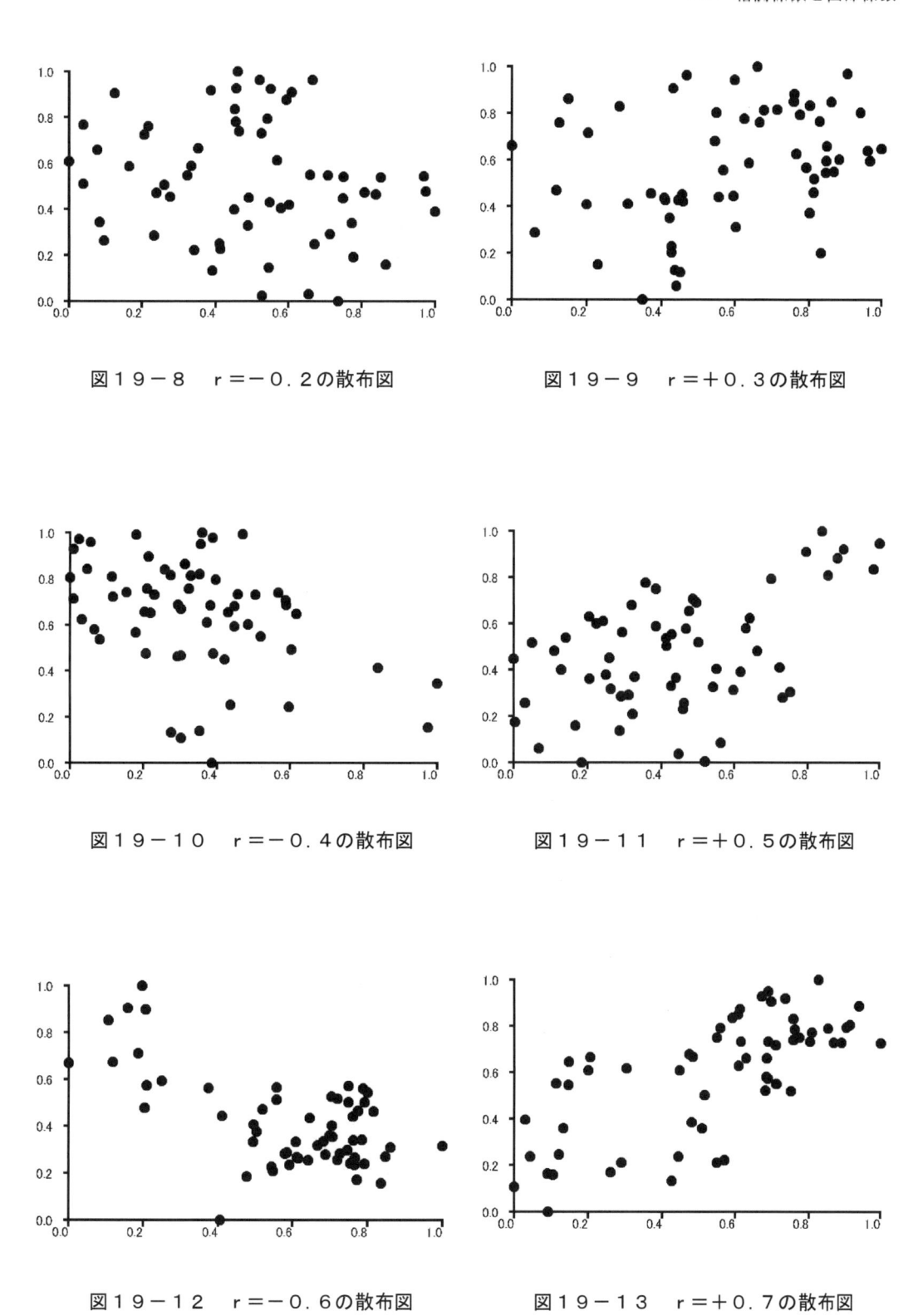

図19－8　r＝－0.2の散布図

図19－9　r＝＋0.3の散布図

図19－10　r＝－0.4の散布図

図19－11　r＝＋0.5の散布図

図19－12　r＝－0.6の散布図

図19－13　r＝＋0.7の散布図

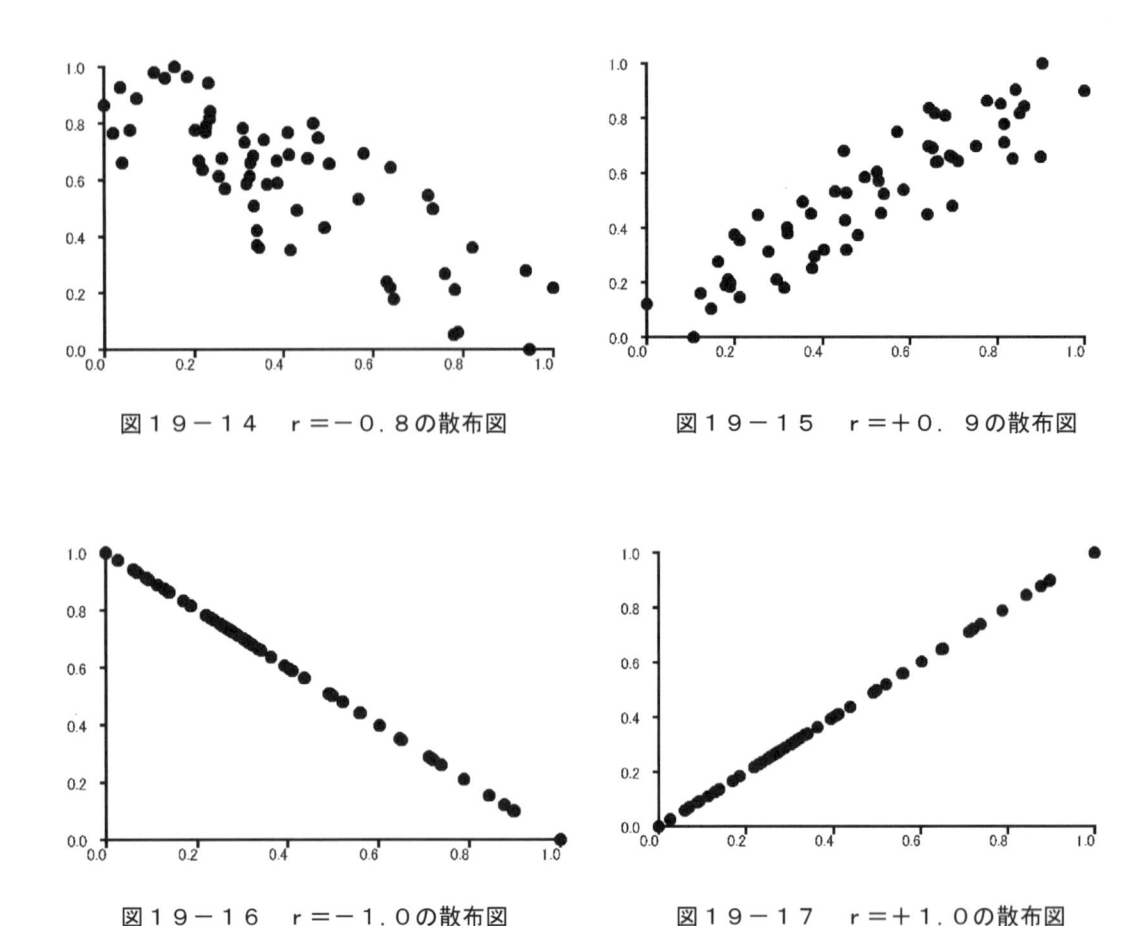

図19-14　r=-0.8の散布図　　　　　図19-15　r=+0.9の散布図

図19-16　r=-1.0の散布図　　　　　図19-17　r=+1.0の散布図

19.1.2　相関係数の計算

相関係数を求めるためには、次の式に各々の数値を代入すればよい。

$$r = \frac{\Sigma xy - \frac{(\Sigma x)(\Sigma y)}{n}}{\sqrt{\Sigma x^2 - \frac{(\Sigma x)^2}{n}} \sqrt{\Sigma y^2 - \frac{(\Sigma y)^2}{n}}}$$

そのためには、あらかじめΣx、Σy、Σx²、Σy²、Σxyを求めておく必要がある。そのためには

	x	y	x²	y²	xy
	...	...	...	...	...
	...	...	...	...	...
	...	...	...	...	...
	...	...	...	...	...
	...	...	...	...	...
合計	Σx	Σy	Σx²	Σy²	Σxy

のような表を利用するとよい。次に、

$$S_{xy} = \Sigma xy - \frac{(\Sigma x)(\Sigma y)}{n}$$

$$S_{xx} = \Sigma x^2 - \frac{(\Sigma x)^2}{n}$$

$$S_{yy} = \Sigma y^2 - \frac{(\Sigma y)^2}{n}$$

を求め、最後にそれらをまとめて相関係数 r

$$r = \frac{S_{xy}}{\sqrt{S_{xx} S_{yy}}}$$

を求める。

【例題１９－１】ある大学のバレーボール部員１３人について経験年数とサーブ決定率を調べたら、次の通りであった。この経験年数とサーブ決定率との間に関連がみられるか、両者の相関係数を求めよ。

名前	経験年数（年）	決定率（％）
A	4	5
B	5	0
C	6	5
D	7	10
E	8	10
F	9	7
G	10	12
H	11	15
I	12	10
J	13	12
K	14	18
L	15	15
M	16	20

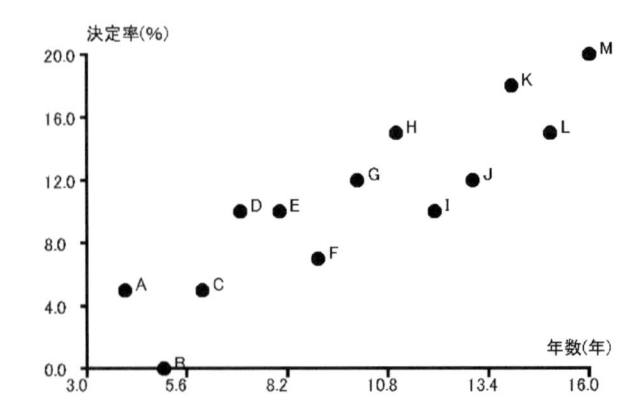

まず、下のような表を作成する。

x	y	x²	y²	xy
4	5	16	25	20
5	0	25	0	0
6	5	36	25	30
7	10	49	100	70
8	10	64	100	80
9	7	81	49	63
10	12	100	144	120
11	15	121	225	165
12	10	144	100	120
13	12	169	144	156
14	18	196	324	252
15	15	225	225	225
16	20	256	400	320
計	130	139	1482	1861	1621

$$\Sigma xy - \frac{(\Sigma x)(\Sigma y)}{n} = 1621 - \frac{130 \times 139}{13} = 231.0$$

$$\Sigma x^2 - \frac{(\Sigma x)^2}{n} = 1482 - \frac{130^2}{13} = 182.0$$

$$\Sigma y^2 - \frac{(\Sigma y)^2}{n} = 1861 - \frac{139^2}{13} = 374.8$$

$$r = \frac{231.0}{\sqrt{182.0 \times 374.8}} = 0.884$$

結局、かなり1.0に近いので「高い正の相関がある」ことになる。

19.1.3　相関係数の意味

　先ほど示した相関係数を求める式は、分母と分子をともにnで割ると分母がxとyのそれぞれの標準偏差になっている。また、分子の部分はxとyの平均からの偏差の積の平均（これを共分散と呼ぶ）となっている。つまり、

$$r = \frac{\sum xy - \frac{(\sum x)(\sum y)}{n}}{\sqrt{\sum x^2 - \frac{(\sum x)^2}{n}}\sqrt{\sum y^2 - \frac{(\sum y)^2}{n}}} = \frac{\frac{1}{n}\left\{\sum xy - \frac{(\sum x)(\sum y)}{n}\right\}}{\sqrt{\frac{1}{n}\left\{\sum x^2 - \frac{(\sum x)^2}{n}\right\}}\sqrt{\frac{1}{n}\left\{\sum y^2 - \frac{(\sum y)^2}{n}\right\}}}$$

$$= \frac{x と y の共分散}{(x の標準偏差) \times (y の標準偏差)}$$

という構造になっている。また、

$$r = \frac{\sum xy - \frac{(\sum x)(\sum y)}{n}}{\sqrt{\sum x^2 - \frac{(\sum x)^2}{n}}\sqrt{\sum y^2 - \frac{(\sum y)^2}{n}}}$$

$$= \frac{\sum\{(x - m_x)(y - m_y)\}}{\sqrt{\sum x^2 - \frac{(\sum x)^2}{n}}\sqrt{\sum y^2 - \frac{(\sum y)^2}{n}}}$$

$$= \frac{1}{n} \times \sum\left[\frac{(x - m_x)}{\sqrt{\frac{1}{n}\left\{\sum x^2 - \frac{(\sum x)^2}{n}\right\}}} \times \frac{(y - m_y)}{\sqrt{\frac{1}{n}\left\{\sum y^2 - \frac{(\sum y)^2}{n}\right\}}}\right]$$

$$= \frac{1}{n} \times \sum\{(x の z スコア) \times (y の z スコア)\}$$

となるので、相関係数はxとyをそれぞれzスコアに変換した場合、それらの積の平均になる。表19－2はその例を示したものである。xとyをそれぞれzスコア（標準得点）に変換して、積の平均をすると、直接求めた相関係数と一致する。

表１９－２　相関係数はｚスコアの積の平均

X	Y	Xのzスコア	Yのzスコア
1	2	-1.581	-0.870
2	5	-1.265	0.925
3	2	-0.949	-0.870
4	3	-0.632	-0.272
5	4	-0.316	0.326
6	1	0.000	-1.469
7	7	0.316	2.121
8	2	0.632	-0.870
9	3	0.949	-0.272
10	4	1.265	0.326
11	5	1.581	0.925
相関係数	0.258	積和の平均	0.258

平均	6.00	3.45
標準偏差	3.16	1.67

　図１９－１８はデータを標準得点にし、両変数の平均（０．０）を境界に４つの区間に分けた散布図である。図の右上の部分に位置するデータの座標はｘが＋、ｙも＋である。右下はｘは＋で、ｙは－である。左上はｘは－で、ｙは＋であり、左下は両方とも－の座標をとる。つまり、右上と左下のｘとｙの座標の積はお互い符号が同じことから＋で、右下と左上の座標の積はお互い符号が異なるので－になる。相関係数の式の分子がｘとｙの積和であることから、正の相関か、負の相関かは積和の大小に依存する。つまり、右上と左下に位置するデータの個数が、右下と左上に位置するデータの個数より多ければ＋になり、そうでなければ－になる。また、その個数の差が離れれば離れるほど相関係数の値は１に近づくことになる。図１９－１８の場合、同じ符号の区間には１１個中８個のデータがあり、異符号の区間には３個しかない。あきらかに＋の傾向があることがわかる。個数の違いも大きい。この場合の相関係数は０．８２７である。

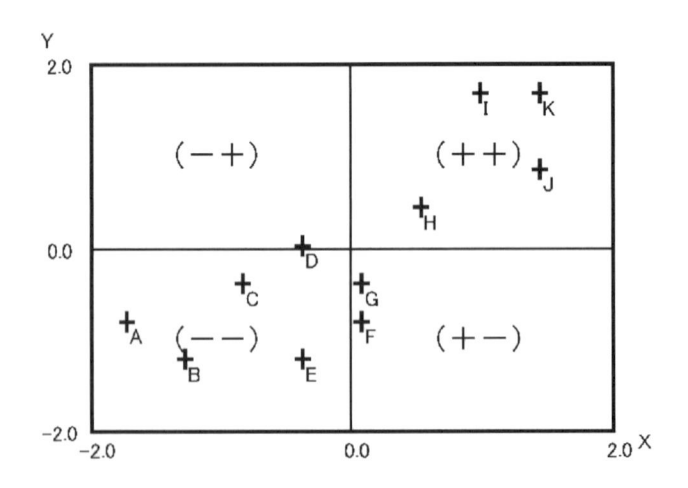

図１９－１８　標準得点に変換した場合の散布図

　また、相関係数はそれぞれもとのデータに一定の数値を加えたり、かけたりしてもその値は変わ

らない。一定の数をかけ、さらに一定の数値を加えることを一次変換と呼ぶが、一般に相関係数は一次変換に関して不変である。したがって、標準得点に変換してもそれらから求められた相関係数は変わらない。表19－3はそれらの例を示したものである。

表19－3　相関係数は一次変換に関して不変である

X	Y	Y＋5	Y－3	Y×10	Tスコア
1	2	7	-1	20	41.30
2	5	10	2	50	59.25
3	2	7	-1	20	41.30
4	3	8	0	30	47.28
5	4	9	1	40	53.26
6	1	6	-2	10	35.31
7	7	12	4	70	71.21
8	2	7	-1	20	41.30
9	3	8	0	30	47.28
10	4	9	1	40	53.26
11	5	10	2	50	59.25
相関係数	0.258	0.258	0.258	0.258	0.258

平均	3.45
標準偏差	1.67

19.1.4　相関係数の解釈上の注意

　まず、相関が高いということは直ちに因果関係があるということではなく、ただ関連があるということである。相関が高いということは因果関係のように、一方が原因で他方が結果であるということではない。当然のことながら、因果関係があれば相関関係も高いはずであるが、その逆は成り立たない。例えば、「靴の大きさ」と「学力」との間に高い相関がある場合があるが、足を大きくしたからといって頭がよくなることもないし、頭がよくなると子どもの足が大きくなるということではない。つまり、高い相関があったからといって因果関係があるとはいえない。実際、このケースの場合は、第3の変数として「年齢」が直接的に関係していると考えるのが妥当である。

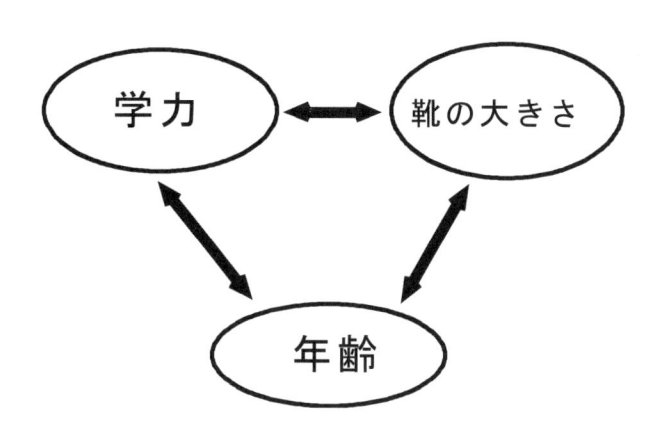

図19－19　見せかけの相関関係

　そして、相関係数の値は扱う数値のレンジに依存する。例えば、柔道選手の筋力と競技成績との

関連を検討する場合、扱う選手のレベルを一流選手から大学生、高校生、そして初心者などと広範囲に取ると筋力と競技成績との間に高い相関が認められる。しかし、例えば、一流選手のみといった具合に、特定の限られたレベルの選手のみを扱うと求められた相関係数は低くなる場合がある。このような場合、本質的には相関があると考えるべきで、扱う標本の選択に注意が必要である。

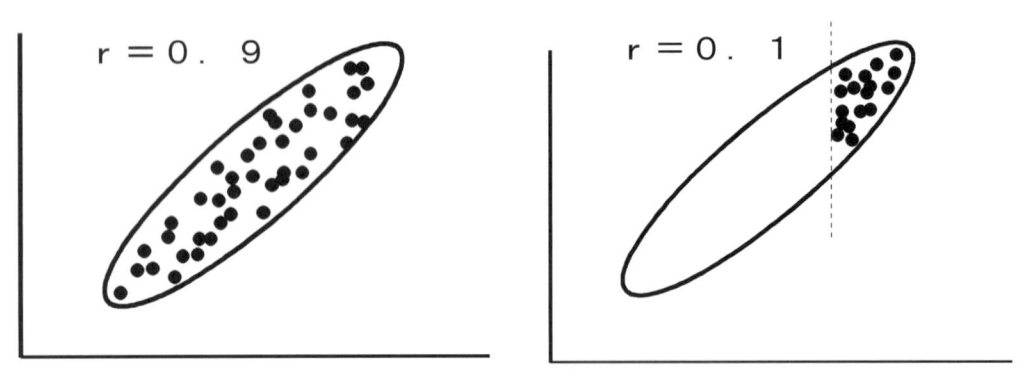

図19-20　相関係数は対象者の特性のレンジが狭くなれば低くなる

また、対象となる集団がいくつかの下位集団から構成されている場合も注意が必要になる。例えば、下位集団はいずれも相関が高くとも、それらをまとめて相関を求めると相関係数は低くなってしまう場合がある。逆に、下位集団の相関は低くとも、それらをまとめると相関が高くなる場合もある。図19-21はA群内の相関係数は0.82、B群は0.82、C群は0.87であるが、全体をまとめて相関係数を求めると、0.17になってしまう。また、図19-22はAからC群ともに群内の相関係数は0.0であるが、全体では0.895と高くなる。

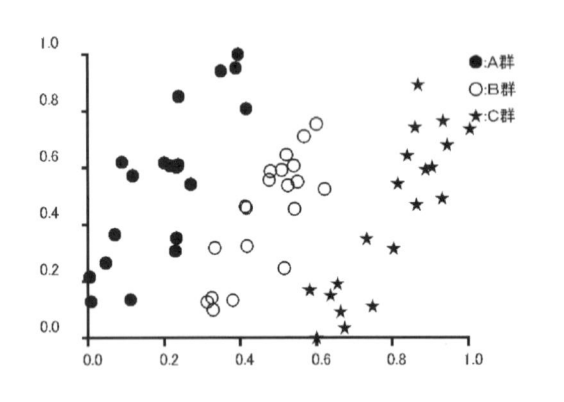

図19-21　下位集団の相関は高くとも、全体の相関は低い例

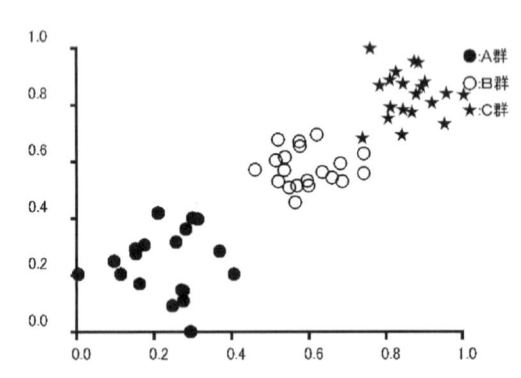

図19-22　下位集団の相関は低くとも、全体の相関は高い例

また、最後に、この相関係数（ピアソンの積率相関係数）は直線を関係の基本と考えている。しかし、2項目間の関連の形態は必ずしも直線ではなく、特定の曲線を描く場合も認められるべきである。このような曲線の関連がある場合でも相関係数は低くなる。図19-23は曲線へのあてはまりはよいが、直線へのあてはまりがよくない例を示したものである。

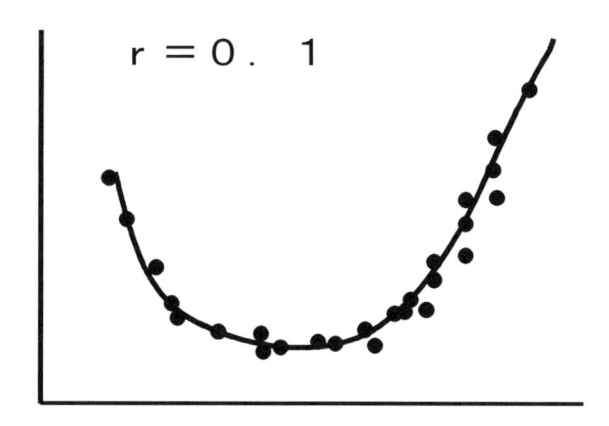

図19-23　相関係数は直線へのあてはまりを前提にしている

　逆に、データの中に特殊な属性を持つデータが入り込んだり、入力ミスなどから「はずれ値」などが1個でも入ると本来の相関係数よりもかなり高い相関になってしまう場合がある。図19-24の場合、右上のはずれ値がない場合の相関係数は0であるが、1個はずれ値が入ると相関は0.763になる。

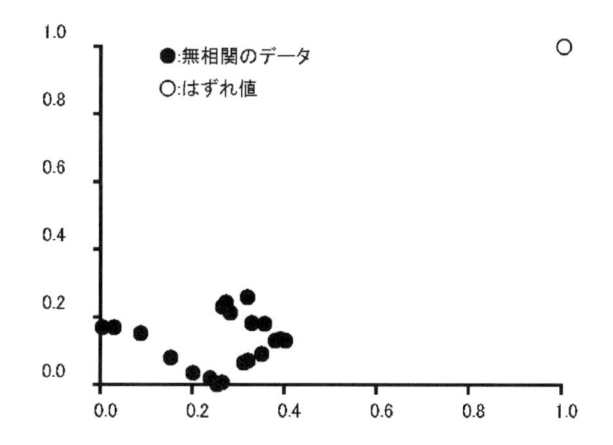

図19-24　はずれ値があると相関係数は過大な値をとる

　したがって、相関係数の数値の大小のみから関連の有無を判断するのは早計である。関連の有無を問題にする場合は両者の関連を散布図にプロットしてみるなどの十分な吟味が必要である。

19.1.5　Excelによる計算

　Excel には相関係数を計算する関数 CORREL が用意されているので、独自に上の式を計算する数式を入力する必要はなく、簡便に求めることができる。CORREL の書式は以下の通りである。

表１９－４　関数ＣＯＲＲＥＬの書式

ＣＯＲＲＥＬ	一般書式	書式	＝ＣＯＲＲＥＬ（範囲１，範囲２）
		説明	範囲１と範囲２のデータの相関係数を計算する。
	事例	例	＝ＣＯＲＲＥＬ（Ｂ１：Ｂ９，Ｃ１：Ｃ９）
		説明	「Ｂ１からＢ９」と「Ｃ１からＣ９」までの範囲にあるデータの相関係数を計算する。

【練習問題１９－１】柔道部の新入部員８人の体重と身長を調べたら、次の通りであった。この体重と身長の相関係数を求めよ。

	Ａ	Ｂ	Ｃ	Ｄ	Ｅ	Ｆ	Ｇ	Ｈ
体重（単位：kg）	８８	９８	１０２	７４	６６	８４	９７	１３０
身長（単位：cm）	１７９	１８７	１９２	１６５	１５８	１８１	１８６	１９０

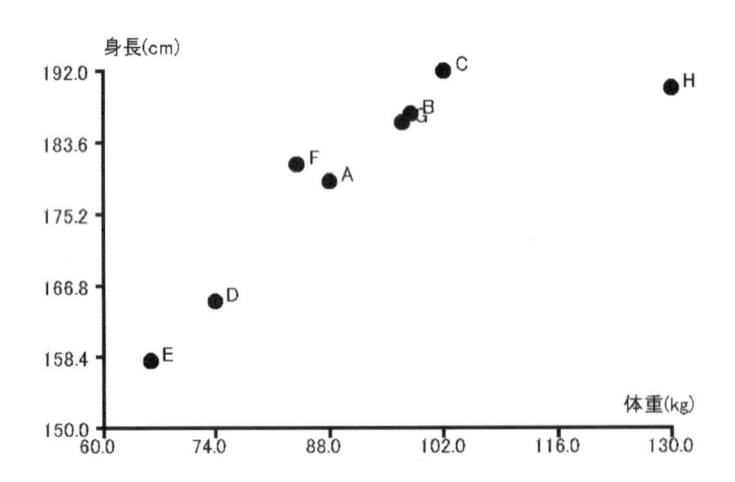

19.2　回帰係数

19.2.1　最小二乗法による回帰係数と定数項の計算

　もし、ｘとｙの相関関係が強い場合、ｘとｙの相関関係の一般傾向を示す直線ｙ＝ａｘ＋ｂを決定することができる。図１９－２５はこの直線を図示したものである。この直線は回帰直線と呼ばれ、ａは回帰係数、ｂは定数項と呼ばれる。ａは直線の傾き、ｂはｙ軸と交差する値（切片）を意味している。傾きとはｘが１増加した場合にｙが変化する値のことである。したがって、ａが＋の値であれば、この直線は右上がりとなり、－ならば右下がり（左上がり）となる。

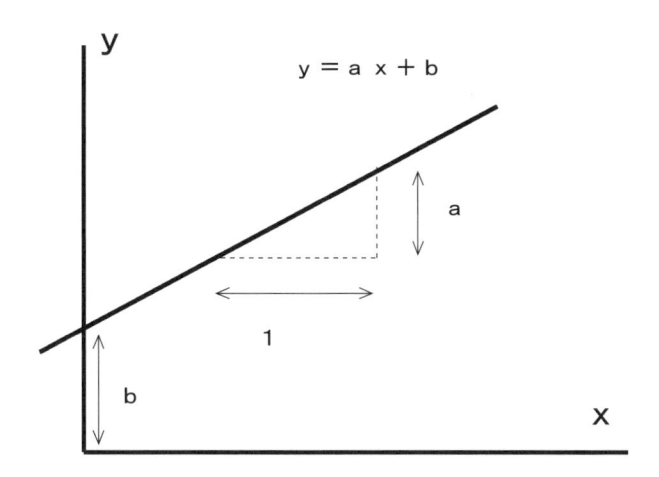

図１９－２５　回帰係数ａ（傾き）と定数項ｂ（切片）の意味

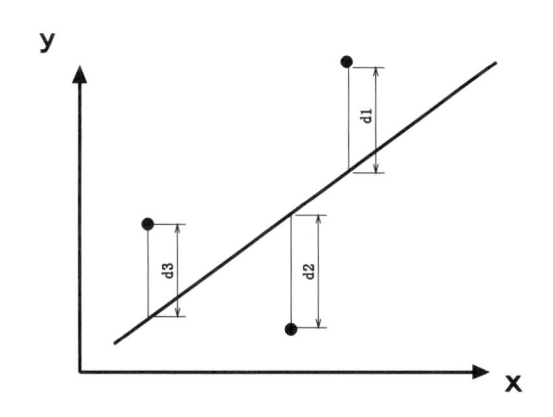

図１９－２６　最小二乗法の原理

　回帰係数ａは、図１９－２６に示したように、実測値のｙと、回帰直線から予測された$\hat{y}$との差、ｄの２乗和が最小になるように決定される。例えば、データ数が３個であれば、このａとｂは図中のd_1, d_2, d_3の２乗和（$d_1^2+d_2^2+d_3^2$）が最小になるように決定される。よって、この方法を最小二乗法とよぶ。一般的には、

$$S = \Sigma d_i^2 = \Sigma (y_i - \hat{y}_i)^2 = \Sigma (y_i - ax_i - b)^2$$

となるＳが最小になるようにａとｂを決める。最小値を探すためＳをａとｂで（偏）微分して結果を０とおく。つまり、

$$\begin{cases} \dfrac{\partial S}{\partial a} = -2\Sigma x_i(y_i - ax_i - b) = 0 \\ \dfrac{\partial S}{\partial b} = -2\Sigma (y_i - ax_i - b) = 0 \end{cases}$$

となり、aとbについてまとめると、

$$\begin{cases} a\sum x_i^2 + b\sum x_i = \sum x_i y_i \\ a\sum x_i + nb = \sum y_i \end{cases}$$

となる。この連立方程式を解くと、aは

$$a = \frac{n\sum xy - (\sum x)(\sum y)}{n\sum x^2 - (\sum x)^2}$$

となる（以下、iは省略する）。相関係数との形式をそろえるために、分子と分母をnで割ると

$$a = \frac{\sum xy - \frac{(\sum x)(\sum y)}{n}}{\sum x^2 - \frac{(\sum x)^2}{n}}$$

となる。bは、先の連立方程式の第2式をbについて解くと、

$$b = \frac{\sum y - a\sum x}{n} = m_y - a \cdot m_x$$

となるので、先に求められたaと、xの平均（m_x）とyの平均（m_y）から求められる。

例題19-1の「経験年数」と「サーブ決定率」を例にとって、「経験年数」をx、「サーブ決定率」をyと考え、回帰係数aを求める。表19-5の計算結果から

表19-5　回帰係数計算のための表

	x	y	x^2	y^2	xy
	4	5	16	25	20
	5	0	25	0	0
	6	5	36	25	30
	7	10	49	100	70
	8	10	64	100	80
	9	7	81	49	63
	10	12	100	144	120
	11	15	121	225	165
	12	10	144	100	120
	13	12	169	144	156
	14	18	196	324	252
	15	15	225	225	225
	16	20	256	400	320
計	130	139	1482	1861	1621

$$a = \frac{\Sigma xy - \frac{(\Sigma x)(\Sigma y)}{n}}{\Sigma x^2 - \frac{(\Sigma x)^2}{n}} = \frac{1621 - \frac{130 \times 139}{13}}{1482 - \frac{130^2}{13}} = 1.269$$

となる。定数項bも

$$b = \frac{139 - 1.269 \times 130}{13} = -2.000$$

となり、回帰式は

$$y = 1.269x - 2.000$$

となる。図19−27は求められた回帰直線を示したものである。

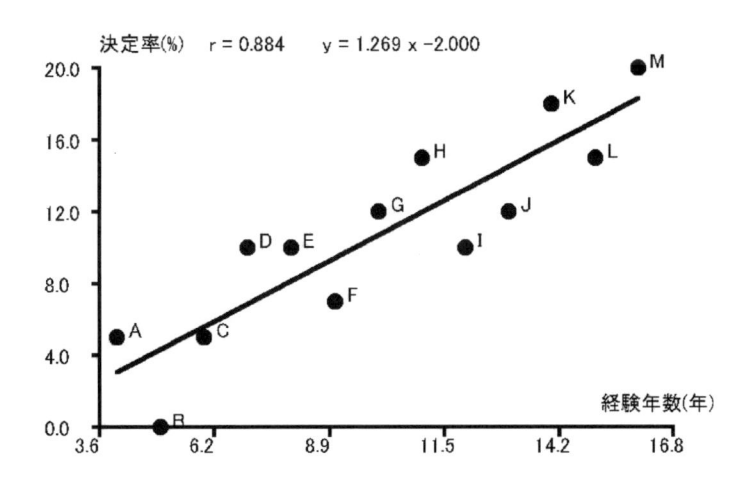

図19−27　回帰直線

さて、ここで回帰係数aを求める式と相関係数rを求める式を比べてみよう。

$$a = \frac{\Sigma xy - \frac{(\Sigma x)(\Sigma y)}{n}}{\Sigma x^2 - \frac{(\Sigma x)^2}{n}}$$

$$r = \frac{\Sigma xy - \frac{(\Sigma x)(\Sigma y)}{n}}{\sqrt{\Sigma x^2 - \frac{(\Sigma x)^2}{n}} \sqrt{\Sigma y^2 - \frac{(\Sigma y)^2}{n}}}$$

お互いが非常によく似ているのに気がつくはずである。つまり、同じ計算の過程を利用して、同時に相関係数と回帰係数を求めることができる。例えば、

$$S_{xy} = \Sigma xy - \frac{(\Sigma x)(\Sigma y)}{n} = 231.0$$

$$S_{xx} = \Sigma x^2 - \frac{(\Sigma x)^2}{n} = 182.0$$

$$S_{yy} = \Sigma y^2 - \frac{(\Sigma y)^2}{n} = 374.8$$

であれば、

$$r = \frac{231.0}{\sqrt{182.0 \times 374.8}} = 0.884$$

$$a = \frac{231.0}{182.0} = 1.269$$

と、同じ計算過程（平方和）を利用して同時に求めることができる。したがって、相関係数と回帰係数は同時に求めておくのが慣例となっている。

順番	項目	内容
1	和、2乗和、積和を求める。	Σx、Σy、Σx^2、Σy^2、Σxy を求める。
2	平方和を求める。	$S_{xy} = \Sigma xy - \frac{(\Sigma x)(\Sigma y)}{n}$ $S_{xx} = \Sigma x^2 - \frac{(\Sigma x)^2}{n}$ $S_{yy} = \Sigma y^2 - \frac{(\Sigma y)^2}{n}$
4	相関係数を求める。	$r = \frac{S_{xy}}{\sqrt{S_{xx} S_{yy}}}$
5	回帰係数を求める。	$a = \frac{S_{xy}}{S_{xx}}$

6	定数項を求める。	$b = \dfrac{\Sigma y - a \Sigma x}{n}$

【練習問題19-2】 成年男子8人の体重と腕力を測定したら、次の通りであった。この体重から腕力を予測する回帰式と相関係数を求めよ。

	J	K	L	M	N	O	P	Q
体重（単位:kg）	55	70	60	65	59	73	72	59
腕力（単位:kgf）	24	28	25	27	26	30	29	28

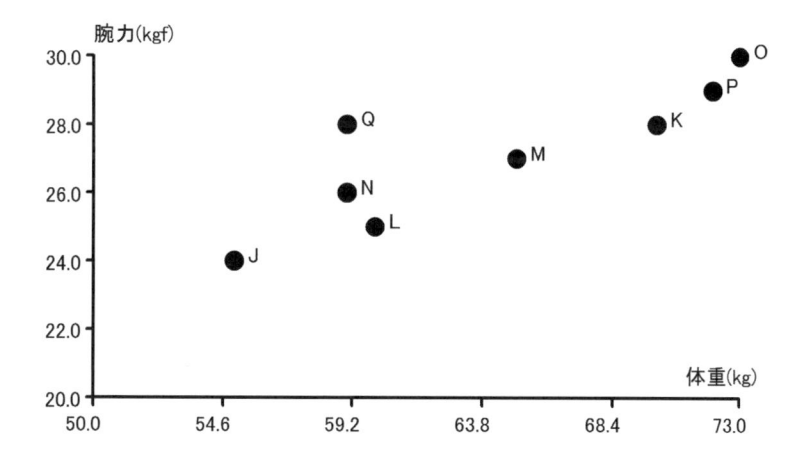

19.2.2　分散分析による回帰係数の有意性の検定

　xとyの間に確かに直線関係があるかどうかを確かめるためには分散分析を用いる。全平方和（S_T）を、回帰によって説明される平方和（回帰平方和S_R）と回帰によって説明されない平方和（残差平方和S_E）に分割し、回帰平方和から求めた不偏分散（V_R）と残差平方和から求めた不偏分散（V_E）との比がF分布することを利用して、「母回帰係数βは0である」という帰無仮説を検定する。回帰係数が0ということは、xの値に関わらずyの値は常に一定であることになるので回帰直線（回帰式）を求める意味がないことになる。
　それぞれの平方和を

$$S_{xy} = \Sigma xy - \dfrac{(\Sigma x)(\Sigma y)}{n}$$

$$S_{xx} = \Sigma x^2 - \dfrac{(\Sigma x)^2}{n}$$

$$S_{yy} = \Sigma y^2 - \dfrac{(\Sigma y)^2}{n}$$

とすると、全平方和（S_T）、回帰平方和（S_R）、残差平方和（S_E）は

$S_T = S_{yy}$

$S_R = \dfrac{S_{xy}^2}{S_{xx}}$

$S_E = S_T - S_R$

となり、全自由度ϕ_T、回帰の自由度ϕ_R、残差の自由度ϕ_Eは

$\phi_T = n - 1$

$\phi_R = 1$

$\phi_E = n - 2$

である。これらの平方和をそれぞれの自由度で割り、回帰の不偏分散（V_R）と残差の不偏分散（V_E）を求め、それらの比（F）

$F = \dfrac{V_R}{V_E}$

が、自由度（ϕ_R、ϕ_E）のF分布することを利用して検定を行う。下は計算の過程を分散分析表にまとめたものである。

分散分析表

要因	平方和	自由度	不偏分散（平均平方）	F値
回帰	S_R	ϕ_R	$V_R (= S_R / \phi_R)$	$F_0 (= V_R / V_E)$
残差	S_E	ϕ_E	$V_E (= S_E / \phi_E)$	
計	S_T	ϕ_T		

【例題19-2】先のバレーボールの経験年数とサーブ決定率のデータから求められた回帰係数の有意性を検定せよ。

$S_{xy} = 231.0$
$S_{xx} = 182.0$
$S_{yy} = 374.8$

であったので、これから各平方和を求めると、

$S_T = S_{yy} = 374.8$

$S_R = \dfrac{S_{xy}^2}{S_{xx}} = \dfrac{231.0^2}{182.0} = 293.2$

$S_E = S_T - S_R = 374.8 - 293.2 = 81.6$

となり、全自由度 ϕ_T、回帰の自由度 ϕ_R、残差の自由度 ϕ_E は

$\phi_T = n - 1 = 13 - 1 = 12$
$\phi_R = 1$
$\phi_E = n - 2 = 13 - 2 = 11$

となる。したがって、求められる分散分析表は

分散分析表

要因	平方和	自由度	平均平方	F値
回帰	293.2	1	293.2	39.53**
残差	81.6	11	7.42	
計	374.8	12		

となり、自由度(1、11)の1%のF値は9.65なので、求められたF値は1%水準で有意となり、「母回帰係数 $\beta = 0$ である」という帰無仮説は棄却される。つまり、x と y には直線関係があることになる。

【練習問題19-3】先の練習問題「成年男子8人の体重と腕力」から求められた回帰式の回帰係数の有意性の検定を分散分析によって行え。

19.2.3　回帰式による予測と区間推定

一度、回帰式が決定されると、今度はこの式をもとに、さまざまな x に対する平均的な y の値を予測することができる。ここで、先ほど求められた回帰式にデータを代入して予測値を求める。例えば、経験年数 x = 10 とすると

$\hat{y} = 1.269 \times 10 - 2.000 = 10.690$

となり、経験年数10年の者の平均的なサーブ決定率は10.7%であることがわかる。図19-28は同様に、経験年数8年と13年についても行った結果を示している。

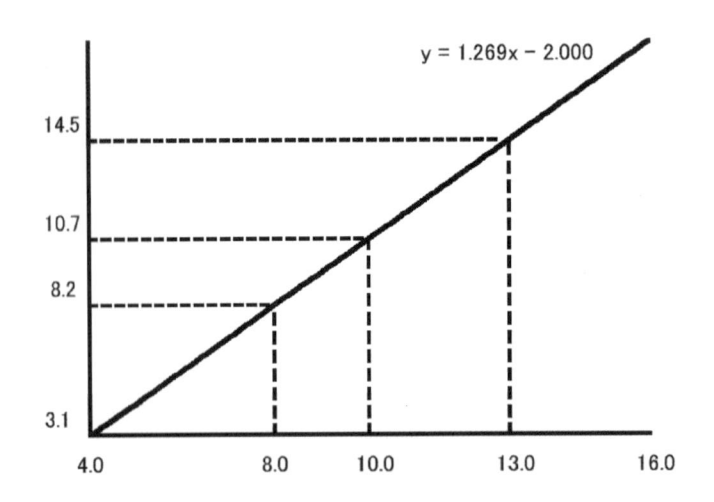

図19-28　経験年数からの平均的なサーブ決定率の予測例

さらに、今回実際に対象になった選手の実際の決定率（y_i）と予測された決定率（$\hat{y}_i$）を一覧表にしたのが表19-6である。予測値と実際のyとの差を残差と呼ぶ。最小二乗法の説明でのdに相当する。

表19-6　経験年数からのサーブ決定率の予測と残差

選手名	x（経験年数）	y（サーブ決定率）	予測値	残差
A	4	5	3.077	1.923
B	5	0	4.346	-4.346
C	6	5	5.615	-0.615
D	7	10	6.885	3.115
E	8	10	8.154	1.846
F	9	7	9.423	-2.423
G	10	12	10.692	1.308
H	11	15	11.962	3.038
I	12	10	13.231	-3.231
J	13	12	14.500	-2.500
K	14	18	15.769	2.231
L	15	15	17.038	-2.038
M	16	20	18.308	1.692

この結果から、経験年数と比較した場合の決定率では、選手A、D、E、G、H、K、Lが平均的なサーブ決定率よりも実際の決定率の方がよいことになり、選手B、C、F、I、J、Lは反対に平均的な決定率よりも下回っており、もっと頑張らなければならないことを示している。このように、xに対する平均的な値を回帰式から予測することで、平均値を基準にした相対的評価をすることができる。さらに、図19-29に示すように、残差が回帰直線の周りにばらついていることを利用して、より細かな相対評価をすることもできる。

19．相関係数と回帰係数

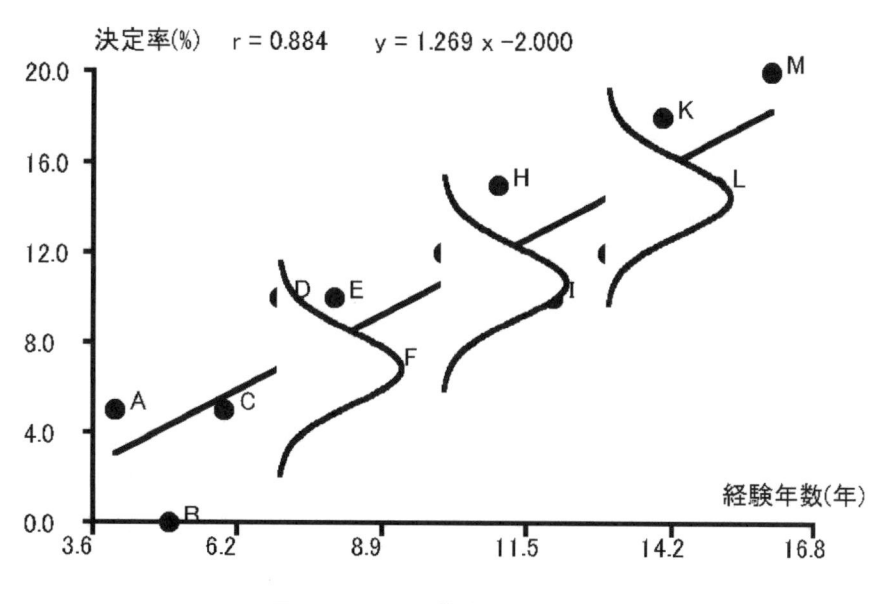

図19－29　推定の標準誤差

この回帰直線のまわりのバラツキを「推定の標準誤差」と呼ぶ。推定の標準誤差σ_dは

$$\sigma_d = \sigma_y \sqrt{1-r^2}$$

から求められる。ここで、回帰直線からのバラツキは、xのどの範囲でも一定で、正規分布すると仮定すると、通常の正規分布を利用した評価を利用することができる。例えば、5段階評価であれば、

$\hat{y} + 1.5\sigma_d$ 以上ならば5

$\hat{y} + 0.5\sigma_d$ 以上　$\hat{y} + 1.5\sigma_d$ 未満ならば4

$\hat{y} - 0.5\sigma_d$ 以上　$\hat{y} + 0.5\sigma_d$ 未満ならば3

$\hat{y} - 1.5\sigma_d$ 以上　$\hat{y} - 0.5\sigma_d$ 未満ならば2

$\hat{y} - 1.5\sigma_d$ 未満ならば1

というような評価をすることもできる。先のバレーボールの経験年数とサーブ決定率の例では、$\sigma_y = 5.369$なので、推定の標準誤差σ_dは

$$\sigma_d = \sigma_y\sqrt{1-r^2} = 5.369 \times \sqrt{1-0.884^2} = 2.510$$

となる。表19－7はこの推定の標準誤差を利用して5段階評価を行った結果である。また、図19－30それを図示したものである。

－ 235 －

表19-7 サーブ決定率の相対的な5段階評価

X	Y	予測値	評価	4と5の境界値	3と4の境界値	2と3の境界値	1と2の境界値
4	5	3.08	4	6.83	4.33	1.82	-0.68
5	0	4.35	1	8.10	5.60	3.09	0.59
6	5	5.62	3	9.37	6.87	4.36	1.86
7	10	6.88	4	10.64	8.14	5.63	3.13
8	10	8.15	4	11.91	9.41	6.90	4.40
9	7	9.42	2	13.18	10.68	8.17	5.67
10	12	10.69	4	14.45	11.94	9.44	6.93
11	15	11.96	4	15.72	13.21	10.71	8.20
12	10	13.23	2	16.99	14.48	11.98	9.47
13	12	14.50	2	18.26	15.75	13.25	10.74
14	18	15.77	4	19.53	17.02	14.52	12.01
15	15	17.04	2	20.80	18.29	15.79	13.28
16	20	18.31	4	22.07	19.56	17.06	14.55

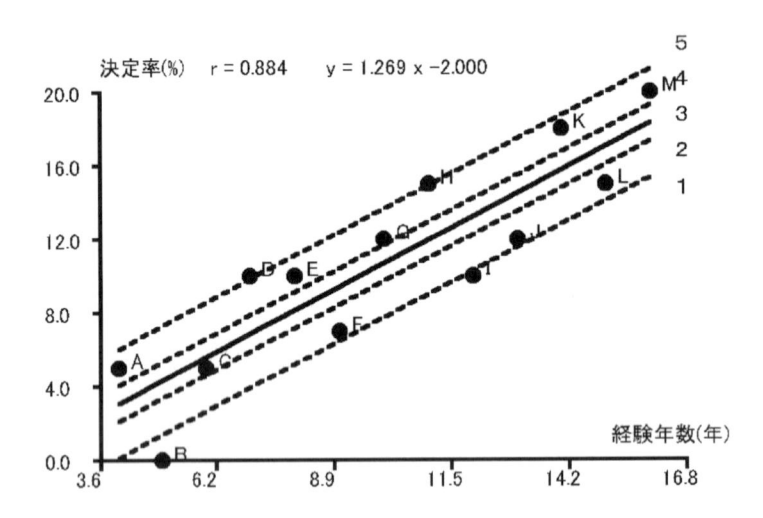

図19-30 推定の標準誤差を利用した5段階評価の例

【練習問題19-4】小学6年生を対象に走り高跳びの授業を行い、記録をもとに生徒の評価をしたい。しかし、身長と記録との関連が高いことがわかっており、身長の低い生徒は技術的には優れていても、自分の努力ではどうしようもない身長の影響を受け、記録は悪くなってしまう。身長を考慮した相対評価を5段階で行え。

氏名	M	N	O	P	Q	R	S	T
身長（単位：cm）	143	150	160	165	159	173	162	157
記録（単位：cm）	84	88	80	87	90	110	109	88

19．相関係数と回帰係数

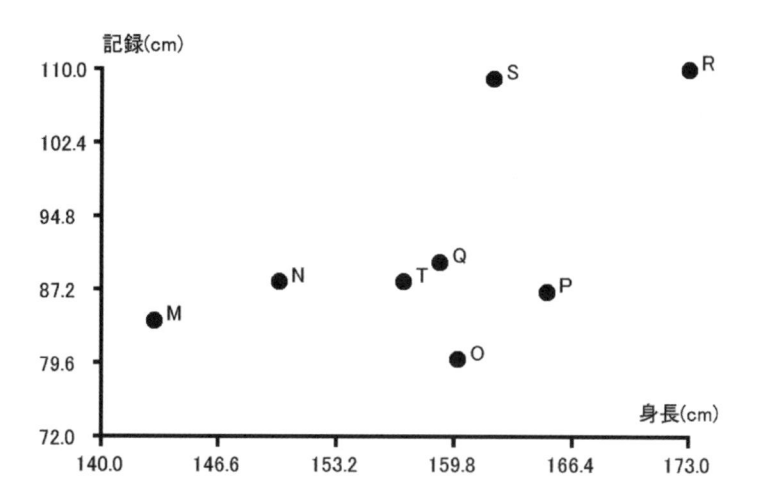

```
記録(cm)
110.0                              ● S          ● R
102.4
94.8
87.2        ● N      ● T ● Q       ● P
           ● M
79.6                        ● O
72.0
   140.0  146.6  153.2  159.8  166.4  173.0  身長(cm)
```

19.2.4 「予測値と母平均」の区間推定

　先ほどの「推定の標準誤差」を用いた場合は、回帰直線のまわりのバラツキは x のどの範囲でも一定であると仮定した。しかし、x も正規分布し、同時に y も正規分布する（2 変量正規分布する）状態では、x と y の中央部分では多くのデータが分布し、両端にいくにしたがって少なくなる。したがって、楕円のような分布になる。いままでの区間推定でもそうであったように、標本数が多ければ推定される区間は狭く、推定の精度は高くなり、逆に少なくなればなるほど推定される区間は広くなり、推定の精度は落ちる。したがって、回帰直線から推定される範囲は x の平均値付近では狭く、両端では広くなる双曲線のような形状になる。一般に予測値の信頼区間は

$$\hat{y}_i \pm t(\phi_E、\alpha)\sqrt{V_E\left(1+\frac{1}{n}+\frac{(x_i-m_x)^2}{S_{xx}}\right)}$$

ただし、

$$\left\{\begin{array}{rl}\hat{y}_i & : 予測値（点推定値）\\ t(\phi_E、\alpha) & : 自由度\phi_E、信頼度（1-\alpha）のt値\\ \phi_E & : 誤差平方和の自由度\\ \alpha & : 有意水準\\ V_E & : 誤差分散\\ n & : データ数\\ S_{xx} & : xの平方和\\ m_x & : xの平均値\end{array}\right.$$

となる。誤差分散（V_E）や誤差の自由度（ϕ_E）は回帰係数の有意性を分散分析で検定する際に算出されている。
　先ほどの「バレーボールの経験年数とサーブ決定率」の例で、x＝10の95％の信頼区間の推定を行うことにする。それぞれの値は

$\hat{y}_i = 10.69$
$\phi_E = 11$
$t(11、0.05) = 2.200$
$V_E = 7.416$
$n = 13$
$S_{xx} = 182.0$
$m_x = 10.0$

であるので、これを式に代入して計算すると、

$$\hat{y}_i \pm t(\phi_E、\alpha)\sqrt{V_E\left(1 + \frac{1}{n} + \frac{(x_i - m_x)^2}{S_{xx}}\right)}$$

$$= 10.69 \pm 2.200 \times \sqrt{7.416 \times \left(1 + \frac{1}{13} + \frac{(10 - 10.0)^2}{182.0}\right)}$$

$= 10.69 \pm 6.22 = 16.91$（上限）
$ = 4.47$（下限）

となる。表19-8は同様にすべてのxの値に関して行った区間推定の結果を示したものである。また、図19-31はそれらの棄却域を連続した曲線（双曲線）で図示したものである。

表19-8 個々のデータの信頼区間

x	y	予測値	上限	下限	信頼区間の幅
4	5	3.08	9.84	-3.69	6.77
5	0	4.35	10.95	-2.26	6.60
6	5	5.62	12.08	-0.85	6.47
7	10	6.88	13.25	0.52	6.36
8	10	8.15	14.44	1.87	6.28
9	7	9.42	15.66	3.19	6.24
10	12	10.69	16.91	4.47	6.22
11	15	11.96	18.20	5.73	6.24
12	10	13.23	19.51	6.95	6.28
13	12	14.50	20.86	8.14	6.36
14	18	15.77	22.24	9.30	6.47
15	15	17.04	23.64	10.43	6.60
16	20	18.31	25.07	11.54	6.77

19．相関係数と回帰係数

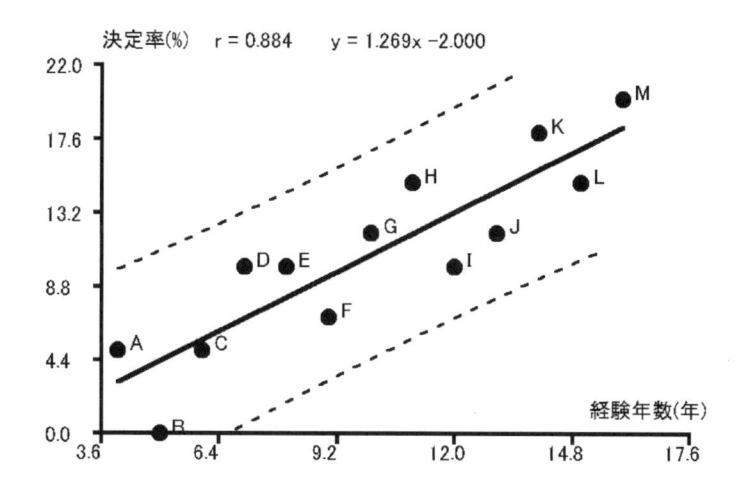

図19－31　個々のデータの信頼区間

　また、個々のデータではなく、平均値についてもその信頼区間を求めることができる。式は下に示したが、「個々のデータの信頼区間」を求めた式と非常に類似している。それぞれの数値の意味は「個々のデータの信頼区間」を求めた式と同様である。

$$\hat{y}_i \pm t(\phi_E, \alpha) \sqrt{V_E \left(\frac{1}{n} + \frac{(x_i - m_x)^2}{S_{xx}} \right)}$$

　この式を用いて、先ほどの「バレーボールの経験年数とサーブ決定率」の例で、$x=10$に対するyの平均値の95％の信頼区間の推定してみる。それぞれの値は先ほどの「個々のデータの信頼区間」を求めた場合と同じである。つまり、

$$\hat{y}_i \pm t(\phi_E, \alpha) \sqrt{V_E \left(\frac{1}{n} + \frac{(x_i - m_x)^2}{S_{xx}} \right)}$$

$$= 10.69 \pm 2.200 \times \sqrt{7.416 \times \left(\frac{1}{13} + \frac{(10 - 10.0)^2}{182.0} \right)}$$

$$= 10.69 \pm 1.66 \quad = 12.36 \text{（上限）}$$
$$\qquad\qquad\qquad = 9.03 \text{（下限）}$$

となる。当然のことではあるが、個々の値の推定区間よりも平均であるので狭くなる。表19－9は同様にすべてのxの値に関して、母平均の区間推定を行った結果を示したものである。また、図19－32はそれらの棄却域を連続した曲線（双曲線）で図示したものである。

表19-9 母平均の信頼区間

x	y	母平均の上限	母平均の下限	信頼区間の幅
4	5	6.219	-0.065	3.142
5	0	7.121	1.572	2.775
6	5	8.049	3.182	2.433
7	10	9.015	4.754	2.131
8	10	10.039	6.269	1.885
9	7	11.144	7.702	1.721
10	12	12.355	9.030	1.662
11	15	13.682	10.241	1.721
12	10	15.116	11.346	1.885
13	12	16.631	12.369	2.131
14	18	18.203	13.336	2.433
15	15	19.813	14.264	2.775
16	20	21.449	15.166	3.142

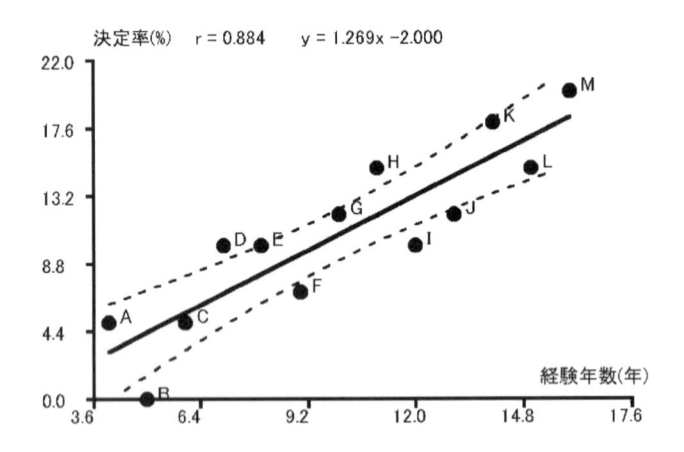

図19-32 母平均の信頼区間

【練習問題19-5】先ほどの練習問題「小学6年生の走り高跳びの記録を身長から予測する」データを用いて、95%の信頼度で、母平均の区間推定を行え。

19.2.5 Excelによる回帰分析

Excelでは回帰係数計算用に SLOPE、定数項計算用にINTERCEPT、yの予測値の計算用にFORECASTという関数が用意されている。それぞれの関数の書式は表19-10から表19-12に示した。

表19-10　関数SLOPEの書式

SLOPE	一般書式	書式	＝SLOPE（範囲1，範囲2）
		説明	範囲1（＝y）と範囲2（＝x）のデータから求められる回帰式の傾きを計算する。回帰式を y＝ax＋b とすると、傾きは a になる。
	事例	例	＝SLOPE（B1：B9，C1：C9）
		説明	「B1からB9」と「C1からC9」までの範囲にあるデータから求められる回帰式の傾き（a）を計算する。

表19-11　関数INTERCEPTの書式

INTERCEPT	一般書式	書式	＝INTERCEPT（範囲1，範囲2）
		説明	範囲1（＝y）と範囲2（＝x）のデータから求められる回帰式の切片を計算する。回帰式を y＝ax＋b とすると、切片は b になる。
	事例	例	＝INTERCEPT（B1：B9，C1：C9）
		説明	「B1からB9」と「C1からC9」までの範囲にあるデータから求められる回帰式の切片（b）を計算する。

表19-12　関数FORECASTの書式

FORECAST	一般書式	書式	＝FORECAST（値，範囲1，範囲2）
		説明	範囲1と範囲2のデータから求められる回帰式 y＝ax＋b を用いて、値をxに代入した場合のyを求める。
	事例	例	＝FORECAST（C10，B1：B9，C1：C9）
		説明	「B1からB9」と「C1からC9」までの範囲にあるデータから求められる回帰式を用いて、C10の値に対応するyの値の予測値を求める。

　また、分析ツールを使うこともできる。分析ツールを使うためには、メニューバーから「ツール」を選び、「分析ツール」を左クリックしてから、「回帰分析」を指定する。すると、ダイアログが表示されるので、「入力Y範囲」欄と「入力X範囲」欄に、ワークシートをドラッグして入力する。「OK」を左クリックすると、次のシートに結果が表示されている。

表19－13　分析ツール「回帰分析」の計算手順

順序	操　作　手　順
1	「ツール」を左クリック
2	「分析ツール」を左クリック
3	「回帰分析」を左クリック
4	「入力Y範囲」欄と「入力X範囲」欄に、シートをドラッグして入力する。「定数は0を使用」は通常指定しない。「残差」をチェックすると、実測値と予測値の差を計算する。

　この分析ツールは本来は多変量解析の重回帰分析用に作られている。重回帰分析とは、yを予測するのに1個の変数xではなく、複数の変数x_1、x_2、・・・、x_m を組み合わせて使う方法である。通常の回帰分析は重回帰のxが1つの場合に相当するのでもちろん利用することは可能である。しかし、相関係数は「重相関（係数）」と表示されている。

19.3　相関係数の有意性の検定

　相関係数rは下のt値が自由度n－2のt分布することを利用して、その有意性を検定することができる。

$$t_0 = \frac{r}{\sqrt{1-r^2}}\sqrt{n-2}$$

手順は次の通りである。

① 帰無仮説「母相関係数$\rho = 0$」をたてる。
② 統計値 $t_0 = \frac{r}{\sqrt{1-r^2}}\sqrt{n-2}$ を計算する。
③ 自由度（$\phi = n-2$）を計算する。
④ 自由度（n－2）の5％あるいは1％のt値をt分布表から求める。
⑤ 計算されたt値（t_0）とt分布表のt値（t）を比較する。もし、$t_0 \geq t$ ならば仮説を棄却し、$t_0 < t$ ならば仮説を棄却しない（採択する）。つまり、$t_0 \geq t$ ならば相関係数は有意な値であると判断し、$t_0 < t$ ならば相関はないと判断する。

【例題19－3】跳躍選手65名を対象に立幅跳の記録と脚筋力との相関係数を求めた。得られた相関係数はr＝0.241であった。この相関係数の有意性を検討せよ。

19. 相関係数と回帰係数

一般的手順	実際の手続き
① 帰無仮説をたてる。	帰無仮説「母相関係数 $\rho=0$」 対立仮説「母相関係数 $\rho \neq 0$」
② 統計値 $$\frac{r}{\sqrt{1-r^2}}\sqrt{n-2}$$ を計算する。	$t_0 = \dfrac{r}{\sqrt{1-r^2}}\sqrt{n-2}$ $= \dfrac{0.241}{\sqrt{1-0.241^2}}\sqrt{65-2}$ $= 1.972$
③ 自由度（$\phi=n-2$）を計算する。	$\phi = n-2$ $= 65-2 = 63$
④ 自由度（n-2）の5％あるいは1％のt値をt分布表から求める。	自由度63の5％のt値は1.998、1％のt値は2.656である。
⑤ 計算されたt値（t_0）とt分布表のt値（t）を比較する。	$t_0 = 1.972 < 1.998 = t(\phi=63, 5\%)$ なので、有意差はない。したがって、この相関係数は有意な値ではなく、本質的には無相関である。

ここで、上のtに関する式はrについて解くと、

$$r = \frac{t(\phi, \alpha)}{\sqrt{\phi + \{t(\phi, \alpha)\}^2}} \qquad \text{ただし、} \phi = n-2$$

となるので、有意水準αとnがわかれば有意となるrの値が求められることがわかる。表19－14はこのようにして求められた両側5％水準で有意となるrの値を一覧表にしたものである。（詳細は付表11に掲載してある）この表を利用すれば、t値を計算する必要はない。

表19-14　自由度別の有意なrの値

自由度	両側5%水準	両側1%水準
2	0.9500	0.9900
3	0.8783	0.9587
4	0.8114	0.9172
5	0.7545	0.8745
6	0.7067	0.8343
7	0.6664	0.7977
8	0.6319	0.7646
9	0.6021	0.7348
10	0.5760	0.7079
11	0.5529	0.6835
12	0.5324	0.6614
13	0.5140	0.6411
14	0.4973	0.6226
15	0.4821	0.6055
16	0.4683	0.5897
17	0.4555	0.5751
18	0.4438	0.5614
19	0.4329	0.5487
20	0.4227	0.5368
21	0.4132	0.5256
22	0.4044	0.5151
23	0.3961	0.5052

自由度	両側5%水準	両側1%水準
24	0.3882	0.4958
25	0.3809	0.4869
26	0.3739	0.4785
27	0.3673	0.4705
28	0.3610	0.4629
29	0.3550	0.4556
30	0.3494	0.4487
35	0.3246	0.4182
40	0.3044	0.3932
45	0.2876	0.3721
50	0.2732	0.3542
55	0.2609	0.3385
60	0.2500	0.3248
65	0.2404	0.3126
70	0.2319	0.3017
75	0.2242	0.2919
80	0.2172	0.2830
85	0.2108	0.2748
90	0.2050	0.2673
95	0.1996	0.2604
100	0.1946	0.2540
200	0.1381	0.1809

　この表からわかるように、n（φ）が少ないとかなりrが大きな値でなければ有意とはならない。反対に、nが100ぐらいになると0.2程度でも有意になる。自由度を考慮しないで、rの値のみで関連の有無を断定できないことがよくわかる。

20 共分散分析

20.1 共分散分析

20.1.1 共分散分析

　通常の分散分析では、検討したい要因以外の要因は一定であるという前提で行う。したがって、検討したい要因に影響を及ぼすと考えられる他の要因は、できる限り一定にするか、あるいはランダムな配置にする。例えば、実験の順序が習熟や疲労という形で検討しようとする要因に影響すると考えられるなら、実験順序をランダムにする。しかし、検討しようとする要因に影響するとわかっているにもかかわらず、その要因を一定にすることができない場合がある。そのような場合は、分散分析の結果、有意な差がみられてもその差が検討しようとしている要因によるものかどうかがわからなくなってしまう。そのような状況では共分散分析を用いる。

　共分散分析では、検討しようとしている要因とその要因に影響を与えている他の変数（共変量）との関係が1次関数であるという前提のもとに、その回帰式から予測される影響を取り除き、その残差を誤差成分として考えて、検定を行う。この場合、グループ間の差異はそれぞれの回帰直線の差異となる。つまり、回帰直線からのバラツキ（級内分散：誤差成分）に対して、各回帰直線がどの程度、乖離しているかをみようとするものである。

　共分散分析には、検討しようとする要因が2元配置以上の場合や、回帰式の回帰係数（傾き）がグループごとに異なる場合もあるが、ここでは最も実用的な1元配置で、回帰係数が一定の場合を扱う。この場合、個々のデータ y_{ij} は、総平均を μ、影響を及ぼしている変数（補助変数）を x_{ij}、各グループに共通の回帰係数を α、グループ i の回帰式の定数項を β_i、そして μ や x_{ij} からの回帰（$\alpha x_{ij} + \beta_i$）では説明できない個々のデータ固有の部分を ε_{ij} とすると、

$$y_{ij} = \mu + \alpha x_{ij} + \beta_i + \varepsilon_{ij}$$

と表現できる。
　共分散分析と分散分析の比較のために、両者のデータ構造を示すと、図20－1のように表される。

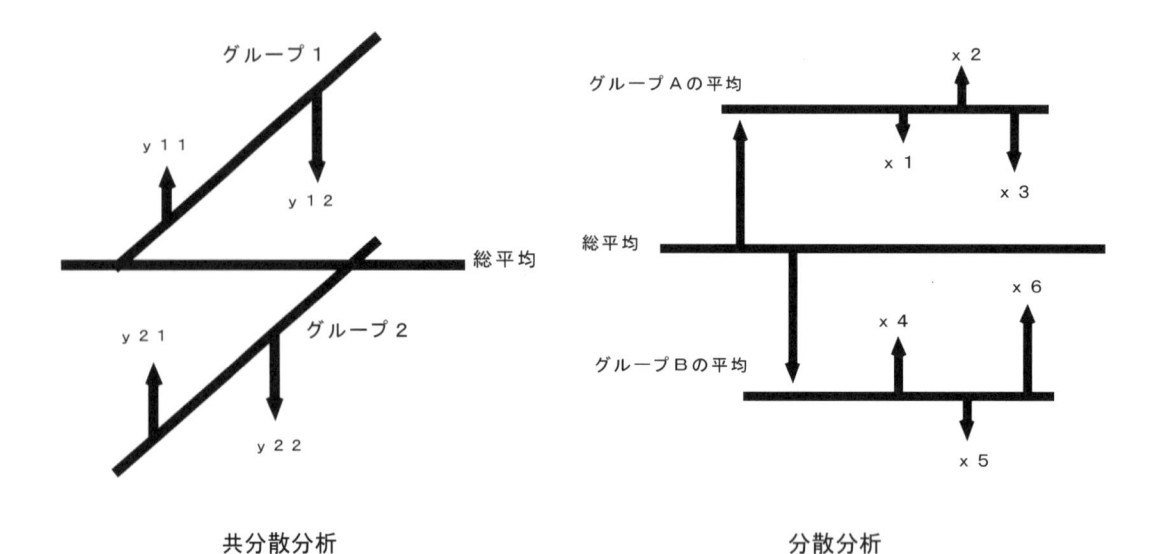

図20−1　共分散分析と分散分析のデータ構造

　このように、共変量を考慮することにより、分散分析では有意差がみられなくても、共分散分析では有意差がみられたり、逆に、分散分析では見かけ上、有意差があっても、共分散分析で検討すると実質的な有意差がない場合が出てくる。
　図20−2は分散分析でも共分散分析でも有意差がない場合、図20−3は分散分析では有意差がなく、共分散分析では有意差がある場合、図20−4は分散分析では有意差があるが、共分散分析では有意差がない場合、そして、図20−5は分散分析でも、共分散分析でも有意差がみられる場合を図示している。

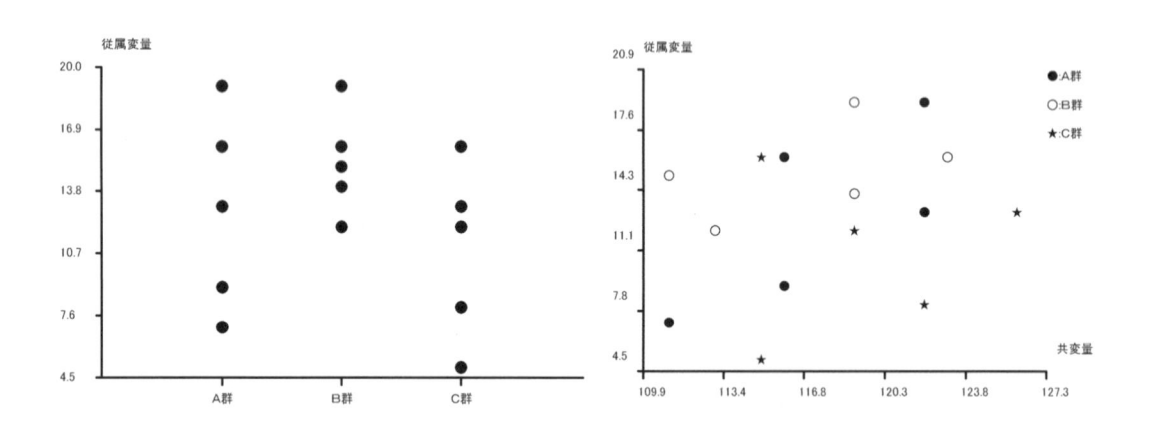

共変量を考慮しない状態　　　　　共変量を考慮した場合

図20−2　分散分析でも、共分散分析でも有意差がない場合

共変量を考慮しない状態　　　　　　　　共変量を考慮した場合

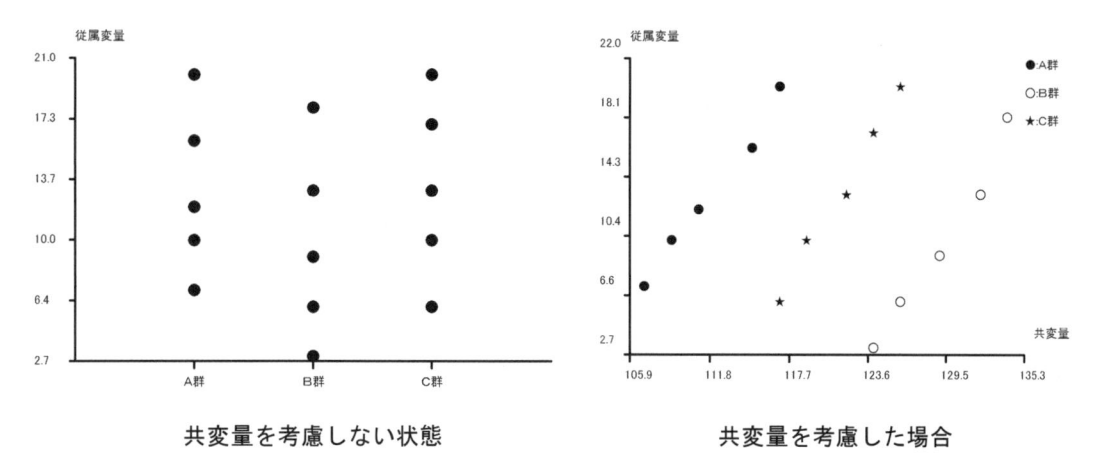

図２０－３　分散分析では有意差がなく、共分散分析では有意差がある場合

共変量を考慮しない状態　　　　　　　　共変量を考慮した場合

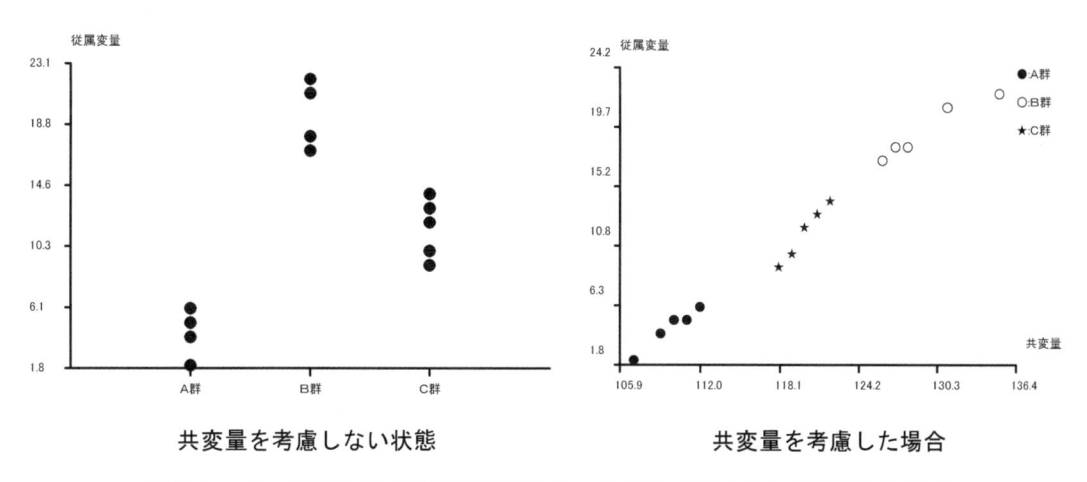

図２０－４　分散分析では有意差があり、共分散分析では有意差がない場合

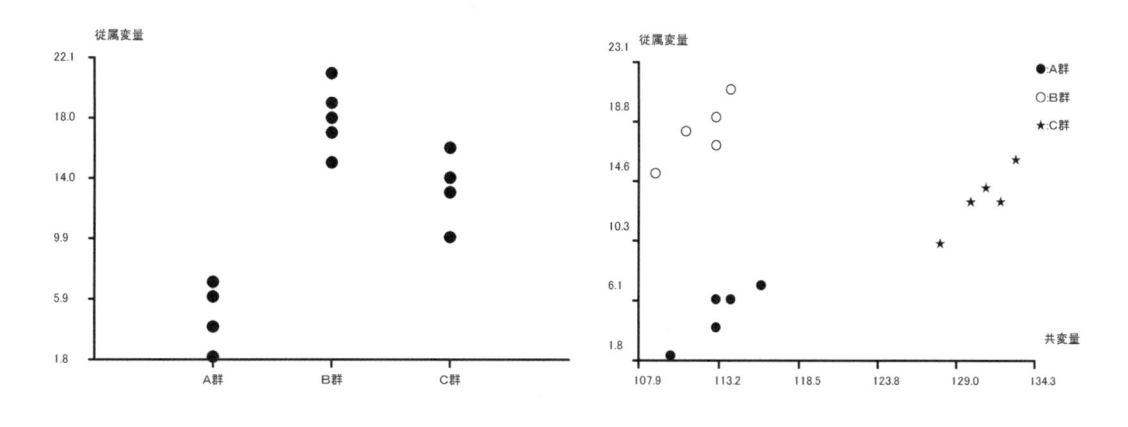

共変量を考慮しない状態　　　　　　　　共変量を考慮した場合

図２０－５　分散分析でも、共分散分析でも有意差がある場合

共分散分析の計算の手順は以下の通りである。y_{ij}を i グループの j 回目の繰り返しのデータとして、x_{ij}をy_{ij}に対応する、関連を取り除く変数（共変量）とする。

① あらかじめ、y と x について、各グループ別の合計、積和、2乗和、(Σx_i)、(Σy_i)、(Σx_i^2)、(Σy_i^2)、$(\Sigma x_i y_i)$を求めておく。さらに、全グループについて、総合計、総積和、総2乗和、$(\Sigma\Sigma x)$、$(\Sigma\Sigma y)$、$(\Sigma\Sigma x^2)$、$(\Sigma\Sigma y^2)$、$(\Sigma\Sigma x y)$を求めておく。

② x、y、そして積和 xy のそれぞれの修正項、CT(x)、CT(y)、CT(xy)を求める。

$$CT(x) = \frac{(\Sigma\Sigma x)^2}{N}$$

$$CT(y) = \frac{(\Sigma\Sigma y)^2}{N}$$

$$CT(xy) = \frac{(\Sigma\Sigma x)(\Sigma\Sigma y)}{N}$$

ただし、
　N：総データ数（$=\Sigma n_i$）
　n_i：グループ i のデータ数

③ x、y、そして積和 xy のそれぞれの総変動、S_x、S_y、S_{xy}を求める。

$S_x = \Sigma\Sigma x^2 - CT(x)$

$S_y = \Sigma\Sigma y^2 - CT(y)$

$S_{xy} = \Sigma\Sigma xy - CT(xy)$

④ x、y、そして積和 xy のそれぞれの級間変動、$S_A(x)$、$S_A(y)$、$S_A(xy)$を求める。

$S_A(x) = \Sigma\left[\dfrac{\Sigma x_i^2}{n_i}\right] - CT(x)$

$S_A(y) = \Sigma\left[\dfrac{\Sigma y_i^2}{n_i}\right] - CT(y)$

$S_A(xy) = \Sigma\left[\dfrac{(\Sigma y_i)(\Sigma x_i)}{n_i}\right] - CT(xy)$

⑤ x、y、そして積和 xy のそれぞれの級内変動、$S_E(x)$、$S_E(y)$、$S_E(xy)$を求める。

$S_E(x) = S_x - S_A(x)$

$S_E(y) = S_y - S_A(y)$

$S_E(xy) = S_{xy} - S_A(xy)$

⑥ 回帰によって修正された変動を求める。

$S_T = S_y - \dfrac{S(xy)^2}{S(x)}$

$$S_E = S_E(y) - \frac{S_E(xy)^2}{S_E(x)}$$

$$S_A = S_T - S_E$$

⑦ 回帰による変動 S_R を求める。

$$S_R = S_y - S_A - S_E$$

⑧ 総自由度（ϕ_T）、級間自由度（ϕ_A）、回帰変動の自由度（ϕ_R）、級内自由度（ϕ_E）を求める。
$\phi_T = \Sigma n_i - 1$
$\phi_A = k - 1$
$\phi_R = 1$
$\phi_E = \phi_T - \phi_A - \phi_R$

$$\left[\begin{array}{l} \text{ただし、} \\ \quad \Sigma n_i : \text{総データ数} \\ \quad k : \text{グループ数} \end{array} \right.$$

⑨ 級間不偏分散（V_A）、級内不偏分散（V_E）を求める。
$V_A = S_A / \phi_A$
$V_E = S_E / \phi_E$

⑩ F値を求める。
$F_0 = V_A / V_E$

⑪ これらをまとめて下のような分散分析表にする。

⑫ 自由度（ϕ_A、ϕ_E）の5％あるいは1％のF値をF分布表から求める。

⑬ 計算されたF値（F_0）とF分布表のF値（F）を比較する。もし、$F_0 \geq F$ ならばxの回帰式から予想されるyのグループ平均値間には有意違いがあることになる。$F_0 < F$ ならば、xの回帰式から予想されるyのグループ平均値間には差がないことになる。

分散分析表

要因	平方和	自由度	不偏分散（平均平方）	F値
級間A	S_A	ϕ_A	$V_A (= S_A / \phi_A)$	$F_0 (= V_A / V_E)$
回帰R	S_R	ϕ_R	—	—
級内（残差）	S_E	ϕ_E	$V_E (= S_E / \phi_E)$	
計	S_T	ϕ_T		

⑭ 回帰係数の有意性を次の F_0 がF分布することを利用して検定する。

$$F_0 = \frac{\dfrac{S_E(xy)}{S_E(x)}}{\dfrac{S_E}{\phi_E}}$$

ただし、自由度は（1、ϕ_E）である。

⑮ もし、回帰係数が有意な値であった場合は、グループiのxに対する平均的なy、つまり $y_i(x)$ を予測する回帰式

$$y_i(x) = ax + b$$

を求める。この場合、回帰係数（a）と定数項（b）は

$$a = \frac{S_E(xy)}{S_E(x)}$$

$$b = m_{y_i} - a m_x$$

$$\left\{ \begin{array}{l} ただし、\\ \quad m_{y_i}：グループiのyの平均値 \\ \quad m_x \ \ ：xの総平均値 \end{array} \right.$$

となる。

【例題20-1】H高校の陸上部員の投擲グループのトレーニングに脚筋力の筋力トレーニングを取り入れた。その効果を調べるために、他の種目の部員と垂直跳の比較を行いたい。下の表は測定の結果である。垂直跳びの種目間差を検定せよ。ただし、垂直跳びは体重の影響を受けると思われるので、体重の影響を考慮して共分散分析を行え。

| 長距離 || 中距離 || 投擲 ||
体重	垂直跳	体重	垂直跳	体重	垂直跳
78	73	69	96	73	98
61	90	75	81	72	100
65	85	80	77	82	90
71	73	85	78	90	88

（単位：体重kg、垂直跳cm）

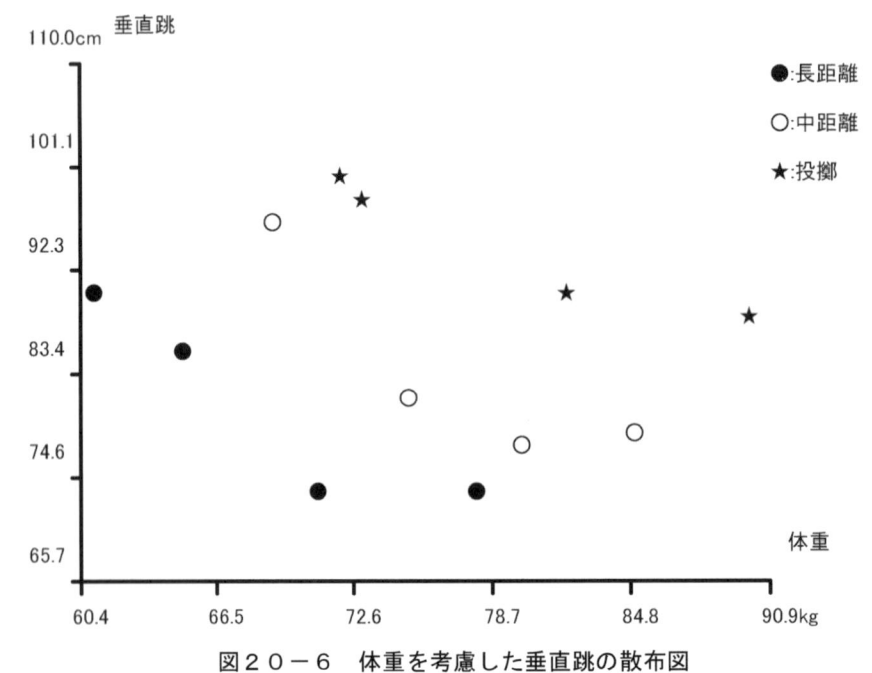

図20-6 体重を考慮した垂直跳の散布図

20．共分散分析

一般的手順	実際の手続き
① 各グループ別の合計、積和、2乗和、全グループについて、総合計、総積和、総2乗和を求めておく。	253頁の表に示した。
② x、y、そして積和xyのそれぞれの修正項を求める。	$CT(x) = \dfrac{(\Sigma\Sigma x)^2}{N} = \dfrac{901^2}{12} = 67650.08$ $CT(y) = \dfrac{(\Sigma\Sigma y)^2}{N} = \dfrac{1029^2}{12} = 88236.75$ $CT(xy) = \dfrac{(\Sigma\Sigma x)(\Sigma\Sigma y)}{N} = \dfrac{901 \times 1029}{12}$ $= 77260.75$
③ x、y、そして積和xyのそれぞれの総変動、S_x、S_y、S_{xy}を求める。	$S_x = \Sigma\Sigma x^2 - CT(x) = 68419 - 67650.08$ $= 768.92$ $S_y = \Sigma\Sigma y^2 - CT(y) = 89221 - 88236.75$ $= 984.25$ $S_{xy} = \Sigma\Sigma xy - CT(xy) = 77035 - 77260.75$ $= -225.75$
④ x、y、そして積和xyのそれぞれの級間変動、$S_A(x)$、$S_A(y)$、$S_A(xy)$を求める。	$S_A(x) = \Sigma\left(\dfrac{\Sigma x_i^2}{n_i}\right) - CT(x)$ $= \dfrac{275^2}{4} + \dfrac{309^2}{4} + \dfrac{317^2}{4} - 67650.08$ $= 248.67$ $S_A(y) = \Sigma\left(\dfrac{\Sigma y_i^2}{n_i}\right) - CT(y)$ $= \dfrac{321^2}{4} + \dfrac{332^2}{4} + \dfrac{376^2}{4} - 88236.75$ $= 423.5$ $S_A(xy) = \Sigma\left(\dfrac{(\Sigma y_i)(\Sigma x_i)}{n_i}\right) - CT(xy)$ $= \dfrac{275 \times 321}{4} + \dfrac{309 \times 332}{4} + \dfrac{317 \times 376}{4} - 77260.75$ $= 253.0$

⑤ x、y、そして積和xyのそれぞれの級内変動、$S_E(x)$、$S_E(y)$、$S_E(xy)$を求める。	$S_E(x) = S_x - S_A(x) = 768.92 - 248.67$ 　　　　$= 520.25$ $S_E(y) = S_y - S_A(y) = 984.25 - 423.5$ 　　　　$= 560.75$ $S_E(xy) = S_{xy} - S_A(xy) = -225.75 - 253$ 　　　　 $= -478.75$
⑥ 回帰によって修正された変動を求める。	$S_T = S_y - \dfrac{S(xy)^2}{S(x)}$ 　　$= 984.25 - \dfrac{(-225.75)^2}{768.92} = 917.97$ $S_E = S_E(y) - \dfrac{S_E(xy)^2}{S_E(x)}$ 　　$= 560.75 - \dfrac{(-478.75)^2}{520.25} = 120.19$ $S_A = S_T - S_E = 917.97 - 120.19 = 797.78$
⑦ 回帰による変動S_Rを求める。	$S_R = S_y - S_A - S_E$ 　　$= 984.25 - 797.78 - 120.19 = 66.28$
⑧ 総自由度（ϕ_T）、級間自由度（ϕ_A）、回帰変動の自由度（ϕ_R）、級内自由度（ϕ_E）を求める。	$\phi_T = \Sigma n_i - 1 = 12 - 1 = 11$ $\phi_A = k - 1 = 3 - 1 = 2$ $\phi_R = 1$ $\phi_E = \phi_T - \phi_A - \phi_R = 11 - 2 - 1 = 8$
⑨ 級間不偏分散（V_A）、級内不偏分散（V_E）を求める。	$V_A = S_A / \phi_A = 797.78 / 2 = 398.89$ $V_E = S_E / \phi_E = 120.19 / 8 = 15.02$
⑩ F値を求める。	$F_0 = V_A / V_E = 398.89 / 15.02 = 26.56$
⑪ 分散分析表を作る。	次頁に示した。
⑫ 自由度（ϕ_A、ϕ_E）の5％あるいは1％のF値をF分布表から求める。	自由度（2、8）の5％のF分布表の値は4.459、1％の値は8.649である。
⑬ 計算されたF値（F_0）とF分布表のF値（F）を比較する。	$F_0 = 26.56 > 8.649 = F(\phi = 2、8、1\%)$なので、1％水準で有意差があることになる。つまり、体重の影響を考慮した場合、陸上競技の種目間で垂直跳びには違いがあるといえる。

⑭ 回帰係数の有意性の検定を行う。	$F_0 = \dfrac{\dfrac{S_E(xy)}{S_E(x)}}{\dfrac{S_E}{\phi_E}} = \dfrac{\dfrac{-478.75}{520.25}}{\dfrac{120.19}{8}} = 29.32$ となり、自由度（1、8）のF値は5％で5.32、1％で11.26なので、1％水準で有意差があることになる。
⑮ 回帰式を求める。	$a = \dfrac{S_E(xy)}{S_E(x)} = \dfrac{-478.75}{520.25} = -0.92$ 長距離グループの定数項 $b = m_{yi} - a m_x = \dfrac{321}{4} - 0.92 \times \dfrac{901}{12}$ $= 149.33$ 中距離グループの定数項 $b = m_{yi} - a m_x = \dfrac{332}{4} - 0.92 \times \dfrac{901}{12}$ $= 152.08$ 投擲グループの定数項 $b = m_{yi} - a m_x = \dfrac{376}{4} - 0.92 \times \dfrac{901}{12}$ $= 163.08$

	長距離		中距離		投擲		合計
	体重	垂直跳	体重	垂直跳	体重	垂直跳	
	78	73	69	96	73	98	
	61	90	75	81	72	100	
	65	85	80	77	82	90	
	71	73	85	78	90	88	
n	4	－	4	－	4	－	12
$\sum x$	275	－	309	－	317	－	901
$\sum y$	－	321	－	332	－	376	1029
$\sum x^2$	19071	－	24011	－	25337	－	68419
$\sum y^2$	－	25983	－	27790	－	35448	89221
$\sum xy$	21892	－	25489	－	29654	－	77035

分散分析表

要因	平方和	自由度	不偏分散	F値
級間A	797.78	2	398.89	26.55**
回帰R	66.28	1		
級内（誤差）	120.19	8	15.02	
計	984.25	11		

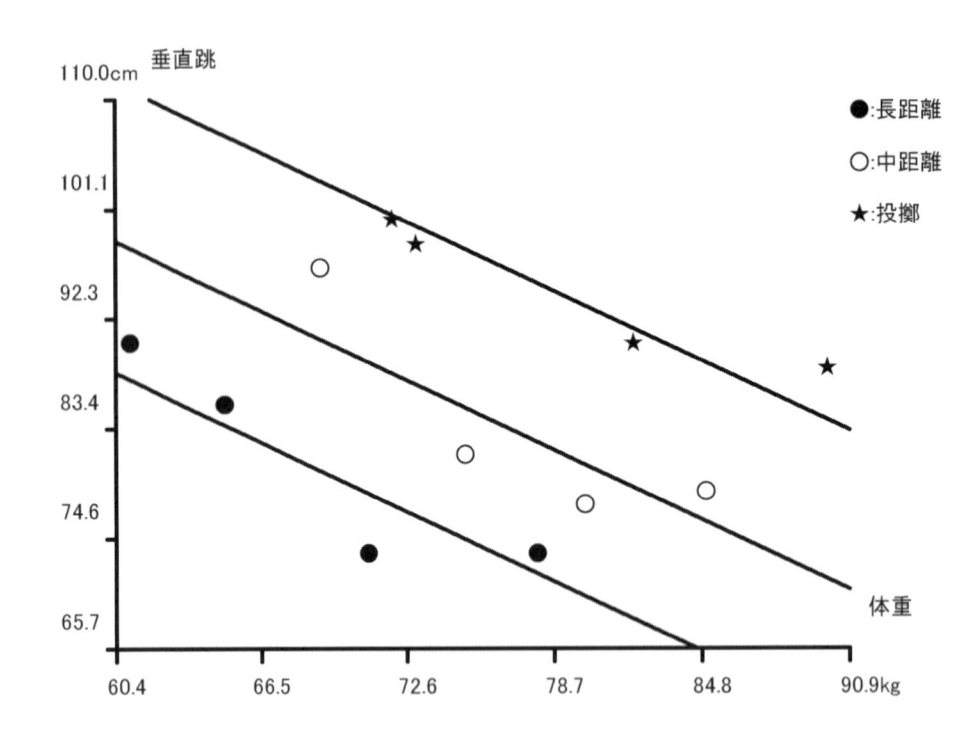

図20-7　回帰直線を加えた散布図

　以上のように、投擲の垂直跳の結果は他の種目と有意な差がみられた。これを体重の影響を考慮しないで、通常の分散分析で検討すると有意差はみられない。

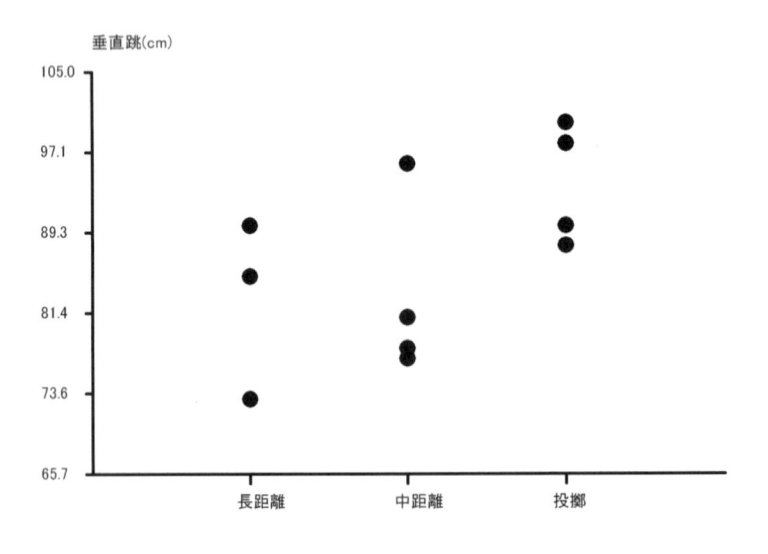

図20-8　分散分析によるデータ

20. 共分散分析

分散分析表

要因	平方和	自由度	不偏分散	F値
種目間	423.50	2	211.75	3.40
誤差	560.75	9	62.31	
計	984.25	11		

21 多重比較検定

21.1 多重比較検定

　複数の水準間の平均値間の有意差を検討する場合、一対の平均値間の有意水準をpとしても、それらを繰り返し行うと、全体としてはp以上の確率で生起することになる。例えば、4水準の平均値間の差異を同時に検討するのに、有意水準5％のt検定を全組み合わせについて行う場合を考える。4つから2つずつを取り出す組み合わせは6（＝${}_4C_2$）通りになる。このすべてで有意差がない場合は、0.735(＝0.95^6)となるので、少なくとも1つは有意差が出る確率は0.265（＝1－0.735)となり、本来の有意水準0.05をはるかに上回ってしまう。つまり、複数の水準の平均値間の差を検討するとき、2標本間のt検定を繰り返し行うと必要以上に有意差が出てしまう。これを「検定の多重性」と呼ぶ。そして、全体としての有意水準を一定にするために、個々の検定の有意水準を調整する方法を多重比較検定と呼ぶ。
　ただし、有意水準、つまり第1種の過誤を調整するあまりに、第2種の過誤も大きくなり、検出力も落ち、本来有意差を見いだしてよいものまで見逃す場合も多くなる（保守的になる）。そこで、できるだけ検出力をあげるためにいろいろな方法が考えられている。

21.2 ボンフェローニの方法

　ボンフェローニの方法は、統計量そのものはt検定で求めるものと同じであるが、比較する組数を数え上げ、その個数で個々の検定における有意水準を調整し、棄却域を設定するものである。
　組み合わせ数kは、水準数をmとすると、

$$k = \frac{m(m-1)}{2}$$

となる。表21－1は水準別の組み合わせ数の一覧を示したものである。

表21－1　水準数とその組み合わせ数

水準数	組み合わせ数
3	3
4	6
5	10
6	15
7	21
8	28
9	36
10	45

そして、有意水準をkで除した確率に対応するt分布表の値と、統計量t値を比較する。例えば、4水準の平均値間の検定を行う場合、組み合わせ数は6となるので、全体の有意水準を5％とすれば、個々のt検定の有意水準を0.0083(＝0.05／6)にする。この確率に対応するt分布表の値（棄却値）は、Excelではtinv関数を用いて

　　　tinv（確率、自由度）

として求めることができる。表21－2は水準数と誤差分散の自由度別に求められた5％水準のt分布表である。横の数値は水準数とそれに対応する組み合わせ数を、縦の数値は誤差分散の自由度を示している。より広範囲なものは付表13（5％）と付表14（1％）に掲載している。また、誤差分散の自由度Φ_Eとは、分散分析表の誤差分散に対する自由度である。つまり、総データ数をNとすると、

　　　$\Phi_E = N － m$

である。

表21－2　水準数と誤差分散の自由度別に求められた5％水準のt分布表

水準数		3	4	5	6
組み合わせ数		3	6	10	15
誤差分散の自由度	2	7.6488	10.886	14.089	17.277
	3	4.8566	6.2316	7.4532	8.5752
	4	3.9608	4.8510	5.5975	6.2541
	5	3.5341	4.2193	4.7733	5.2474
	6	3.2875	3.8630	4.3168	4.6979
	7	3.1276	3.6358	4.0294	4.3552
	8	3.0158	3.4789	3.8325	4.1224
	9	2.9333	3.3642	3.6896	3.9542
	10	2.8701	3.2768	3.5814	3.8273
	11	2.8200	3.2081	3.4966	3.7283
	12	2.7795	3.1527	3.4284	3.6489
	13	2.7459	3.1070	3.3725	3.5838
	14	2.7178	3.0688	3.3257	3.5296
	15	2.6937	3.0363	3.2860	3.4837
	16	2.6730	3.0083	3.2520	3.4443
	17	2.6550	2.9841	3.2224	3.4102

	18	2.6391	2.9627	3.1966	3.3803
	19	2.6251	2.9439	3.1737	3.3541
	20	2.6126	2.9271	3.1534	3.3306

手順は次の通りである。

① 帰無仮説「各水準の母平均は等しい　$\mu_1=\mu_2=\mu_3=\cdots$」をたてる。

② 各群の平均値を求める。

③ 誤差分散V_Eと誤差分散に対する自由度ϕ_Eを求めるために分散分析を行う。

④ 第i群と第j群のt値を求める。これをすべての組み合わせについて求める。

$$t_{ij}=\frac{|\overline{x_i}-\overline{x_j}|}{\sqrt{V_E\left(\frac{1}{n_i}+\frac{1}{n_j}\right)}}$$

$$\left\{\begin{array}{l}\text{ただし、}\\ \overline{x_i}:\text{第i群の平均値}\\ n_i:\text{第i群のデータ数}\\ V_E:\text{分散分析表の誤差分散}\end{array}\right.$$

⑤ t_{ij}を表21-2（あるいは付表13および付表14）の値と比較する。

⑥ 結果を一覧表にする。

【例題21-1】幼稚園児を対象に両足とびの測定を行った。クラスで指導内容が異なるが、どのクラス間の平均値に差があるか多重比較検定せよ。各クラスから無作為に選ばれた園児の測定値は以下の通りである。

クラス	測定値
もも組	8、11、5
すみれ組	11、8
かんな組	12、16、12、14
ばら組	17、14、15、20

（単位：回）

一般的手順	実際の手続き
① 帰無仮説をたてる。	帰無仮説「$\mu_1 = \mu_2 = \mu_3 = \mu_4$」 対立仮説「少なくとも2組の平均値は異なる」
② 各群の平均値を求める。	次頁に示した。
③ 分散分析表をつくる。	次頁に示した。
④ 第i群と第j群のt値を求める。これをすべての組み合わせについて求める。	$t_{12} = \dfrac{|\overline{x_1} - \overline{x_2}|}{\sqrt{V_E\left(\dfrac{1}{n_1} + \dfrac{1}{n_2}\right)}} = \dfrac{|8.0 - 9.5|}{\sqrt{6.05 \times \left(\dfrac{1}{3} + \dfrac{1}{2}\right)}} = 0.668$ $t_{13} = \dfrac{|\overline{x_1} - \overline{x_3}|}{\sqrt{V_E\left(\dfrac{1}{n_1} + \dfrac{1}{n_3}\right)}} = \dfrac{|8.0 - 13.5|}{\sqrt{6.05 \times \left(\dfrac{1}{3} + \dfrac{1}{4}\right)}} = 2.928$ $t_{14} = \dfrac{|\overline{x_1} - \overline{x_4}|}{\sqrt{V_E\left(\dfrac{1}{n_1} + \dfrac{1}{n_4}\right)}} = \dfrac{|8.0 - 16.5|}{\sqrt{6.05 \times \left(\dfrac{1}{3} + \dfrac{1}{4}\right)}} = 4.525$ $t_{23} = \dfrac{|\overline{x_2} - \overline{x_3}|}{\sqrt{V_E\left(\dfrac{1}{n_2} + \dfrac{1}{n_3}\right)}} = \dfrac{|9.5 - 13.5|}{\sqrt{6.05 \times \left(\dfrac{1}{2} + \dfrac{1}{4}\right)}} = 1.878$ $t_{24} = \dfrac{|\overline{x_2} - \overline{x_4}|}{\sqrt{V_E\left(\dfrac{1}{n_2} + \dfrac{1}{n_4}\right)}} = \dfrac{|9.5 - 16.5|}{\sqrt{6.05 \times \left(\dfrac{1}{2} + \dfrac{1}{4}\right)}} = 3.286$ $t_{34} = \dfrac{|\overline{x_3} - \overline{x_4}|}{\sqrt{V_E\left(\dfrac{1}{n_3} + \dfrac{1}{n_4}\right)}} = \dfrac{|13.5 - 16.5|}{\sqrt{6.05 \times \left(\dfrac{1}{4} + \dfrac{1}{4}\right)}} = 1.725$
⑤ t_{ij}を表21-2（あるいは付表13および付表14）の値と比較する。	次頁に示した。
⑥ 結果を一覧表にする。	次頁に示した。

クラス	測定値	平均値
もも組	8、11、5	8.0
すみれ組	11、8	9.5
かんな組	12、16、12、14	13.5
ばら組	17、14、15、20	16.5

分散分析表

要因	平方和	自由度	平均平方	F値
級間（クラス）	146.7	3	48.9	8.07**
級内（誤差）	54.5	9	6.05	
計	201.2	12		

有意差検定の結果一覧表

クラス	もも組	すみれ組	かんな組	ばら組
もも組				
すみれ組	0.668			
かんな組	2.928	1.878		
ばら組	4.525*	3.286	1.725	

21.3 テューキーの方法

　各水準の繰り返し数が同じ場合にはテューキーの方法を用いることができる。テューキーの方法はt分布表ではなく、「ステューデント化された範囲」（付表15および付表16）に基づいて検定するものである。繰り返し数nが両群で等しい場合、求める統計量t_{ij}は

$$t_{ij} = \frac{|\overline{x_i} - \overline{x_j}|}{\sqrt{\dfrac{V_E}{n}}}$$

となり、誤差分散の自由度をΦ_E、対象となる水準数をmとすると、ステューデント化された範囲q（Φ_E、m）の値と比較して検定する。テューキーの方法は前節のボンフェローニの方法より検出力が高い（有意差を見出しやすい）といわれている。

手順は次の通りである。

① 帰無仮説「各水準の母平均は等しい　$\mu_1=\mu_2=\mu_3=\cdots$」をたてる。

② 各群の平均値を求める。

③ 誤差分散V_Eと誤差分散に対する自由度ϕ_Eを求めるために分散分析を行う。

④ 第i群と第j群のt値を求める。これをすべての組み合わせについて求める。

$$t_{ij}=\frac{|\overline{x_i}-\overline{x_j}|}{\sqrt{\dfrac{V_E}{n}}}$$

$$\left\{\begin{array}{l}ただし、\\ \overline{x_i}：第i群の平均値\\ n：各群のデータ数\\ V_E：分散分析表の誤差分散\end{array}\right.$$

⑤ t_{ij}を付表15および付表16の値と比較する。

⑥ 結果を一覧表にする。

【例題21-2】ヨットの船底に凸凹のあるフィルムを張ると、小さな渦ができ、結果として水の抵抗が少なくなることが知られている。そこで、1m四方の木片に各々直径5mm、10mm、20mmの凸凹のあるフィルムを張り、水の抵抗を測定した。結果は以下の通りである。どの大きさの凸凹間に有意差があるか多重比較検定せよ。

凸凹の大きさ	測定値		
5mm	0.5	0.3	0.4
10mm	0.4	0.5	0.6
20mm	0.6	0.8	0.8

(単位：kgf)

一般的手順	実際の手続き
① 帰無仮説をたてる。	帰無仮説「$\mu_1 = \mu_2 = \mu_3 = \mu_4$」 対立仮説「少なくとも2組の平均値は異なる」
② 各群の平均値を求める。	下に示した。
③ 分散分析表をつくる。	下に示した。
④ 第i群と第j群のt値を求める。これをすべての組み合わせについて求める。	$t_{12} = \dfrac{|\overline{x_1} - \overline{x_2}|}{\sqrt{\dfrac{V_E}{n}}} = \dfrac{|0.4 - 0.5|}{\sqrt{\dfrac{0.011}{3}}} = 1.643$ $t_{13} = \dfrac{|\overline{x_1} - \overline{x_3}|}{\sqrt{\dfrac{V_E}{n}}} = \dfrac{|0.4 - 0.733|}{\sqrt{\dfrac{0.011}{3}}} = 5.477$ $t_{23} = \dfrac{|\overline{x_2} - \overline{x_3}|}{\sqrt{\dfrac{V_E}{n}}} = \dfrac{|0.5 - 0.733|}{\sqrt{\dfrac{0.011}{3}}} = 3.834$
⑤ t_{ij}を付表15および付表16の値と比較する。	次頁に示した。
⑥ 結果を一覧表にする。	次頁に示した。

凸凹の大きさ	測 定 値			平均値
5mm	0.5	0.3	0.4	0.400
10mm	0.4	0.5	0.6	0.500
20mm	0.6	0.8	0.8	0.733

分散分析表

要因	平方和	自由度	平均平方	F値
級間（凸凹）	0.1756	2	0.0877	7.90*
級内（誤差）	0.0667	6	0.0111	
計	0.2423	8		

有意差検定の結果一覧表

クラス	5mm	10mm	20mm
5mm			
10mm	1.643		
20mm	5.477*	3.834	

21.4 シェフェの方法

通常の帰無仮説は「$\mu_1 = \mu_2 = \cdots = \mu_m$」と表現されるが、

$$\frac{\mu_1 + \mu_2}{2} = \mu_3$$

$$\frac{\mu_1 + \mu_2}{2} = \frac{\mu_3 + \mu_4 + \mu_5}{3}$$

などのようにいくつかの平均値を組み合わせた帰無仮説を考えたい場合がある。こうすることにより、いくつかの仮説を同時に検定できるからである。上の2つの帰無仮説は、

$$\frac{1}{2}\mu_1 + \frac{1}{2}\mu_2 - 1 \cdot \mu_3 = 0$$

$$\frac{1}{2}\mu_1 + \frac{1}{2}\mu_2 - \frac{1}{3}\mu_3 - \frac{1}{3}\mu_4 - \frac{1}{3}\mu_5 = 0$$

と各々書き換えることができる。つまり、一般的に

$$\Sigma c_i \mu_i = 0 \quad (ただし、\Sigma c_i = 0)$$

と表現できる。上の場合は各々($c_1=1/2$、$c_2=1/2$、$c_3=-1$)($c_1=1/2$、$c_2=1/2$、$c_3=-1/3$、$c_4=-1/3$、$c_5=-1/3$)になる。$\Sigma c_i \mu_i$は対比、定数c_iは対比係数とよばれる。この対比係数を利用して多重比較検定を行う方法をシェフェの方法と呼ぶ。シェフェの方法では各水準の繰り返し数は同じでなくてもよい。求める統計量Fは

$$F = \frac{\frac{(\Sigma c_i \overline{x_i})^2}{m-1}}{V_E \Sigma \frac{c_i^2}{n_i}}$$

である。この統計量Fが自由度（Φ_E、$m-1$）のF分布することを利用して検定する。一組ずつの平均値間の差を検定する場合は、一方の対比係数を+1、他方を-1に、その他をすべて0にする。

例えば、4つの水準間の中で、第2水準と第3水準の平均値の差を検定する場合は、対比係数は（0, +1, -1, 0）とする。

手順は次の通りである。

① 対比係数を決める。（帰無仮説をたてる。）

② 各群の平均値を求める。

③ 誤差分散V_Eと誤差分散に対する自由度$Φ_E$を求めるために分散分析を行う。

④ 第i群と第j群のF値を求める。これをすべての組み合わせについて求める。

$$F = \frac{\frac{(\Sigma c_i \overline{x_i})^2}{m-1}}{V_E \Sigma \frac{c_i^2}{n_i}}$$

$$\begin{cases} ただし、 \\ \overline{x_i}：第i群の平均値 \\ n_i：第i群のデータ数 \\ V_E：分散分析表の誤差分散 \\ c_i：第i群の対比係数 \\ \Sigma c_i = 0 \end{cases}$$

⑤ F_{ij}を自由度（$Φ_E$、m-1）のF分布と比較する。

⑥ 結果を一覧表にする。

【例題21-3】冬季スポーツ用のウェアは軽く、動きやすく、かつ保温性に優れていなければならない。体表からの放射熱の出戻りを利用したアルミ蒸着が最近では利用されている。ただし、この生地は汗を吸ってくれないので、適当な肌着と組み合わせてしか利用できない。それぞれ3種類の生地（A、B、C）を組み合わせた場合の保温性を調べるために、それぞれ40℃に暖めた鉄球に3種類の生地とその上にアルミ蒸着の生地を巻いて、10分後の鉄球の温度を計測した。この実験を各生地について3回繰り返した。3種類の生地の中でその生地間の保温性に有意差があるか多重比較検定をせよ。

生地	10分後の温度		
A	39.5	38.4	39.0
B	38.7	39.7	38.8
C	36.1	35.5	37.9

（単位：℃）

一般的手順	実際の手続き
① 対比係数を決める。	一方の対比係数を＋1、他方を－1に、その他をすべて0にする。
② 各群の平均値を求める。	下に示した。
③ 分散分析表をつくる。	下に示した。
④ 第i群と第j群のF値を求める。これをすべての組み合わせについて求める。	$F_{12} = \dfrac{\dfrac{(\Sigma c_i \overline{x_i})^2}{m-1}}{V_E \Sigma \dfrac{c_i^2}{n_i}} = \dfrac{\dfrac{(38.97-39.07+0)^2}{3-1}}{0.722 \times \left(\dfrac{1}{3}+\dfrac{1}{3}+\dfrac{0}{3}\right)} = 0.010$ $F_{13} = \dfrac{\dfrac{(\Sigma c_i \overline{x_i})^2}{m-1}}{V_E \Sigma \dfrac{c_i^2}{n_i}} = \dfrac{\dfrac{(38.97+0-36.50)^2}{3-1}}{0.722 \times \left(\dfrac{1}{3}+\dfrac{0}{3}+\dfrac{1}{3}\right)} = 6.337$ $F_{23} = \dfrac{\dfrac{(\Sigma c_i \overline{x_i})^2}{m-1}}{V_E \Sigma \dfrac{c_i^2}{n_i}} = \dfrac{\dfrac{(0+39.07-36.50)^2}{3-1}}{0.722 \times \left(\dfrac{0}{3}+\dfrac{1}{3}+\dfrac{1}{3}\right)} = 6.861$
⑤ F_{ij}をF分布表と比較する。	次頁に示した。
⑥ 結果を一覧表にする。	次頁に示した。

生地	10分後の温度			平均値
A	39.5	38.4	39.0	38.97
B	38.7	39.7	38.8	39.07
C	36.1	35.5	37.9	36.50

分散分析表

要因	平方和	自由度	平均平方	F値
級間（生地）	12.682	2	6.341	8.78*
級内（誤差）	4.333	6	0.722	
計	17.015	8		

有意差検定の結果一覧表

生地	A	B	C
A			
B	0.010		
C	6.337*	6.861*	

【例題21-4】例題21-3の3種類の生地のAとBは国内のメーカーであるが、生地Cは外国のメーカーの製品である。国内と外国とでメーカー間の保湿性に有意差があるか多重比較検定をせよ。

一般的手順	実際の手続き
① 対比係数を決める。	AとBの対比係数を+1/2、Cの対比係数を-1にする。
② 各群の平均値を求める。	前問と同じ
③ 分散分析表をつくる。	前問と同じ
④ A・B群とC群のF値を求める。	$F_{AB \cdot C} = \dfrac{\dfrac{(\Sigma c_i \overline{x_i})^2}{m-1}}{V_E \Sigma \dfrac{c_i^2}{n_i}} = \dfrac{\dfrac{\left(\dfrac{1}{2} \times 38.97 + \dfrac{1}{2} \times 39.07 - 1 \times 36.50\right)^2}{3-1}}{0.722 \times \left(\dfrac{\frac{1}{2}}{3} + \dfrac{\frac{1}{2}}{3} + \dfrac{-1}{3}\right)}$ $= \dfrac{\dfrac{2.520^2}{2}}{0.722 \times \dfrac{1}{2}} = \dfrac{3.175}{0.361} = 8.796$
⑤ F値をF分布表と比較する。	$F_{AB \cdot C} = 8.796 > 5.143 = F(\phi=2, 6, 5\%)$ なので、5%水準で有意差がある。つまり、国内メーカーと外国メーカーの生地の保湿性には違いがある。

補足説明　分散分析と多重比較検定との関係について

　分散分析の帰無仮説は「$\mu_1 = \mu_2 = \cdots = \mu_n$」であるので、分散分析で有意差がなければどの2つの平均値の組み合わせに有意差があるかをみる必要はない。したがって、まず分散分析を行い、有意差がなければ多重比較検定を行わず、有意差があった場合のみ多重比較検定に移る。ただし、この考えには諸説があり、分散分析の原理・手順が多重比較検定と異なる場合は、やはり分散分析と多重比較検定の2つの検定を重複して行うことになり、「検定の多重性」が生ずるため両者を併

用すべきでないとする考え（永田・吉田, 1997）もある。本書では分散分析は誤差分散と誤差分散の自由度を求めるために分散分析を行い、分散分析の結果はその後の分析の参考にするという立場を取ることにする。

付表

付表 1　乱数表

88	26	61	22	20	72	03	31	80	05	19	16	99	38	50	10	09	64	62	44
78	26	88	74	79	95	36	85	65	69	55	82	20	35	27	50	38	38	93	66
92	29	39	82	29	20	11	92	27	16	26	37	26	20	09	58	38	92	48	30
70	41	84	33	43	89	47	72	32	63	66	30	09	25	63	76	41	47	43	42
96	93	16	53	43	64	90	24	04	44	11	00	81	47	35	08	04	73	39	45
72	92	89	92	36	49	99	91	23	25	69	57	31	83	15	55	49	92	73	49
93	65	67	94	63	24	54	93	32	23	36	55	23	24	42	72	83	75	09	63
84	70	28	62	35	82	62	36	20	13	19	53	26	12	78	43	37	21	35	51
63	79	48	00	83	39	41	51	86	45	81	59	42	89	08	39	57	17	05	85
51	17	30	06	72	04	90	14	02	65	52	01	67	89	10	54	79	88	27	87
38	12	92	78	82	38	24	34	57	97	11	61	97	44	26	43	24	18	20	77
71	29	72	53	53	30	54	23	36	41	46	84	42	99	48	61	54	00	20	07
95	12	82	98	69	31	56	34	65	96	66	29	13	59	16	91	18	67	06	21
47	77	03	51	61	83	37	91	79	04	60	95	61	26	47	42	30	09	23	41
74	09	21	34	98	07	37	78	47	36	51	54	93	65	53	26	79	90	89	34
36	05	79	08	61	53	65	49	19	89	62	57	30	35	57	95	85	99	37	06
82	93	16	71	84	58	20	29	67	30	12	08	64	79	48	41	65	72	72	27
72	84	30	42	06	53	24	09	92	62	73	11	80	66	27	65	74	31	69	41
52	04	59	92	35	26	01	75	13	95	70	77	22	04	41	93	95	70	00	18
96	72	10	77	48	89	83	69	61	20	38	29	96	14	80	47	06	46	35	96
79	21	29	98	62	43	29	40	89	57	91	10	05	61	65	66	96	92	88	38
68	37	17	35	20	50	52	54	07	38	30	75	37	04	93	38	40	08	04	31
02	33	39	82	98	55	44	74	53	17	95	61	16	24	04	88	08	50	64	73
31	04	20	90	60	68	80	39	63	72	82	96	94	31	94	70	96	68	98	50
81	28	63	93	68	66	44	21	09	53	83	31	85	67	90	86	35	59	93	16
15	45	54	83	15	68	57	55	93	68	16	78	56	41	85	22	51	12	63	71
23	55	76	52	72	84	28	96	33	30	06	26	37	23	65	18	09	06	79	23
55	26	05	42	26	95	71	38	61	91	83	59	92	08	51	64	19	97	41	93
37	65	54	38	88	08	51	15	40	24	76	93	21	45	61	86	60	28	04	63
68	62	41	89	78	18	93	55	91	26	15	48	51	22	82	88	83	70	95	85
00	56	62	67	93	55	44	12	49	87	83	40	62	05	17	86	24	25	49	53
97	57	22	97	26	89	70	11	37	00	22	75	58	33	50	38	85	14	40	74
33	54	84	96	49	46	54	12	93	97	01	67	80	68	78	41	81	98	39	09
32	59	28	40	51	03	97	12	16	37	85	72	44	15	14	78	88	74	04	41
49	76	60	35	58	76	35	52	64	12	12	70	20	66	82	92	66	84	90	67
02	66	06	82	78	82	83	83	22	43	90	03	58	80	09	94	87	44	51	49
61	54	09	39	05	91	53	75	42	53	51	30	54	61	43	32	68	35	74	06
75	51	07	82	80	50	60	73	07	93	00	73	76	35	81	73	87	85	80	39
34	57	24	69	12	61	97	15	51	70	33	16	00	64	53	89	64	92	62	96
16	39	45	86	01	06	81	33	65	44	93	68	12	18	66	92	89	95	51	05
65	69	06	20	74	85	19	93	88	93	80	72	68	25	39	20	66	93	15	08
66	96	26	96	55	29	02	32	27	48	25	56	98	27	22	32	78	84	69	66
18	81	72	71	59	91	48	85	70	74	17	38	03	95	21	96	97	20	42	92
00	18	89	46	37	46	49	49	88	08	04	74	95	41	17	12	58	29	55	78
31	29	20	80	32	69	06	75	47	25	24	93	59	65	02	48	38	38	23	60
08	50	52	94	11	13	35	06	75	47	85	88	84	91	22	86	92	78	19	00
65	22	78	44	85	17	49	33	55	08	76	30	95	12	66	02	56	76	76	91
58	01	55	70	60	90	07	15	41	35	02	66	36	69	46	35	05	06	87	55
54	59	98	04	55	98	15	11	51	84	17	65	67	78	10	62	77	38	87	98
56	07	92	69	36	99	41	76	65	03	83	34	76	20	00	96	00	38	45	68

注）この表はExcelのrandbetween(0,99)関数より計算したものである。

付表2　正規分布のz値に対する確率

	0.00	0.01	0.02	0.03	0.04	0.05	0.06	0.07	0.08	0.09
0.0	0.5000	0.5040	0.5080	0.5120	0.5160	0.5199	0.5239	0.5279	0.5319	0.5359
0.1	0.5398	0.5438	0.5478	0.5517	0.5557	0.5596	0.5636	0.5675	0.5714	0.5753
0.2	0.5793	0.5832	0.5871	0.5910	0.5948	0.5987	0.6026	0.6064	0.6103	0.6141
0.3	0.6179	0.6217	0.6255	0.6293	0.6331	0.6368	0.6406	0.6443	0.6480	0.6517
0.4	0.6554	0.6591	0.6628	0.6664	0.6700	0.6736	0.6772	0.6808	0.6844	0.6879
0.5	0.6915	0.6950	0.6985	0.7019	0.7054	0.7088	0.7123	0.7157	0.7190	0.7224
0.6	0.7257	0.7291	0.7324	0.7357	0.7389	0.7422	0.7454	0.7486	0.7517	0.7549
0.7	0.7580	0.7611	0.7642	0.7673	0.7704	0.7734	0.7764	0.7794	0.7823	0.7852
0.8	0.7881	0.7910	0.7939	0.7967	0.7995	0.8023	0.8051	0.8078	0.8106	0.8133
0.9	0.8159	0.8186	0.8212	0.8238	0.8264	0.8289	0.8315	0.8340	0.8365	0.8389
1.0	0.8413	0.8438	0.8461	0.8485	0.8508	0.8531	0.8554	0.8577	0.8599	0.8621
1.1	0.8643	0.8665	0.8686	0.8708	0.8729	0.8749	0.8770	0.8790	0.8810	0.8830
1.2	0.8849	0.8869	0.8888	0.8907	0.8925	0.8944	0.8962	0.8980	0.8997	0.9015
1.3	0.9032	0.9049	0.9066	0.9082	0.9099	0.9115	0.9131	0.9147	0.9162	0.9177
1.4	0.9192	0.9207	0.9222	0.9236	0.9251	0.9265	0.9279	0.9292	0.9306	0.9319
1.5	0.9332	0.9345	0.9357	0.9370	0.9382	0.9394	0.9406	0.9418	0.9429	0.9441
1.6	0.9452	0.9463	0.9474	0.9484	0.9495	0.9505	0.9515	0.9525	0.9535	0.9545
1.7	0.9554	0.9564	0.9573	0.9582	0.9591	0.9599	0.9608	0.9616	0.9625	0.9633
1.8	0.9641	0.9649	0.9656	0.9664	0.9671	0.9678	0.9686	0.9693	0.9699	0.9706
1.9	0.9713	0.9719	0.9726	0.9732	0.9738	0.9744	0.9750	0.9756	0.9761	0.9767
2.0	0.9772	0.9778	0.9783	0.9788	0.9793	0.9798	0.9803	0.9808	0.9812	0.9817
2.1	0.9821	0.9826	0.9830	0.9834	0.9838	0.9842	0.9846	0.9850	0.9854	0.9857
2.2	0.9861	0.9864	0.9868	0.9871	0.9875	0.9878	0.9881	0.9884	0.9887	0.9890
2.3	0.9893	0.9896	0.9898	0.9901	0.9904	0.9906	0.9909	0.9911	0.9913	0.9916
2.4	0.9918	0.9920	0.9922	0.9925	0.9927	0.9929	0.9931	0.9932	0.9934	0.9936
2.5	0.9938	0.9940	0.9941	0.9943	0.9945	0.9946	0.9948	0.9949	0.9951	0.9952
2.6	0.9953	0.9955	0.9956	0.9957	0.9959	0.9960	0.9961	0.9962	0.9963	0.9964
2.7	0.9965	0.9966	0.9967	0.9968	0.9969	0.9970	0.9971	0.9972	0.9973	0.9974
2.8	0.9974	0.9975	0.9976	0.9977	0.9977	0.9978	0.9979	0.9979	0.9980	0.9981
2.9	0.9981	0.9982	0.9982	0.9983	0.9984	0.9984	0.9985	0.9985	0.9986	0.9986
3.0	0.9987	0.9987	0.9987	0.9988	0.9988	0.9989	0.9989	0.9989	0.9990	0.9990
3.1	0.9990	0.9991	0.9991	0.9991	0.9992	0.9992	0.9992	0.9992	0.9993	0.9993
3.2	0.9993	0.9993	0.9994	0.9994	0.9994	0.9994	0.9994	0.9995	0.9995	0.9995
3.3	0.9995	0.9995	0.9995	0.9996	0.9996	0.9996	0.9996	0.9996	0.9996	0.9997
3.4	0.9997	0.9997	0.9997	0.9997	0.9997	0.9997	0.9997	0.9997	0.9997	0.9998
3.5	0.9998	0.9998	0.9998	0.9998	0.9998	0.9998	0.9998	0.9998	0.9998	0.9998
3.6	0.9998	0.9998	0.9999	0.9999	0.9999	0.9999	0.9999	0.9999	0.9999	0.9999
3.7	0.9999	0.9999	0.9999	0.9999	0.9999	0.9999	0.9999	0.9999	0.9999	0.9999
3.8	0.9999	0.9999	0.9999	0.9999	0.9999	0.9999	0.9999	0.9999	0.9999	0.9999
3.9	1.0000	1.0000	1.0000	1.0000	1.0000	1.0000	1.0000	1.0000	1.0000	1.0000

注1）下の図の黒塗りの部分の面積が横軸のz値に対する確率に相当する。
注2）この表はExcelのnormsdist関数より計算したものである。

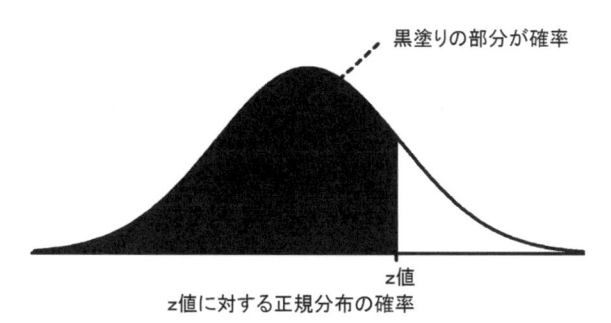

z値に対する正規分布の確率

付表3　正規分布の確率に対するz値

確率	0.000	0.001	0.002	0.003	0.004	0.005	0.006	0.007	0.008	0.009
0.00		3.0902	2.8782	2.7478	2.6521	2.5758	2.5121	2.4573	2.4089	2.3656
0.01	2.3263	2.2904	2.2571	2.2262	2.1973	2.1701	2.1444	2.1201	2.0969	2.0748
0.02	2.0537	2.0335	2.0141	1.9954	1.9774	1.9600	1.9431	1.9268	1.9110	1.8957
0.03	1.8808	1.8663	1.8522	1.8384	1.8250	1.8119	1.7991	1.7866	1.7744	1.7624
0.04	1.7507	1.7392	1.7279	1.7169	1.7060	1.6954	1.6849	1.6747	1.6646	1.6546
0.05	1.6449	1.6352	1.6258	1.6164	1.6072	1.5982	1.5893	1.5805	1.5718	1.5632
0.06	1.5548	1.5464	1.5382	1.5301	1.5220	1.5141	1.5063	1.4985	1.4909	1.4833
0.07	1.4758	1.4684	1.4611	1.4538	1.4466	1.4395	1.4325	1.4255	1.4187	1.4118
0.08	1.4051	1.3984	1.3917	1.3852	1.3787	1.3722	1.3658	1.3595	1.3532	1.3469
0.09	1.3408	1.3346	1.3285	1.3225	1.3165	1.3106	1.3047	1.2988	1.2930	1.2873
0.10	1.2816	1.2759	1.2702	1.2646	1.2591	1.2536	1.2481	1.2426	1.2372	1.2319
0.11	1.2265	1.2212	1.2160	1.2107	1.2055	1.2004	1.1952	1.1901	1.1850	1.1800
0.12	1.1750	1.1700	1.1650	1.1601	1.1552	1.1503	1.1455	1.1407	1.1359	1.1311
0.13	1.1264	1.1217	1.1170	1.1123	1.1077	1.1031	1.0985	1.0939	1.0893	1.0848
0.14	1.0803	1.0758	1.0714	1.0669	1.0625	1.0581	1.0537	1.0494	1.0451	1.0407
0.15	1.0364	1.0322	1.0279	1.0237	1.0194	1.0152	1.0110	1.0069	1.0027	0.9986
0.16	0.9945	0.9904	0.9863	0.9822	0.9782	0.9741	0.9701	0.9661	0.9621	0.9581
0.17	0.9542	0.9502	0.9463	0.9424	0.9385	0.9346	0.9307	0.9269	0.9230	0.9192
0.18	0.9154	0.9116	0.9078	0.9040	0.9002	0.8965	0.8927	0.8890	0.8853	0.8816
0.19	0.8779	0.8742	0.8706	0.8669	0.8632	0.8596	0.8560	0.8524	0.8488	0.8452
0.20	0.8416	0.8381	0.8345	0.8310	0.8274	0.8239	0.8204	0.8169	0.8134	0.8099
0.21	0.8064	0.8030	0.7995	0.7961	0.7926	0.7892	0.7858	0.7824	0.7790	0.7756
0.22	0.7722	0.7688	0.7655	0.7621	0.7588	0.7554	0.7521	0.7488	0.7454	0.7421
0.23	0.7388	0.7356	0.7323	0.7290	0.7257	0.7225	0.7192	0.7160	0.7128	0.7095
0.24	0.7063	0.7031	0.6999	0.6967	0.6935	0.6903	0.6871	0.6840	0.6808	0.6776
0.25	0.6745	0.6713	0.6682	0.6651	0.6620	0.6588	0.6557	0.6526	0.6495	0.6464
0.26	0.6433	0.6403	0.6372	0.6341	0.6311	0.6280	0.6250	0.6219	0.6189	0.6158
0.27	0.6128	0.6098	0.6068	0.6038	0.6008	0.5978	0.5948	0.5918	0.5888	0.5858
0.28	0.5828	0.5799	0.5769	0.5740	0.5710	0.5681	0.5651	0.5622	0.5592	0.5563
0.29	0.5534	0.5505	0.5476	0.5446	0.5417	0.5388	0.5359	0.5330	0.5302	0.5273
0.30	0.5244	0.5215	0.5187	0.5158	0.5129	0.5101	0.5072	0.5044	0.5015	0.4987
0.31	0.4958	0.4930	0.4902	0.4874	0.4845	0.4817	0.4789	0.4761	0.4733	0.4705
0.32	0.4677	0.4649	0.4621	0.4593	0.4565	0.4538	0.4510	0.4482	0.4454	0.4427
0.33	0.4399	0.4372	0.4344	0.4316	0.4289	0.4261	0.4234	0.4207	0.4179	0.4152
0.34	0.4125	0.4097	0.4070	0.4043	0.4016	0.3989	0.3961	0.3934	0.3907	0.3880
0.35	0.3853	0.3826	0.3799	0.3772	0.3745	0.3719	0.3692	0.3665	0.3638	0.3611
0.36	0.3585	0.3558	0.3531	0.3505	0.3478	0.3451	0.3425	0.3398	0.3372	0.3345
0.37	0.3319	0.3292	0.3266	0.3239	0.3213	0.3186	0.3160	0.3134	0.3107	0.3081
0.38	0.3055	0.3029	0.3002	0.2976	0.2950	0.2924	0.2898	0.2871	0.2845	0.2819
0.39	0.2793	0.2767	0.2741	0.2715	0.2689	0.2663	0.2637	0.2611	0.2585	0.2559
0.40	0.2533	0.2508	0.2482	0.2456	0.2430	0.2404	0.2378	0.2353	0.2327	0.2301
0.41	0.2275	0.2250	0.2224	0.2198	0.2173	0.2147	0.2121	0.2096	0.2070	0.2045
0.42	0.2019	0.1993	0.1968	0.1942	0.1917	0.1891	0.1866	0.1840	0.1815	0.1789
0.43	0.1764	0.1738	0.1713	0.1687	0.1662	0.1637	0.1611	0.1586	0.1560	0.1535
0.44	0.1510	0.1484	0.1459	0.1434	0.1408	0.1383	0.1358	0.1332	0.1307	0.1282
0.45	0.1257	0.1231	0.1206	0.1181	0.1156	0.1130	0.1105	0.1080	0.1055	0.1030
0.46	0.1004	0.0979	0.0954	0.0929	0.0904	0.0878	0.0853	0.0828	0.0803	0.0778
0.47	0.0753	0.0728	0.0702	0.0677	0.0652	0.0627	0.0602	0.0577	0.0552	0.0527
0.48	0.0502	0.0476	0.0451	0.0426	0.0401	0.0376	0.0351	0.0326	0.0301	0.0276
0.49	0.0251	0.0226	0.0201	0.0175	0.0150	0.0125	0.0100	0.0075	0.0050	0.0025

注1）z値と確率との関係は付表1の注1）と同様である。
注2）この表はExcelのnormsinv関数より計算したものである。

付表4　正規分布のz値に対する関数値

z値	0.00	0.01	0.02	0.03	0.04	0.05	0.06	0.07	0.08	0.09
0.0	0.3989	0.3989	0.3989	0.3988	0.3986	0.3984	0.3982	0.3980	0.3977	0.3973
0.1	0.3970	0.3965	0.3961	0.3956	0.3951	0.3945	0.3939	0.3932	0.3925	0.3918
0.2	0.3910	0.3902	0.3894	0.3885	0.3876	0.3867	0.3857	0.3847	0.3836	0.3825
0.3	0.3814	0.3802	0.3790	0.3778	0.3765	0.3752	0.3739	0.3725	0.3712	0.3697
0.4	0.3683	0.3668	0.3653	0.3637	0.3621	0.3605	0.3589	0.3572	0.3555	0.3538
0.5	0.3521	0.3503	0.3485	0.3467	0.3448	0.3429	0.3410	0.3391	0.3372	0.3352
0.6	0.3332	0.3312	0.3292	0.3271	0.3251	0.3230	0.3209	0.3187	0.3166	0.3144
0.7	0.3123	0.3101	0.3079	0.3056	0.3034	0.3011	0.2989	0.2966	0.2943	0.2920
0.8	0.2897	0.2874	0.2850	0.2827	0.2803	0.2780	0.2756	0.2732	0.2709	0.2685
0.9	0.2661	0.2637	0.2613	0.2589	0.2565	0.2541	0.2516	0.2492	0.2468	0.2444
1.0	0.2420	0.2396	0.2371	0.2347	0.2323	0.2299	0.2275	0.2251	0.2227	0.2203
1.1	0.2179	0.2155	0.2131	0.2107	0.2083	0.2059	0.2036	0.2012	0.1989	0.1965
1.2	0.1942	0.1919	0.1895	0.1872	0.1849	0.1826	0.1804	0.1781	0.1758	0.1736
1.3	0.1714	0.1691	0.1669	0.1647	0.1626	0.1604	0.1582	0.1561	0.1539	0.1518
1.4	0.1497	0.1476	0.1456	0.1435	0.1415	0.1394	0.1374	0.1354	0.1334	0.1315
1.5	0.1295	0.1276	0.1257	0.1238	0.1219	0.1200	0.1182	0.1163	0.1145	0.1127
1.6	0.1109	0.1092	0.1074	0.1057	0.1040	0.1023	0.1006	0.0989	0.0973	0.0957
1.7	0.0940	0.0925	0.0909	0.0893	0.0878	0.0863	0.0848	0.0833	0.0818	0.0804
1.8	0.0790	0.0775	0.0761	0.0748	0.0734	0.0721	0.0707	0.0694	0.0681	0.0669
1.9	0.0656	0.0644	0.0632	0.0620	0.0608	0.0596	0.0584	0.0573	0.0562	0.0551
2.0	0.0540	0.0529	0.0519	0.0508	0.0498	0.0488	0.0478	0.0468	0.0459	0.0449
2.1	0.0440	0.0431	0.0422	0.0413	0.0404	0.0396	0.0387	0.0379	0.0371	0.0363
2.2	0.0355	0.0347	0.0339	0.0332	0.0325	0.0317	0.0310	0.0303	0.0297	0.0290
2.3	0.0283	0.0277	0.0270	0.0264	0.0258	0.0252	0.0246	0.0241	0.0235	0.0229
2.4	0.0224	0.0219	0.0213	0.0208	0.0203	0.0198	0.0194	0.0189	0.0184	0.0180
2.5	0.0175	0.0171	0.0167	0.0163	0.0158	0.0154	0.0151	0.0147	0.0143	0.0139
2.6	0.0136	0.0132	0.0129	0.0126	0.0122	0.0119	0.0116	0.0113	0.0110	0.0107
2.7	0.0104	0.0101	0.0099	0.0096	0.0093	0.0091	0.0088	0.0086	0.0084	0.0081
2.8	0.0079	0.0077	0.0075	0.0073	0.0071	0.0069	0.0067	0.0065	0.0063	0.0061
2.9	0.0060	0.0058	0.0056	0.0055	0.0053	0.0051	0.0050	0.0048	0.0047	0.0046
3.0	0.0044	0.0043	0.0042	0.0040	0.0039	0.0038	0.0037	0.0036	0.0035	0.0034
3.1	0.0033	0.0032	0.0031	0.0030	0.0029	0.0028	0.0027	0.0026	0.0025	0.0025
3.2	0.0024	0.0023	0.0022	0.0022	0.0021	0.0020	0.0020	0.0019	0.0018	0.0018
3.3	0.0017	0.0017	0.0016	0.0016	0.0015	0.0015	0.0014	0.0014	0.0013	0.0013
3.4	0.0012	0.0012	0.0012	0.0011	0.0011	0.0010	0.0010	0.0010	0.0009	0.0009
3.5	0.0009	0.0008	0.0008	0.0008	0.0008	0.0007	0.0007	0.0007	0.0007	0.0006
3.6	0.0006	0.0006	0.0006	0.0005	0.0005	0.0005	0.0005	0.0005	0.0005	0.0004
3.7	0.0004	0.0004	0.0004	0.0004	0.0004	0.0004	0.0003	0.0003	0.0003	0.0003
3.8	0.0003	0.0003	0.0003	0.0003	0.0003	0.0002	0.0002	0.0002	0.0002	0.0002
3.9	0.0002	0.0002	0.0002	0.0002	0.0002	0.0002	0.0002	0.0002	0.0001	0.0001

注1）下の図の縦軸の高さが横軸のz値に対する正規分布関数の値に相当する。

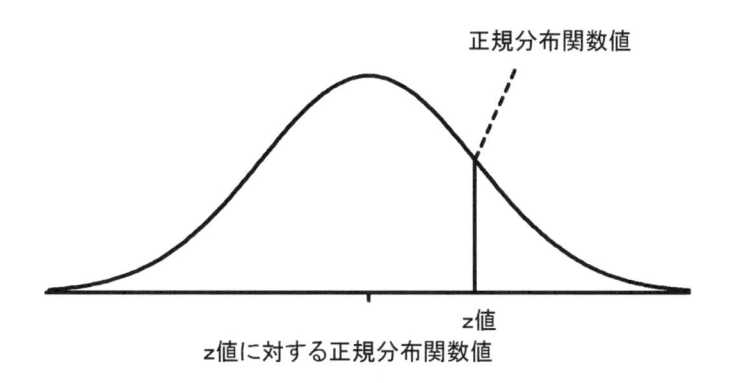

z値に対する正規分布関数値

付表5　t分布表

	0.100	0.050	0.020	0.010	0.002	0.001
1	6.314	12.706	31.821	63.656	318.289	636.578
2	2.920	4.303	6.965	9.925	22.328	31.600
3	2.353	3.182	4.541	5.841	10.214	12.924
4	2.132	2.776	3.747	4.604	7.173	8.610
5	2.015	2.571	3.365	4.032	5.894	6.869
6	1.943	2.447	3.143	3.707	5.208	5.959
7	1.895	2.365	2.998	3.499	4.785	5.408
8	1.860	2.306	2.896	3.355	4.501	5.041
9	1.833	2.262	2.821	3.250	4.297	4.781
10	1.812	2.228	2.764	3.169	4.144	4.587
11	1.796	2.201	2.718	3.106	4.025	4.437
12	1.782	2.179	2.681	3.055	3.930	4.318
13	1.771	2.160	2.650	3.012	3.852	4.221
14	1.761	2.145	2.624	2.977	3.787	4.140
15	1.753	2.131	2.602	2.947	3.733	4.073
16	1.746	2.120	2.583	2.921	3.686	4.015
17	1.740	2.110	2.567	2.898	3.646	3.965
18	1.734	2.101	2.552	2.878	3.610	3.922
19	1.729	2.093	2.539	2.861	3.579	3.883
20	1.725	2.086	2.528	2.845	3.552	3.850
21	1.721	2.080	2.518	2.831	3.527	3.819
22	1.717	2.074	2.508	2.819	3.505	3.792
23	1.714	2.069	2.500	2.807	3.485	3.768
24	1.711	2.064	2.492	2.797	3.467	3.745
25	1.708	2.060	2.485	2.787	3.450	3.725
26	1.706	2.056	2.479	2.779	3.435	3.707
27	1.703	2.052	2.473	2.771	3.421	3.689
28	1.701	2.048	2.467	2.763	3.408	3.674
29	1.699	2.045	2.462	2.756	3.396	3.660
30	1.697	2.042	2.457	2.750	3.385	3.646
40	1.684	2.021	2.423	2.704	3.307	3.551
50	1.676	2.009	2.403	2.678	3.261	3.496
60	1.671	2.000	2.390	2.660	3.232	3.460
70	1.667	1.994	2.381	2.648	3.211	3.435
80	1.664	1.990	2.374	2.639	3.195	3.416
90	1.662	1.987	2.368	2.632	3.183	3.402
100	1.660	1.984	2.364	2.626	3.174	3.390
500	1.648	1.965	2.334	2.586	3.107	3.310
1000	1.646	1.962	2.330	2.581	3.098	3.300
∞	1.645	1.960	2.327	2.576	3.091	3.291

注1）下の図の黒塗りの部分の面積が横軸のt値に対する確率に相当する。
注2）この表はExcelのtinv関数より計算したものである。

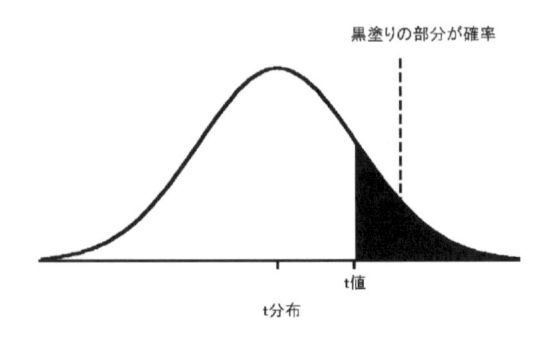

付表6　χ²分布表

	0.9995	0.9950	0.9750	0.0500	0.0250	0.0100	0.0050	0.0010	0.0005
1	0.000	0.000	0.001	3.841	5.024	6.635	7.879	10.827	12.115
2	0.001	0.010	0.051	5.991	7.378	9.210	10.597	13.815	15.201
3	0.015	0.072	0.216	7.815	9.348	11.345	12.838	16.266	17.731
4	0.064	0.207	0.484	9.488	11.143	13.277	14.860	18.466	19.998
5	0.158	0.412	0.831	11.070	12.832	15.086	16.750	20.515	22.106
6	0.299	0.676	1.237	12.592	14.449	16.812	18.548	22.457	24.102
7	0.485	0.989	1.690	14.067	16.013	18.475	20.278	24.321	26.018
8	0.710	1.344	2.180	15.507	17.535	20.090	21.955	26.124	27.867
9	0.972	1.735	2.700	16.919	19.023	21.666	23.589	27.877	29.667
10	1.265	2.156	3.247	18.307	20.483	23.209	25.188	29.588	31.419
11	1.587	2.603	3.816	19.675	21.920	24.725	26.757	31.264	33.138
12	1.935	3.074	4.404	21.026	23.337	26.217	28.300	32.909	34.821
13	2.305	3.565	5.009	22.362	24.736	27.688	29.819	34.527	36.477
14	2.697	4.075	5.629	23.685	26.119	29.141	31.319	36.124	38.109
15	3.107	4.601	6.262	24.996	27.488	30.578	32.801	37.698	39.717
16	3.536	5.142	6.908	26.296	28.845	32.000	34.267	39.252	41.308
17	3.980	5.697	7.564	27.587	30.191	33.409	35.718	40.791	42.881
18	4.439	6.265	8.231	28.869	31.526	34.805	37.156	42.312	44.434
19	4.913	6.844	8.907	30.144	32.852	36.191	38.582	43.819	45.974
20	5.398	7.434	9.591	31.410	34.170	37.566	39.997	45.314	47.498
21	5.895	8.034	10.283	32.671	35.479	38.932	41.401	46.796	49.010
22	6.404	8.643	10.982	33.924	36.781	40.289	42.796	48.268	50.510
23	6.924	9.260	11.689	35.172	38.076	41.638	44.181	49.728	51.999
24	7.453	9.886	12.401	36.415	39.364	42.980	45.558	51.179	53.478
25	7.991	10.520	13.120	37.652	40.646	44.314	46.928	52.619	54.948
26	8.537	11.160	13.844	38.885	41.923	45.642	48.290	54.051	56.407
27	9.093	11.808	14.573	40.113	43.195	46.963	49.645	55.475	57.856
28	9.656	12.461	15.308	41.337	44.461	48.278	50.994	56.892	59.299
29	10.227	13.121	16.047	42.557	45.722	49.588	52.335	58.301	60.734
30	10.804	13.787	16.791	43.773	46.979	50.892	53.672	59.702	62.160
40	16.906	20.707	24.433	55.758	59.342	63.691	66.766	73.403	76.096
50	23.461	27.991	32.357	67.505	71.420	76.154	79.490	86.660	89.560
60	30.339	35.534	40.482	79.082	83.298	88.379	91.952	99.608	102.697
70	37.467	43.275	48.758	90.531	95.023	100.425	104.215	112.317	115.577
80	44.792	51.172	57.153	101.879	106.629	112.329	116.321	124.839	128.264
90	52.277	59.196	65.647	113.145	118.136	124.116	128.299	137.208	140.780
100	59.895	67.328	74.222	124.342	129.561	135.807	140.170	149.449	153.164
500	402.447	422.303	439.936	553.127	563.851	576.493	585.206	603.446	610.643

注1）下の図の黒塗りの部分の面積が横軸のχ²値に対する確率に相当する。
注2）この表は Excel の chiinv 関数より計算したものである。

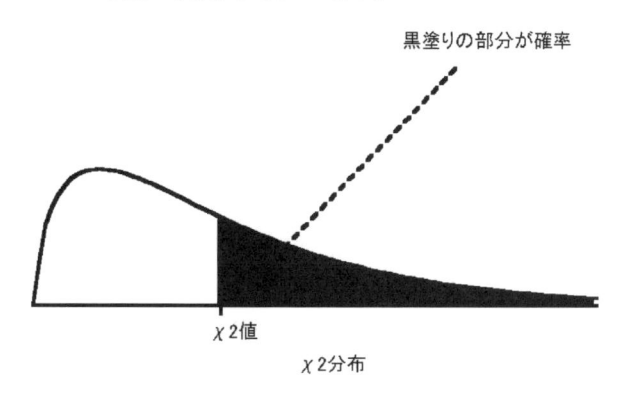

黒塗りの部分が確率

χ²値

χ²分布

付表7　F分布表（5％）

	1	2	3	4	5	6	7	8	9	10
1	161.44	199.49	215.70	224.58	230.16	233.98	236.76	238.88	240.54	241.88
2	18.513	19.000	19.164	19.247	19.296	19.329	19.353	19.371	19.385	19.396
3	10.128	9.552	9.277	9.117	9.013	8.941	8.887	8.845	8.812	8.785
4	7.709	6.944	6.591	6.388	6.256	6.163	6.094	6.041	5.999	5.964
5	6.608	5.786	5.409	5.192	5.050	4.950	4.876	4.818	4.772	4.735
6	5.987	5.143	4.757	4.534	4.387	4.284	4.207	4.147	4.099	4.060
7	5.591	4.737	4.347	4.120	3.972	3.866	3.787	3.726	3.677	3.637
8	5.318	4.459	4.066	3.838	3.688	3.581	3.500	3.438	3.388	3.347
9	5.117	4.256	3.863	3.633	3.482	3.374	3.293	3.230	3.179	3.137
10	4.965	4.103	3.708	3.478	3.326	3.217	3.135	3.072	3.020	2.978
11	4.844	3.982	3.587	3.357	3.204	3.095	3.012	2.948	2.896	2.854
12	4.747	3.885	3.490	3.259	3.106	2.996	2.913	2.849	2.796	2.753
13	4.667	3.806	3.411	3.179	3.025	2.915	2.832	2.767	2.714	2.671
14	4.600	3.739	3.344	3.112	2.958	2.848	2.764	2.699	2.646	2.602
15	4.543	3.682	3.287	3.056	2.901	2.790	2.707	2.641	2.588	2.544
16	4.494	3.634	3.239	3.007	2.852	2.741	2.657	2.591	2.538	2.494
17	4.451	3.592	3.197	2.965	2.810	2.699	2.614	2.548	2.494	2.450
18	4.414	3.555	3.160	2.928	2.773	2.661	2.577	2.510	2.456	2.412
19	4.381	3.522	3.127	2.895	2.740	2.628	2.544	2.477	2.423	2.378
20	4.351	3.493	3.098	2.866	2.711	2.599	2.514	2.447	2.393	2.348
21	4.325	3.467	3.072	2.840	2.685	2.573	2.488	2.420	2.366	2.321
22	4.301	3.443	3.049	2.817	2.661	2.549	2.464	2.397	2.342	2.297
23	4.279	3.422	3.028	2.796	2.640	2.528	2.442	2.375	2.320	2.275
24	4.260	3.403	3.009	2.776	2.621	2.508	2.423	2.355	2.300	2.255
25	4.242	3.385	2.991	2.759	2.603	2.490	2.405	2.337	2.282	2.236
26	4.225	3.369	2.975	2.743	2.587	2.474	2.388	2.321	2.265	2.220
27	4.210	3.354	2.960	2.728	2.572	2.459	2.373	2.305	2.250	2.204
28	4.196	3.340	2.947	2.714	2.558	2.445	2.359	2.291	2.236	2.190
29	4.183	3.328	2.934	2.701	2.545	2.432	2.346	2.278	2.223	2.177
30	4.171	3.316	2.922	2.690	2.534	2.421	2.334	2.266	2.211	2.165
40	4.085	3.232	2.839	2.606	2.449	2.336	2.249	2.180	2.124	2.077
50	4.034	3.183	2.790	2.557	2.400	2.286	2.199	2.130	2.073	2.026
60	4.001	3.150	2.758	2.525	2.368	2.254	2.167	2.097	2.040	1.993
70	3.978	3.128	2.736	2.503	2.346	2.231	2.143	2.074	2.017	1.969
80	3.960	3.111	2.719	2.486	2.329	2.214	2.126	2.056	1.999	1.951
90	3.947	3.098	2.706	2.473	2.316	2.201	2.113	2.043	1.986	1.938
100	3.936	3.087	2.696	2.463	2.305	2.191	2.103	2.032	1.975	1.927
500	3.860	3.014	2.623	2.390	2.232	2.117	2.028	1.957	1.899	1.850
10000	3.842	2.997	2.606	2.373	2.215	2.099	2.011	1.939	1.881	1.832

注1）右の図の黒塗りの部分の面積が横軸のF値に対する確率に相当する。
注2）この表はExcelのfinv関数より計算したものである。

	12	15	20	25	30	40	60	120	1000
1	243.90	245.95	248.02	249.26	250.10	251.14	252.20	253.25	254.19
2	19.412	19.429	19.446	19.456	19.463	19.471	19.479	19.487	19.495
3	8.745	8.703	8.660	8.634	8.617	8.594	8.572	8.549	8.529
4	5.912	5.858	5.803	5.769	5.746	5.717	5.688	5.658	5.632
5	4.678	4.619	4.558	4.521	4.496	4.464	4.431	4.398	4.369
6	4.000	3.938	3.874	3.835	3.808	3.774	3.740	3.705	3.673
7	3.575	3.511	3.445	3.404	3.376	3.340	3.304	3.267	3.234
8	3.284	3.218	3.150	3.108	3.079	3.043	3.005	2.967	2.932
9	3.073	3.006	2.936	2.893	2.864	2.826	2.787	2.748	2.712
10	2.913	2.845	2.774	2.730	2.700	2.661	2.621	2.580	2.543
11	2.788	2.719	2.646	2.601	2.570	2.531	2.490	2.448	2.410
12	2.687	2.617	2.544	2.498	2.466	2.426	2.384	2.341	2.302
13	2.604	2.533	2.459	2.412	2.380	2.339	2.297	2.252	2.212
14	2.534	2.463	2.388	2.341	2.308	2.266	2.223	2.178	2.136
15	2.475	2.403	2.328	2.280	2.247	2.204	2.160	2.114	2.072
16	2.425	2.352	2.276	2.227	2.194	2.151	2.106	2.059	2.016
17	2.381	2.308	2.230	2.181	2.148	2.104	2.058	2.011	1.967
18	2.342	2.269	2.191	2.141	2.107	2.063	2.017	1.968	1.923
19	2.308	2.234	2.155	2.106	2.071	2.026	1.980	1.930	1.884
20	2.278	2.203	2.124	2.074	2.039	1.994	1.946	1.896	1.850
21	2.250	2.176	2.096	2.045	2.010	1.965	1.916	1.866	1.818
22	2.226	2.151	2.071	2.020	1.984	1.938	1.889	1.838	1.790
23	2.204	2.128	2.048	1.996	1.961	1.914	1.865	1.813	1.764
24	2.183	2.108	2.027	1.975	1.939	1.892	1.842	1.790	1.740
25	2.165	2.089	2.007	1.955	1.919	1.872	1.822	1.768	1.718
26	2.148	2.072	1.990	1.938	1.901	1.853	1.803	1.749	1.698
27	2.132	2.056	1.974	1.921	1.884	1.836	1.785	1.731	1.679
28	2.118	2.041	1.959	1.906	1.869	1.820	1.769	1.714	1.662
29	2.104	2.027	1.945	1.891	1.854	1.806	1.754	1.698	1.645
30	2.092	2.015	1.932	1.878	1.841	1.792	1.740	1.683	1.630
40	2.003	1.924	1.839	1.783	1.744	1.693	1.637	1.577	1.517
50	1.952	1.871	1.784	1.727	1.687	1.634	1.576	1.511	1.448
60	1.917	1.836	1.748	1.690	1.649	1.594	1.534	1.467	1.399
70	1.893	1.812	1.722	1.664	1.622	1.566	1.505	1.435	1.364
80	1.875	1.793	1.703	1.644	1.602	1.545	1.482	1.411	1.336
90	1.861	1.779	1.688	1.629	1.586	1.528	1.465	1.391	1.314
100	1.850	1.768	1.676	1.616	1.573	1.515	1.450	1.376	1.296
500	1.772	1.686	1.592	1.528	1.482	1.419	1.345	1.255	1.138
10000	1.753	1.667	1.572	1.507	1.460	1.395	1.319	1.223	1.079

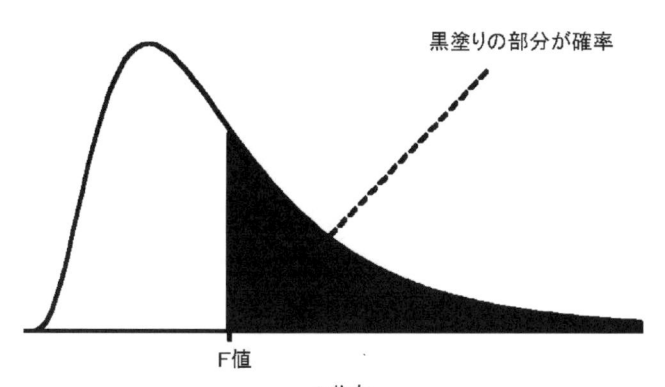

黒塗りの部分が確率

F値

F分布

付表8　F分布表（1％）

	1	2	3	4	5	6	7	8	9	10
1	4052.1	4999.3	5403.5	5624.25	5763.9	5858.9	5928.3	5980.9	6022.3	6055.9
2	98.502	99.000	99.164	99.251	99.302	99.331	99.357	99.375	99.390	99.397
3	34.116	30.816	29.457	28.710	28.237	27.911	27.671	27.489	27.345	27.228
4	21.198	18.000	16.694	15.977	15.522	15.207	14.976	14.799	14.659	14.546
5	16.258	13.274	12.060	11.392	10.967	10.672	10.456	10.289	10.158	10.051
6	13.745	10.925	9.780	9.148	8.746	8.466	8.260	8.102	7.976	7.874
7	12.246	9.547	8.451	7.847	7.460	7.191	6.993	6.840	6.719	6.620
8	11.259	8.649	7.591	7.006	6.632	6.371	6.178	6.029	5.911	5.814
9	10.562	8.022	6.992	6.422	6.057	5.802	5.613	5.467	5.351	5.257
10	10.044	7.559	6.552	5.994	5.636	5.386	5.200	5.057	4.942	4.849
11	9.646	7.206	6.217	5.668	5.316	5.069	4.886	4.744	4.632	4.539
12	9.330	6.927	5.953	5.412	5.064	4.821	4.640	4.499	4.388	4.296
13	9.074	6.701	5.739	5.205	4.862	4.620	4.441	4.302	4.191	4.100
14	8.862	6.515	5.564	5.035	4.695	4.456	4.278	4.140	4.030	3.939
15	8.683	6.359	5.417	4.893	4.556	4.318	4.142	4.004	3.895	3.805
16	8.531	6.226	5.292	4.773	4.437	4.202	4.026	3.890	3.780	3.691
17	8.400	6.112	5.185	4.669	4.336	4.101	3.927	3.791	3.682	3.593
18	8.285	6.013	5.092	4.579	4.248	4.015	3.841	3.705	3.597	3.508
19	8.185	5.926	5.010	4.500	4.171	3.939	3.765	3.631	3.523	3.434
20	8.096	5.849	4.938	4.431	4.103	3.871	3.699	3.564	3.457	3.368
21	8.017	5.780	4.874	4.369	4.042	3.812	3.640	3.506	3.398	3.310
22	7.945	5.719	4.817	4.313	3.988	3.758	3.587	3.453	3.346	3.258
23	7.881	5.664	4.765	4.264	3.939	3.710	3.539	3.406	3.299	3.211
24	7.823	5.614	4.718	4.218	3.895	3.667	3.496	3.363	3.256	3.168
25	7.770	5.568	4.675	4.177	3.855	3.627	3.457	3.324	3.217	3.129
26	7.721	5.526	4.637	4.140	3.818	3.591	3.421	3.288	3.182	3.094
27	7.677	5.488	4.601	4.106	3.785	3.558	3.388	3.256	3.149	3.062
28	7.636	5.453	4.568	4.074	3.754	3.528	3.358	3.226	3.120	3.032
29	7.598	5.420	4.538	4.045	3.725	3.499	3.330	3.198	3.092	3.005
30	7.562	5.390	4.510	4.018	3.699	3.473	3.305	3.173	3.067	2.979
40	7.314	5.178	4.313	3.828	3.514	3.291	3.124	2.993	2.888	2.801
50	7.171	5.057	4.199	3.720	3.408	3.186	3.020	2.890	2.785	2.698
60	7.077	4.977	4.126	3.649	3.339	3.119	2.953	2.823	2.718	2.632
70	7.011	4.922	4.074	3.600	3.291	3.071	2.906	2.777	2.672	2.585
80	6.963	4.881	4.036	3.563	3.255	3.036	2.871	2.742	2.637	2.551
90	6.925	4.849	4.007	3.535	3.228	3.009	2.845	2.715	2.611	2.524
100	6.895	4.824	3.984	3.513	3.206	2.988	2.823	2.694	2.590	2.503
500	6.686	4.648	3.821	3.357	3.054	2.838	2.675	2.547	2.443	2.356
10000	6.637	4.607	3.784	3.321	3.019	2.804	2.641	2.513	2.409	2.323

注1）右の図の黒塗りの部分の面積が横軸のF値に対する確率に相当する。
注2）この表はExcelのfinv関数より計算したものである。

	12	15	20	25	30	40	60	120	10000
1	6106.6	6156.9	6208.6	6239.8	6260.3	6286.4	6312.9	6339.5	6365.5
2	99.419	99.433	99.448	99.459	99.466	99.477	99.484	99.491	99.499
3	27.052	26.872	26.690	26.579	26.504	26.411	26.316	26.221	26.126
4	14.374	14.198	14.019	13.911	13.838	13.745	13.652	13.558	13.464
5	9.888	9.722	9.553	9.449	9.379	9.291	9.202	9.112	9.022
6	7.718	7.559	7.396	7.296	7.229	7.143	7.057	6.969	6.881
7	6.469	6.314	6.155	6.058	5.992	5.908	5.824	5.737	5.651
8	5.667	5.515	5.359	5.263	5.198	5.116	5.032	4.946	4.860
9	5.111	4.962	4.808	4.713	4.649	4.567	4.483	4.398	4.312
10	4.706	4.558	4.405	4.311	4.247	4.165	4.082	3.996	3.910
11	4.397	4.251	4.099	4.005	3.941	3.860	3.776	3.690	3.604
12	4.155	4.010	3.858	3.765	3.701	3.619	3.535	3.449	3.362
13	3.960	3.815	3.665	3.571	3.507	3.425	3.341	3.255	3.166
14	3.800	3.656	3.505	3.412	3.348	3.266	3.181	3.094	3.005
15	3.666	3.522	3.372	3.278	3.214	3.132	3.047	2.959	2.870
16	3.553	3.409	3.259	3.165	3.101	3.018	2.933	2.845	2.754
17	3.455	3.312	3.162	3.068	3.003	2.920	2.835	2.746	2.654
18	3.371	3.227	3.077	2.983	2.919	2.835	2.749	2.660	2.567
19	3.297	3.153	3.003	2.909	2.844	2.761	2.674	2.584	2.490
20	3.231	3.088	2.938	2.843	2.778	2.695	2.608	2.517	2.422
21	3.173	3.030	2.880	2.785	2.720	2.636	2.548	2.457	2.361
22	3.121	2.978	2.827	2.733	2.667	2.583	2.495	2.403	2.307
23	3.074	2.931	2.780	2.686	2.620	2.536	2.447	2.354	2.257
24	3.032	2.889	2.738	2.643	2.577	2.492	2.403	2.310	2.212
25	2.993	2.850	2.699	2.604	2.538	2.453	2.364	2.270	2.171
26	2.958	2.815	2.664	2.569	2.503	2.417	2.327	2.233	2.133
27	2.926	2.783	2.632	2.536	2.470	2.384	2.294	2.198	2.098
28	2.896	2.753	2.602	2.506	2.440	2.354	2.263	2.167	2.065
29	2.868	2.726	2.574	2.478	2.412	2.325	2.234	2.138	2.035
30	2.843	2.700	2.549	2.453	2.386	2.299	2.208	2.111	2.008
40	2.665	2.522	2.369	2.271	2.203	2.114	2.019	1.917	1.806
50	2.563	2.419	2.265	2.167	2.098	2.007	1.909	1.803	1.685
60	2.496	2.352	2.198	2.098	2.028	1.936	1.836	1.726	1.602
70	2.450	2.306	2.150	2.050	1.980	1.886	1.785	1.672	1.542
80	2.415	2.271	2.115	2.015	1.944	1.849	1.746	1.630	1.496
90	2.389	2.244	2.088	1.987	1.916	1.820	1.716	1.598	1.459
100	2.368	2.223	2.067	1.965	1.893	1.797	1.692	1.572	1.429
500	2.220	2.075	1.915	1.810	1.735	1.633	1.517	1.377	1.168
10000	2.187	2.040	1.880	1.774	1.698	1.594	1.475	1.327	1.048

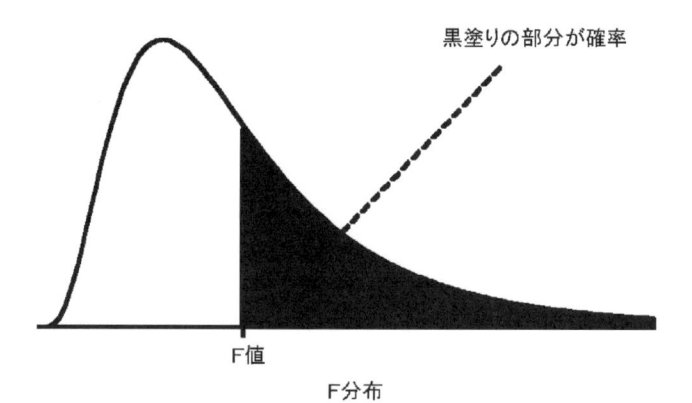

黒塗りの部分が確率

F値

F分布

付表9　F分布表（2.5%）

	1	2	3	4	5	6	7	8	9	10
1	647.8	799.5	864.2	899.6	921.8	937.1	948.2	956.6	963.3	968.6
2	38.506	39.000	39.166	39.248	39.298	39.331	39.356	39.373	39.387	39.398
3	17.443	16.044	15.439	15.101	14.885	14.735	14.624	14.540	14.473	14.419
4	12.218	10.649	9.979	9.604	9.364	9.197	9.074	8.980	8.905	8.844
5	10.007	8.434	7.764	7.388	7.146	6.978	6.853	6.757	6.681	6.619
6	8.813	7.260	6.599	6.227	5.988	5.820	5.695	5.600	5.523	5.461
7	8.073	6.542	5.890	5.523	5.285	5.119	4.995	4.899	4.823	4.761
8	7.571	6.059	5.416	5.053	4.817	4.652	4.529	4.433	4.357	4.295
9	7.209	5.715	5.078	4.718	4.484	4.320	4.197	4.102	4.026	3.964
10	6.937	5.456	4.826	4.468	4.236	4.072	3.950	3.855	3.779	3.717
11	6.724	5.256	4.630	4.275	4.044	3.881	3.759	3.664	3.588	3.526
12	6.554	5.096	4.474	4.121	3.891	3.728	3.607	3.512	3.436	3.374
13	6.414	4.965	4.347	3.996	3.767	3.604	3.483	3.388	3.312	3.250
14	6.298	4.857	4.242	3.892	3.663	3.501	3.380	3.285	3.209	3.147
15	6.200	4.765	4.153	3.804	3.576	3.415	3.293	3.199	3.123	3.060
16	6.115	4.687	4.077	3.729	3.502	3.341	3.219	3.125	3.049	2.986
17	6.042	4.619	4.011	3.665	3.438	3.277	3.156	3.061	2.985	2.922
18	5.978	4.560	3.954	3.608	3.382	3.221	3.100	3.005	2.929	2.866
19	5.922	4.508	3.903	3.559	3.333	3.172	3.051	2.956	2.880	2.817
20	5.871	4.461	3.859	3.515	3.289	3.128	3.007	2.913	2.837	2.774
21	5.827	4.420	3.819	3.475	3.250	3.090	2.969	2.874	2.798	2.735
22	5.786	4.383	3.783	3.440	3.215	3.055	2.934	2.839	2.763	2.700
23	5.750	4.349	3.750	3.408	3.183	3.023	2.902	2.808	2.731	2.668
24	5.717	4.319	3.721	3.379	3.155	2.995	2.874	2.779	2.703	2.640
25	5.686	4.291	3.694	3.353	3.129	2.969	2.848	2.753	2.677	2.613
26	5.659	4.265	3.670	3.329	3.105	2.945	2.824	2.729	2.653	2.590
27	5.633	4.242	3.647	3.307	3.083	2.923	2.802	2.707	2.631	2.568
28	5.610	4.221	3.626	3.286	3.063	2.903	2.782	2.687	2.611	2.547
29	5.588	4.201	3.607	3.267	3.044	2.884	2.763	2.669	2.592	2.529
30	5.568	4.182	3.589	3.250	3.026	2.867	2.746	2.651	2.575	2.511
40	5.424	4.051	3.463	3.126	2.904	2.744	2.624	2.529	2.452	2.388
50	5.340	3.975	3.390	3.054	2.833	2.674	2.553	2.458	2.381	2.317
60	5.286	3.925	3.343	3.008	2.786	2.627	2.507	2.412	2.334	2.270
70	5.247	3.890	3.309	2.975	2.754	2.595	2.474	2.379	2.302	2.237
80	5.218	3.864	3.284	2.950	2.730	2.571	2.450	2.355	2.277	2.213
90	5.196	3.844	3.265	2.932	2.711	2.552	2.432	2.336	2.259	2.194
100	5.179	3.828	3.250	2.917	2.696	2.537	2.417	2.321	2.244	2.179
500	5.054	3.716	3.142	2.811	2.592	2.434	2.313	2.217	2.139	2.074
10000	5.025	3.690	3.117	2.787	2.568	2.409	2.289	2.193	2.115	2.050

注1）右の図の黒塗りの部分の面積が横軸のF値に対する確率に相当する。
注2）この表はExcelのfinv関数より計算したものである。

	12	15	20	25	30	40	60	120	10000
1	976.7	984.9	993.1	998.1	1001.4	1005.6	1009.8	1014.0	1018.2
2	39.415	39.431	39.448	39.458	39.465	39.473	39.481	39.489	39.498
3	14.337	14.253	14.167	14.115	14.081	14.036	13.992	13.947	13.903
4	8.751	8.657	8.560	8.501	8.461	8.411	8.360	8.309	8.258
5	6.525	6.428	6.329	6.268	6.227	6.175	6.123	6.069	6.016
6	5.366	5.269	5.168	5.107	5.065	5.012	4.959	4.904	4.850
7	4.666	4.568	4.467	4.405	4.362	4.309	4.254	4.199	4.143
8	4.200	4.101	3.999	3.937	3.894	3.840	3.784	3.728	3.671
9	3.868	3.769	3.667	3.604	3.560	3.505	3.449	3.392	3.334
10	3.621	3.522	3.419	3.355	3.311	3.255	3.198	3.140	3.081
11	3.430	3.330	3.226	3.162	3.118	3.061	3.004	2.944	2.884
12	3.277	3.177	3.073	3.008	2.963	2.906	2.848	2.787	2.726
13	3.153	3.053	2.948	2.882	2.837	2.780	2.720	2.659	2.596
14	3.050	2.949	2.844	2.778	2.732	2.674	2.614	2.552	2.488
15	2.963	2.862	2.756	2.689	2.644	2.585	2.524	2.461	2.396
16	2.889	2.788	2.681	2.614	2.568	2.509	2.447	2.383	2.317
17	2.825	2.723	2.616	2.548	2.502	2.442	2.380	2.315	2.248
18	2.769	2.667	2.559	2.491	2.445	2.384	2.321	2.256	2.188
19	2.720	2.617	2.509	2.441	2.394	2.333	2.270	2.203	2.134
20	2.676	2.573	2.464	2.396	2.349	2.287	2.223	2.156	2.086
21	2.637	2.534	2.425	2.356	2.308	2.246	2.182	2.114	2.043
22	2.602	2.498	2.389	2.320	2.272	2.210	2.145	2.076	2.004
23	2.570	2.466	2.357	2.287	2.239	2.176	2.111	2.041	1.969
24	2.541	2.437	2.327	2.257	2.209	2.146	2.080	2.010	1.936
25	2.515	2.411	2.300	2.230	2.182	2.118	2.052	1.981	1.906
26	2.491	2.387	2.276	2.205	2.157	2.093	2.026	1.954	1.879
27	2.469	2.364	2.253	2.183	2.133	2.069	2.002	1.930	1.854
28	2.448	2.344	2.232	2.161	2.112	2.048	1.980	1.907	1.830
29	2.430	2.325	2.213	2.142	2.092	2.028	1.959	1.886	1.808
30	2.412	2.307	2.195	2.124	2.074	2.009	1.940	1.866	1.788
40	2.288	2.182	2.068	1.994	1.943	1.875	1.803	1.724	1.638
50	2.216	2.109	1.993	1.919	1.866	1.796	1.721	1.639	1.546
60	2.169	2.061	1.944	1.869	1.815	1.744	1.667	1.581	1.483
70	2.136	2.028	1.910	1.833	1.779	1.707	1.628	1.539	1.437
80	2.111	2.003	1.884	1.807	1.752	1.679	1.599	1.508	1.401
90	2.092	1.983	1.864	1.787	1.731	1.657	1.576	1.483	1.373
100	2.077	1.968	1.849	1.770	1.715	1.640	1.558	1.463	1.349
500	1.971	1.859	1.736	1.655	1.596	1.515	1.423	1.311	1.140
10000	1.946	1.834	1.710	1.627	1.567	1.485	1.390	1.271	1.040

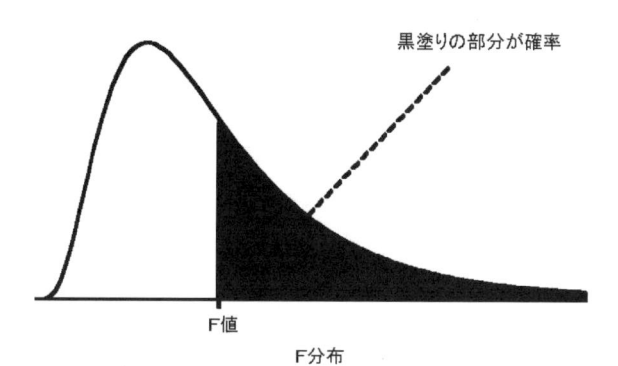

黒塗りの部分が確率

F値

F分布

付表１０　Ｆ分布表（0.5%）

	1	2	3	4	5	6	7	8	9	10
1	16212	19997	21614	22501	23056	23440	23715	23924	24091	24222
2	198.50	199.01	199.16	199.24	199.30	199.33	199.36	199.38	199.39	199.39
3	55.552	49.800	47.468	46.195	45.391	44.838	44.434	44.125	43.881	43.685
4	31.332	26.284	24.260	23.154	22.456	21.975	21.622	21.352	21.138	20.967
5	22.785	18.314	16.530	15.556	14.939	14.513	14.200	13.961	13.772	13.618
6	18.635	14.544	12.917	12.028	11.464	11.073	10.786	10.566	10.391	10.250
7	16.235	12.404	10.883	10.050	9.522	9.155	8.885	8.678	8.514	8.380
8	14.688	11.043	9.597	8.805	8.302	7.952	7.694	7.496	7.339	7.211
9	13.614	10.107	8.717	7.956	7.471	7.134	6.885	6.693	6.541	6.417
10	12.827	9.427	8.081	7.343	6.872	6.545	6.303	6.116	5.968	5.847
11	12.226	8.912	7.600	6.881	6.422	6.102	5.865	5.682	5.537	5.418
12	11.754	8.510	7.226	6.521	6.071	5.757	5.524	5.345	5.202	5.085
13	11.374	8.186	6.926	6.233	5.791	5.482	5.253	5.076	4.935	4.820
14	11.060	7.922	6.680	5.998	5.562	5.257	5.031	4.857	4.717	4.603
15	10.798	7.701	6.476	5.803	5.372	5.071	4.847	4.674	4.536	4.424
16	10.576	7.514	6.303	5.638	5.212	4.913	4.692	4.521	4.384	4.272
17	10.384	7.354	6.156	5.497	5.075	4.779	4.559	4.389	4.254	4.142
18	10.218	7.215	6.028	5.375	4.956	4.663	4.445	4.276	4.141	4.030
19	10.073	7.093	5.916	5.268	4.853	4.561	4.345	4.177	4.043	3.933
20	9.944	6.987	5.818	5.174	4.762	4.472	4.257	4.090	3.956	3.847
21	9.829	6.891	5.730	5.091	4.681	4.393	4.179	4.013	3.880	3.771
22	9.727	6.806	5.652	5.017	4.609	4.322	4.109	3.944	3.812	3.703
23	9.635	6.730	5.582	4.950	4.544	4.259	4.047	3.882	3.750	3.642
24	9.551	6.661	5.519	4.890	4.486	4.202	3.991	3.826	3.695	3.587
25	9.475	6.598	5.462	4.835	4.433	4.150	3.939	3.776	3.645	3.537
26	9.406	6.541	5.409	4.785	4.384	4.103	3.893	3.730	3.599	3.492
27	9.342	6.489	5.361	4.740	4.340	4.059	3.850	3.687	3.557	3.450
28	9.284	6.440	5.317	4.698	4.300	4.020	3.811	3.649	3.519	3.412
29	9.230	6.396	5.276	4.659	4.262	3.983	3.775	3.613	3.483	3.376
30	9.180	6.355	5.239	4.623	4.228	3.949	3.742	3.580	3.451	3.344
40	8.828	6.066	4.976	4.374	3.986	3.713	3.509	3.350	3.222	3.117
50	8.626	5.902	4.826	4.232	3.849	3.579	3.376	3.219	3.092	2.988
60	8.495	5.795	4.729	4.140	3.760	3.492	3.291	3.134	3.008	2.904
70	8.403	5.720	4.661	4.076	3.698	3.431	3.232	3.076	2.950	2.846
80	8.335	5.665	4.611	4.028	3.652	3.387	3.188	3.032	2.907	2.803
90	8.282	5.623	4.573	3.992	3.617	3.352	3.154	2.999	2.873	2.770
100	8.241	5.589	4.542	3.963	3.589	3.325	3.127	2.972	2.847	2.744
500	7.950	5.355	4.330	3.763	3.396	3.137	2.941	2.789	2.665	2.562
10000	7.883	5.301	4.282	3.717	3.352	3.094	2.899	2.747	2.623	2.521

注１）右の図の黒塗りの部分の面積が横軸のＦ値に対する確率に相当する。
注２）この表はExcelのfinv関数より計算したものである。

	12	15	20	25	30	40	60	120	10000
1	24427	24632	24837	24959	25041	25146	25254	25358	25466
2	199.42	199.43	199.45	199.45	199.48	199.48	199.48	199.49	199.51
3	43.387	43.085	42.779	42.590	42.466	42.310	42.150	41.990	41.829
4	20.705	20.438	20.167	20.003	19.892	19.751	19.611	19.469	19.327
5	13.385	13.146	12.903	12.756	12.656	12.530	12.402	12.274	12.145
6	10.034	9.814	9.589	9.451	9.358	9.241	9.122	9.001	8.881
7	8.176	7.968	7.754	7.623	7.534	7.422	7.309	7.193	7.077
8	7.015	6.814	6.608	6.482	6.396	6.288	6.177	6.065	5.952
9	6.227	6.032	5.832	5.708	5.625	5.519	5.410	5.300	5.189
10	5.661	5.471	5.274	5.153	5.071	4.966	4.859	4.750	4.640
11	5.236	5.049	4.855	4.736	4.654	4.551	4.445	4.337	4.227
12	4.906	4.721	4.530	4.412	4.331	4.228	4.123	4.015	3.905
13	4.643	4.460	4.270	4.153	4.073	3.970	3.866	3.758	3.648
14	4.428	4.247	4.059	3.942	3.862	3.760	3.655	3.547	3.437
15	4.250	4.070	3.883	3.766	3.687	3.585	3.480	3.372	3.262
16	4.099	3.920	3.734	3.618	3.539	3.437	3.332	3.224	3.113
17	3.971	3.793	3.607	3.492	3.412	3.311	3.206	3.097	2.985
18	3.860	3.683	3.498	3.382	3.303	3.201	3.096	2.987	2.875
19	3.763	3.587	3.402	3.287	3.208	3.106	3.000	2.891	2.778
20	3.678	3.502	3.318	3.203	3.123	3.022	2.916	2.806	2.692
21	3.602	3.427	3.243	3.128	3.049	2.947	2.841	2.730	2.615
22	3.535	3.360	3.176	3.061	2.982	2.880	2.774	2.663	2.547
23	3.474	3.300	3.116	3.001	2.922	2.820	2.713	2.602	2.485
24	3.420	3.246	3.062	2.947	2.868	2.765	2.658	2.546	2.429
25	3.370	3.196	3.013	2.898	2.819	2.716	2.609	2.496	2.378
26	3.325	3.151	2.968	2.853	2.774	2.671	2.563	2.450	2.331
27	3.284	3.110	2.927	2.812	2.733	2.630	2.522	2.408	2.288
28	3.246	3.073	2.890	2.775	2.695	2.592	2.483	2.369	2.248
29	3.211	3.038	2.855	2.740	2.660	2.557	2.448	2.333	2.212
30	3.179	3.006	2.823	2.708	2.628	2.524	2.415	2.300	2.178
40	2.953	2.781	2.598	2.482	2.401	2.296	2.184	2.064	1.933
50	2.825	2.653	2.470	2.353	2.272	2.164	2.050	1.925	1.788
60	2.742	2.570	2.387	2.270	2.187	2.079	1.962	1.834	1.690
70	2.684	2.513	2.329	2.211	2.128	2.019	1.900	1.769	1.620
80	2.641	2.470	2.286	2.168	2.084	1.974	1.854	1.720	1.565
90	2.608	2.437	2.253	2.134	2.051	1.939	1.818	1.682	1.523
100	2.583	2.411	2.227	2.108	2.024	1.912	1.790	1.652	1.488
500	2.402	2.230	2.044	1.922	1.835	1.717	1.584	1.425	1.188
10000	2.360	2.189	2.002	1.879	1.791	1.672	1.535	1.367	1.053

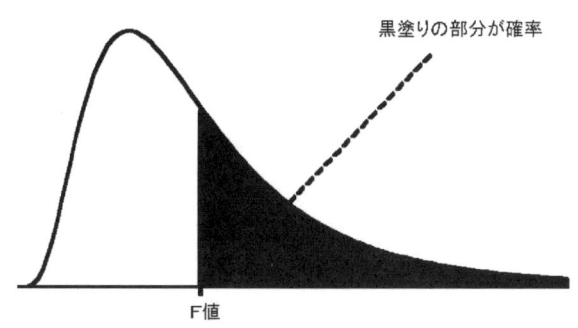

黒塗りの部分が確率

F値

F分布

付表１１ 自由度別有意な相関係数表

有意水準 α、自由度 ϕ で有意となる相関係数 $r(\phi、\alpha)$ は次の式から計算することができる。

$$r(\phi、\alpha) = \frac{t(\phi、\alpha)}{\sqrt{\phi + \{t(\phi、\alpha)\}^2}}$$

自由度	片側５％水準	両側５％水準	片側１％水準	両側１％水準
2	0.90000	0.95000	0.98000	0.99000
3	0.80538	0.87834	0.93433	0.95873
4	0.72930	0.81140	0.88219	0.91720
5	0.66944	0.75449	0.83287	0.87453
6	0.62149	0.70673	0.78872	0.83434
7	0.58221	0.66638	0.74978	0.79768
8	0.54936	0.63190	0.71546	0.76459
9	0.52140	0.60207	0.68509	0.73479
10	0.49726	0.57598	0.65807	0.70789
11	0.47616	0.55294	0.63386	0.68353
12	0.45750	0.53241	0.61205	0.66138
13	0.44086	0.51398	0.59227	0.64115
14	0.42590	0.49731	0.57425	0.62259
15	0.41236	0.48215	0.55774	0.60551
16	0.40003	0.46828	0.54255	0.58972
17	0.38873	0.45553	0.52852	0.57507
18	0.37834	0.44376	0.51550	0.56144
19	0.36874	0.43286	0.50340	0.54871
20	0.35983	0.42271	0.49209	0.53680
21	0.35153	0.41325	0.48151	0.52562
22	0.34378	0.40439	0.47158	0.51510
23	0.33652	0.39607	0.46223	0.50518
24	0.32970	0.38824	0.45341	0.49581
25	0.32328	0.38086	0.44508	0.48693
26	0.31722	0.37389	0.43718	0.47851
27	0.31149	0.36728	0.42969	0.47051
28	0.30606	0.36101	0.42257	0.46289
29	0.30090	0.35505	0.41579	0.45563
30	0.29599	0.34937	0.40933	0.44870
35	0.27461	0.32457	0.38098	0.41821
40	0.25728	0.30440	0.35779	0.39317
45	0.24286	0.28756	0.33837	0.37214
50	0.23062	0.27324	0.32180	0.35415
55	0.22006	0.26087	0.30744	0.33854
60	0.21083	0.25003	0.29485	0.32482
65	0.20267	0.24045	0.28368	0.31264
70	0.19539	0.23188	0.27369	0.30173
75	0.18885	0.22417	0.26469	0.29190
80	0.18292	0.21719	0.25653	0.28296
85	0.17751	0.21081	0.24907	0.27479
90	0.17256	0.20497	0.24223	0.26730
95	0.16800	0.19958	0.23592	0.26038
100	0.16378	0.19460	0.23008	0.25398
200	0.11606	0.13810	0.16359	0.18086
300	0.09483	0.11289	0.13382	0.14802
500	0.07350	0.08753	0.10381	0.11487
1000	0.05199	0.06194	0.07348	0.08134

付表12 フィッシャーのz変換表

r（相関係数）からz値への変換

r	0.00	0.01	0.02	0.03	0.04	0.05	0.06	0.07	0.08	0.09
0.0	0.0000	0.0100	0.0200	0.0300	0.0400	0.0500	0.0601	0.0701	0.0802	0.0902
0.1	0.1003	0.1104	0.1206	0.1307	0.1409	0.1511	0.1614	0.1717	0.1820	0.1923
0.2	0.2027	0.2132	0.2237	0.2342	0.2448	0.2554	0.2661	0.2769	0.2877	0.2986
0.3	0.3095	0.3205	0.3316	0.3428	0.3541	0.3654	0.3769	0.3884	0.4001	0.4118
0.4	0.4236	0.4356	0.4477	0.4599	0.4722	0.4847	0.4973	0.5101	0.5230	0.5361
0.5	0.5493	0.5627	0.5763	0.5901	0.6042	0.6184	0.6328	0.6475	0.6625	0.6777
0.6	0.6931	0.7089	0.7250	0.7414	0.7582	0.7753	0.7928	0.8107	0.8291	0.8480
0.7	0.8673	0.8872	0.9076	0.9287	0.9505	0.9730	0.9962	1.0203	1.0454	1.0714
0.8	1.0986	1.1270	1.1568	1.1881	1.2212	1.2562	1.2933	1.3331	1.3758	1.4219
0.9	1.4722	1.5275	1.5890	1.6584	1.7380	1.8318	1.9459	2.0923	2.2976	2.6467

注）この表はExcelのfisher関数より計算したものである。

z値からr（相関係数）への変換

z	0.00	0.01	0.02	0.03	0.04	0.05	0.06	0.07	0.08	0.09
0.0	0.0000	0.0100	0.0200	0.0300	0.0400	0.0500	0.0599	0.0699	0.0798	0.0898
0.1	0.0997	0.1096	0.1194	0.1293	0.1391	0.1489	0.1586	0.1684	0.1781	0.1877
0.2	0.1974	0.2070	0.2165	0.2260	0.2355	0.2449	0.2543	0.2636	0.2729	0.2821
0.3	0.2913	0.3004	0.3095	0.3185	0.3275	0.3364	0.3452	0.3540	0.3627	0.3714
0.4	0.3799	0.3885	0.3969	0.4053	0.4136	0.4219	0.4301	0.4382	0.4462	0.4542
0.5	0.4621	0.4699	0.4777	0.4854	0.4930	0.5005	0.5080	0.5154	0.5227	0.5299
0.6	0.5370	0.5441	0.5511	0.5581	0.5649	0.5717	0.5784	0.5850	0.5915	0.5980
0.7	0.6044	0.6107	0.6169	0.6231	0.6291	0.6351	0.6411	0.6469	0.6527	0.6584
0.8	0.6640	0.6696	0.6751	0.6805	0.6858	0.6911	0.6963	0.7014	0.7064	0.7114
0.9	0.7163	0.7211	0.7259	0.7306	0.7352	0.7398	0.7443	0.7487	0.7531	0.7574
1.0	0.7616	0.7658	0.7699	0.7739	0.7779	0.7818	0.7857	0.7895	0.7932	0.7969
1.1	0.8005	0.8041	0.8076	0.8110	0.8144	0.8178	0.8210	0.8243	0.8275	0.8306
1.2	0.8337	0.8367	0.8397	0.8426	0.8455	0.8483	0.8511	0.8538	0.8565	0.8591
1.3	0.8617	0.8643	0.8668	0.8692	0.8717	0.8741	0.8764	0.8787	0.8810	0.8832
1.4	0.8854	0.8875	0.8896	0.8917	0.8937	0.8957	0.8977	0.8996	0.9015	0.9033
1.5	0.9051	0.9069	0.9087	0.9104	0.9121	0.9138	0.9154	0.9170	0.9186	0.9201
1.6	0.9217	0.9232	0.9246	0.9261	0.9275	0.9289	0.9302	0.9316	0.9329	0.9341
1.7	0.9354	0.9366	0.9379	0.9391	0.9402	0.9414	0.9425	0.9436	0.9447	0.9458
1.8	0.9468	0.9478	0.9488	0.9498	0.9508	0.9517	0.9527	0.9536	0.9545	0.9554
1.9	0.9562	0.9571	0.9579	0.9587	0.9595	0.9603	0.9611	0.9618	0.9626	0.9633
2.0	0.9640	0.9647	0.9654	0.9661	0.9667	0.9674	0.9680	0.9687	0.9693	0.9699
2.1	0.9705	0.9710	0.9716	0.9721	0.9727	0.9732	0.9737	0.9743	0.9748	0.9753
2.2	0.9757	0.9762	0.9767	0.9771	0.9776	0.9780	0.9785	0.9789	0.9793	0.9797
2.3	0.9801	0.9805	0.9809	0.9812	0.9816	0.9820	0.9823	0.9827	0.9830	0.9833
2.4	0.9837	0.9840	0.9843	0.9846	0.9849	0.9852	0.9855	0.9858	0.9861	0.9863
2.5	0.9866	0.9869	0.9871	0.9874	0.9876	0.9879	0.9881	0.9884	0.9886	0.9888

注）この表はExcelのfisherinv関数より計算したものである。

付表１３　ボンフェローニ法のためのｔ分布表（５％）

縦の数値は誤差分散の自由度、横の数値は水準数（組み合わせ数）を示している。

水準数 組み合わせ数	3 3	4 6	5 10	6 15	7 21	8 28	9 36	10 45
2	7.6488	10.886	14.089	17.277	20.457	23.632	26.803	29.975
3	4.8566	6.2316	7.4532	8.5752	9.6241	10.617	11.562	12.470
4	3.9608	4.8510	5.5975	6.2541	6.8470	7.3924	7.8999	8.3761
5	3.5341	4.2193	4.7733	5.2474	5.6665	6.0449	6.3912	6.7125
6	3.2875	3.8630	4.3168	4.6979	5.0297	5.3254	5.5938	5.8400
7	3.1276	3.6358	4.0294	4.3552	4.6359	4.8839	5.1068	5.3103
8	3.0158	3.4789	3.8325	4.1224	4.3699	4.5871	4.7809	4.9570
9	2.9333	3.3642	3.6896	3.9542	4.1786	4.3743	4.5486	4.7058
10	2.8701	3.2768	3.5814	3.8273	4.0348	4.2150	4.3746	4.5184
11	2.8200	3.2081	3.4966	3.7283	3.9229	4.0913	4.2400	4.3734
12	2.7795	3.1527	3.4284	3.6489	3.8334	3.9925	4.1327	4.2582
13	2.7459	3.1070	3.3725	3.5838	3.7602	3.9118	4.0451	4.1642
14	2.7178	3.0688	3.3257	3.5296	3.6992	3.8448	3.9725	4.0865
15	2.6937	3.0363	3.2860	3.4837	3.6477	3.7882	3.9113	4.0210
16	2.6730	3.0083	3.2520	3.4443	3.6036	3.7398	3.8589	3.9648
17	2.6550	2.9841	3.2224	3.4102	3.5654	3.6979	3.8138	3.9165
18	2.6391	2.9627	3.1966	3.3803	3.5320	3.6614	3.7742	3.8743
19	2.6251	2.9439	3.1737	3.3541	3.5026	3.6292	3.7396	3.8373
20	2.6126	2.9271	3.1534	3.3306	3.4765	3.6006	3.7087	3.8045
21	2.6014	2.9121	3.1352	3.3097	3.4532	3.5751	3.6812	3.7751
22	2.5912	2.8985	3.1188	3.2909	3.4322	3.5521	3.6565	3.7486
23	2.5820	2.8863	3.1040	3.2739	3.4132	3.5315	3.6342	3.7249
24	2.5736	2.8751	3.0905	3.2584	3.3960	3.5127	3.6138	3.7033
25	2.5660	2.8649	3.0782	3.2443	3.3803	3.4955	3.5953	3.6837
26	2.5589	2.8555	3.0669	3.2313	3.3659	3.4798	3.5785	3.6656
27	2.5525	2.8469	3.0565	3.2194	3.3526	3.4652	3.5629	3.6490
28	2.5465	2.8389	3.0470	3.2084	3.3404	3.4520	3.5486	3.6339
29	2.5409	2.8315	3.0380	3.1982	3.3291	3.4396	3.5354	3.6198
30	2.5357	2.8247	3.0298	3.1888	3.3186	3.4283	3.5230	3.6067
35	2.5145	2.7966	2.9961	3.1502	3.2758	3.3816	3.4730	3.5534
40	2.4989	2.7759	2.9712	3.1218	3.2443	3.3473	3.4361	3.5143
45	2.4868	2.7599	2.9521	3.1000	3.2201	3.3210	3.4081	3.4845
50	2.4772	2.7473	2.9370	3.0828	3.2011	3.3004	3.3858	3.4609
55	2.4694	2.7370	2.9247	3.0689	3.1856	3.2836	3.3679	3.4418
60	2.4629	2.7286	2.9146	3.0573	3.1728	3.2697	3.3531	3.4261
80	2.4454	2.7055	2.8870	3.0259	3.1381	3.2321	3.3127	3.3833
100	2.4349	2.6918	2.8707	3.0074	3.1176	3.2099	3.2890	3.3581
1000	2.3980	2.6435	2.8133	2.9423	3.0459	3.1322	3.2059	3.2703

注）この表はExcelのtinv関数より計算したものである。

付表14 ボンフェローニ法のためのt分布表（1％）

縦の数値は誤差分散の自由度、横の数値は水準数（組み合わせ数）を示している。

水準数	3	4	5	6	7	8	9	10
組み合わせ数	3	6	10	15	21	28	36	45
2	17.277	24.466	31.600	38.706	45.821	52.899	59.977	67.055
3	8.5752	10.869	12.924	14.817	16.596	18.282	19.893	21.439
4	6.2541	7.5286	8.6101	9.5670	10.435	11.236	11.986	12.685
5	5.2474	6.1386	6.8685	7.4995	8.0583	8.5682	9.0338	9.4669
6	4.6979	5.3982	5.9587	6.4343	6.8499	7.2224	7.5623	7.8743
7	4.3552	4.9444	5.4081	5.7952	6.1316	6.4296	6.6985	6.9453
8	4.1224	4.6397	5.0414	5.3737	5.6589	5.9116	6.1374	6.3423
9	3.9542	4.4217	4.7809	5.0757	5.3272	5.5484	5.7463	5.9255
10	3.8273	4.2586	4.5868	4.8545	5.0827	5.2806	5.4576	5.6182
11	3.7283	4.1319	4.4369	4.6846	4.8941	5.0757	5.2375	5.3830
12	3.6489	4.0309	4.3178	4.5495	4.7451	4.9145	5.0641	5.1991
13	3.5838	3.9484	4.2209	4.4401	4.6240	4.7835	4.9244	5.0501
14	3.5296	3.8798	4.1403	4.3493	4.5245	4.6758	4.8091	4.9290
15	3.4837	3.8219	4.0728	4.2733	4.4412	4.5856	4.7125	4.8266
16	3.4443	3.7724	4.0149	4.2084	4.3696	4.5088	4.6310	4.7393
17	3.4102	3.7297	3.9651	4.1525	4.3085	4.4424	4.5600	4.6648
18	3.3803	3.6924	3.9217	4.1036	4.2550	4.3848	4.4983	4.5996
19	3.3541	3.6595	3.8833	4.0609	4.2084	4.3347	4.4447	4.5437
20	3.3306	3.6303	3.8496	4.0230	4.1671	4.2899	4.3976	4.4936
21	3.3097	3.6042	3.8193	3.9893	4.1298	4.2503	4.3551	4.4482
22	3.2909	3.5808	3.7922	3.9590	4.0967	4.2148	4.3178	4.4086
23	3.2739	3.5597	3.7676	3.9316	4.0670	4.1828	4.2835	4.3726
24	3.2584	3.5405	3.7454	3.9069	4.0402	4.1537	4.2527	4.3400
25	3.2443	3.5230	3.7251	3.8842	4.0155	4.1269	4.2247	4.3109
26	3.2313	3.5069	3.7067	3.8635	3.9930	4.1031	4.1991	4.2841
27	3.2194	3.4922	3.6895	3.8446	3.9721	4.0809	4.1758	4.2596
28	3.2084	3.4786	3.6739	3.8272	3.9535	4.0606	4.1537	4.2364
29	3.1982	3.4660	3.6595	3.8109	3.9357	4.0419	4.1339	4.2154
30	3.1888	3.4543	3.6460	3.7960	3.9197	4.0245	4.1153	4.1956
35	3.1502	3.4067	3.5911	3.7352	3.8533	3.9535	4.0402	4.1170
40	3.1218	3.3718	3.5510	3.6907	3.8050	3.9017	3.9855	4.0594
45	3.1000	3.3450	3.5203	3.6566	3.7678	3.8621	3.9436	4.0152
50	3.0828	3.3239	3.4960	3.6298	3.7390	3.8312	3.9110	3.9814
55	3.0689	3.3068	3.4765	3.6080	3.7154	3.8062	3.8842	3.9535
60	3.0573	3.2927	3.4602	3.5900	3.6959	3.7852	3.8627	3.9302
80	3.0259	3.2543	3.4164	3.5416	3.6435	3.7294	3.8033	3.8685
100	3.0074	3.2317	3.3905	3.5131	3.6127	3.6962	3.7684	3.8318
1000	2.9423	3.1525	3.3002	3.4136	3.5053	3.5821	3.6479	3.7061

注）この表はExcelのtinv関数より計算したものである。

付表15 ステューデント化された範囲（5％）

縦の数値は誤差分散の自由度、横の数値は水準数を示している。

	2	3	4	5	6	7	8	9
2	6.0796	8.3308	9.7990	10.8811	11.7336	12.4346	13.0282	13.5420
3	4.5007	5.9097	6.8245	7.5017	8.0371	8.4783	8.8525	9.1766
4	3.9265	5.0402	5.7571	6.2870	6.7064	7.0526	7.3465	7.6015
5	3.6354	4.6017	5.2183	5.6731	6.0329	6.3299	6.5823	6.8014
6	3.4605	4.3392	4.8956	5.3049	5.6284	5.8953	6.1222	6.3192
7	3.3441	4.1649	4.6813	5.0601	5.3591	5.6057	5.8153	5.9973
8	3.2612	4.0410	4.5288	4.8858	5.1672	5.3991	5.5962	5.7673
9	3.1992	3.9485	4.4149	4.7554	5.0235	5.2444	5.4319	5.5947
10	3.1511	3.8768	4.3266	4.6543	4.9120	5.1242	5.3042	5.4605
11	3.1127	3.8196	4.2561	4.5736	4.8230	5.0281	5.2021	5.3531
12	3.0813	3.7729	4.1987	4.5077	4.7502	4.9496	5.1187	5.2653
13	3.0552	3.7341	4.1509	4.4529	4.6897	4.8842	5.0491	5.1921
14	3.0332	3.7014	4.1105	4.4066	4.6385	4.8290	4.9903	5.1301
15	3.0143	3.6734	4.0760	4.3670	4.5947	4.7816	4.9399	5.0770
16	2.9980	3.6491	4.0461	4.3327	4.5568	4.7406	4.8962	5.0310
17	2.9837	3.6280	4.0200	4.3027	4.5237	4.7048	4.8580	4.9907
18	2.9712	3.6093	3.9970	4.2763	4.4944	4.6731	4.8243	4.9552
19	2.9600	3.5927	3.9766	4.2528	4.4685	4.6450	4.7944	4.9236
20	2.9500	3.5779	3.9583	4.2319	4.4452	4.6199	4.7676	4.8954
21	2.9410	3.5646	3.9419	4.2130	4.4244	4.5973	4.7435	4.8699
22	2.9329	3.5526	3.9270	4.1959	4.4055	4.5769	4.7217	4.8469
23	2.9255	3.5417	3.9136	4.1805	4.3883	4.5583	4.7018	4.8260
24	2.9188	3.5317	3.9013	4.1663	4.3727	4.5413	4.6838	4.8069
25	2.9126	3.5226	3.8900	4.1534	4.3583	4.5258	4.6672	4.7894
26	2.9070	3.5142	3.8796	4.1415	4.3451	4.5115	4.6519	4.7733
27	2.9017	3.5064	3.8701	4.1305	4.3329	4.4983	4.6378	4.7584
28	2.8969	3.4993	3.8612	4.1203	4.3217	4.4861	4.6248	4.7446
29	2.8924	3.4926	3.8530	4.1109	4.3112	4.4747	4.6127	4.7318
30	2.8882	3.4864	3.8454	4.1021	4.3015	4.4642	4.6014	4.7199
35	2.8710	3.4610	3.8140	4.0659	4.2614	4.4207	4.5550	4.6709
40	2.8582	3.4421	3.7907	4.0391	4.2316	4.3885	4.5205	4.6345
45	2.8484	3.4275	3.7727	4.0184	4.2087	4.3635	4.4939	4.6063
50	2.8405	3.4159	3.7584	4.0020	4.1904	4.3437	4.4727	4.5839
60	2.8288	3.3987	3.7371	3.9774	4.1632	4.3141	4.4411	4.5504
80	2.8144	3.3773	3.7107	3.9470	4.1294	4.2775	4.4019	4.5089
100	2.8058	3.3646	3.6950	3.9289	4.1093	4.2557	4.3785	4.4842
9999	2.7721	3.3150	3.6338	3.8584	4.0309	4.1704	4.2872	4.3875

注）この表はRのqtukey関数より計算したものである。

付表16 ステューデント化された範囲（1％）

縦の数値は誤差分散の自由度、横の数値は水準数を示している。

	2	3	4	5	6	7	8	9
2	13.9021	19.0155	22.5637	25.3720	27.7569	29.8555	31.7295	33.4116
3	8.2603	10.6204	12.1695	13.3223	14.2386	14.9981	15.6464	16.2119
4	6.5114	8.1198	9.1729	9.9583	10.5833	11.1009	11.5417	11.9248
5	5.7023	6.9757	7.8042	8.4215	8.9131	9.3209	9.6687	9.9715
6	5.2431	6.3305	7.0333	7.5560	7.9723	8.3177	8.6125	8.8693
7	4.9490	5.9193	6.5424	7.0050	7.3730	7.6784	7.9390	8.1662
8	4.7452	5.6354	6.2038	6.6248	6.9594	7.2369	7.4738	7.6803
9	4.5960	5.4280	5.9567	6.3473	6.6574	6.9145	7.1339	7.3251
10	4.4820	5.2702	5.7686	6.1361	6.4275	6.6690	6.8749	7.0544
11	4.3923	5.1460	5.6208	5.9701	6.2468	6.4759	6.6713	6.8414
12	4.3198	5.0459	5.5016	5.8363	6.1011	6.3202	6.5069	6.6696
13	4.2600	4.9635	5.4036	5.7262	5.9812	6.1920	6.3717	6.5280
14	4.2099	4.8945	5.3215	5.6340	5.8808	6.0847	6.2583	6.4095
15	4.1673	4.8359	5.2518	5.5558	5.7956	5.9936	6.1621	6.3087
16	4.1306	4.7855	5.1919	5.4885	5.7223	5.9152	6.0793	6.2221
17	4.0987	4.7418	5.1399	5.4301	5.6586	5.8471	6.0074	6.1468
18	4.0707	4.7034	5.0942	5.3788	5.6028	5.7874	5.9443	6.0807
19	4.0460	4.6694	5.0539	5.3336	5.5535	5.7346	5.8886	6.0223
20	4.0239	4.6392	5.0180	5.2933	5.5095	5.6876	5.8389	5.9703
21	4.0041	4.6122	4.9859	5.2572	5.4702	5.6455	5.7944	5.9238
22	3.9863	4.5878	4.9569	5.2246	5.4348	5.6076	5.7544	5.8818
23	3.9702	4.5657	4.9307	5.1952	5.4027	5.5733	5.7181	5.8438
24	3.9555	4.5456	4.9068	5.1684	5.3735	5.5420	5.6850	5.8092
25	3.9420	4.5272	4.8850	5.1439	5.3468	5.5135	5.6549	5.7775
26	3.9297	4.5104	4.8650	5.1215	5.3223	5.4873	5.6272	5.7485
27	3.9183	4.4948	4.8466	5.1008	5.2998	5.4632	5.6017	5.7218
28	3.9078	4.4805	4.8296	5.0817	5.2790	5.4409	5.5782	5.6972
29	3.8981	4.4672	4.8138	5.0640	5.2597	5.4203	5.5564	5.6743
30	3.8891	4.4549	4.7992	5.0476	5.2418	5.4012	5.5361	5.6531
35	3.8520	4.4044	4.7393	4.9804	5.1685	5.3227	5.4532	5.5662
40	3.8247	4.3672	4.6951	4.9308	5.1145	5.2648	5.3920	5.5020
45	3.8036	4.3385	4.6612	4.8927	5.0730	5.2204	5.3450	5.4527
50	3.7870	4.3159	4.6343	4.8625	5.0401	5.1852	5.3078	5.4137
60	3.7622	4.2822	4.5944	4.8178	4.9913	5.1330	5.2525	5.3558
80	3.7317	4.2407	4.5453	4.7627	4.9313	5.0687	5.1845	5.2845
100	3.7136	4.2162	4.5163	4.7301	4.8957	5.0306	5.1442	5.2422
9999	3.6435	4.1212	4.4039	4.6041	4.7584	4.8836	4.9887	5.0791

注）この表はRのqtukey関数より計算したものである。

付表17 ハートレイの検定（5％）

縦の数値は繰り返し数、横の数値は比較する群（水準）数を示している。

	2	3	4	5	6	7	8	9	10
2	39.0	87.5	142	202	266	333	403	475	550
3	15.4	27.8	39.5	50.9	62.0	72.8	83.5	93.9	104
4	9.60	15.5	20.6	25.2	29.5	33.6	37.5	41.2	44.8
5	7.15	10.8	13.7	16.3	18.7	20.9	22.9	24.8	26.6
6	5.82	8.36	10.4	12.1	13.6	15.0	16.3	17.5	18.6
7	4.99	6.94	8.44	9.70	10.8	11.8	12.7	13.5	14.3
8	4.43	6.00	7.19	8.17	9.02	9.77	10.5	11.1	11.7
9	4.03	5.34	6.31	7.11	7.79	8.40	8.94	9.44	9.90
10	3.72	4.85	5.67	6.34	6.91	7.41	7.86	8.27	8.64
11	3.47	4.46	5.18	5.75	6.24	6.67	7.05	7.39	7.71
12	3.28	4.16	4.79	5.30	5.72	6.09	6.42	6.72	6.99
13	3.12	3.91	4.48	4.93	5.30	5.63	5.92	6.18	6.42
14	2.98	3.71	4.22	4.62	4.96	5.25	5.51	5.74	5.96
15	2.86	3.53	4.00	4.37	4.67	4.94	5.17	5.38	5.57
16	2.76	3.38	3.81	4.15	4.43	4.67	4.88	5.08	5.25
17	2.67	3.25	3.65	3.96	4.22	4.44	4.64	4.81	4.97
18	2.60	3.14	3.51	3.80	4.04	4.25	4.43	4.59	4.74
19	2.53	3.04	3.39	3.66	3.88	4.07	4.24	4.39	4.53
20	2.46	2.95	3.28	3.53	3.74	3.92	4.08	4.22	4.35
21	2.41	2.87	3.18	3.42	3.62	3.79	3.93	4.06	4.18
22	2.36	2.80	3.09	3.32	3.51	3.66	3.80	3.93	4.04
23	2.31	2.73	3.01	3.23	3.40	3.56	3.69	3.80	3.91
24	2.27	2.67	2.94	3.14	3.31	3.46	3.58	3.69	3.79
25	2.23	2.61	2.87	3.07	3.23	3.37	3.48	3.59	3.68
26	2.19	2.56	2.81	3.00	3.15	3.28	3.40	3.50	3.59
27	2.16	2.52	2.75	2.93	3.08	3.21	3.32	3.41	3.50
28	2.13	2.47	2.70	2.88	3.02	3.14	3.24	3.33	3.42
29	2.10	2.43	2.65	2.82	2.96	3.07	3.17	3.26	3.34
30	2.07	2.40	2.61	2.77	2.90	3.01	3.11	3.19	3.27
40	1.88	2.12	2.28	2.40	2.50	2.58	2.65	2.72	2.77
60	1.67	1.84	1.96	2.04	2.11	2.16	2.21	2.25	2.29
120	1.43	1.54	1.60	1.65	1.69	1.72	1.74	1.77	1.79
9999	1.00	1.00	1.00	1.00	1.00	1.00	1.00	1.00	1.00

引用）山内二郎(1972)統計数値表, 日本規格協会：東京, pp. 72-75.

付表１８ ハートレイの検定（１％）

縦の数値は繰り返し数、横の数値は比較する群（水準）数を示している。

	2	3	4	5	6	7	8	9	10
2	199	447	729	1036	1362	1705	2063	2432	2813
3	47.5	84.6	120	154	187	219	251	282	313
4	23.2	36.7	48.4	59.1	69.0	78.3	87.2	95.7	104
5	14.9	22.1	27.9	33.0	37.6	41.9	45.8	49.5	53.1
6	11.1	15.6	19.2	22.2	24.9	27.3	29.6	31.7	33.6
7	8.89	12.1	14.5	16.6	18.4	20.0	21.5	22.8	24.1
8	7.50	9.94	11.8	13.3	14.6	15.7	16.8	17.7	18.6
9	6.54	8.49	9.93	11.1	12.1	13.0	13.8	14.5	15.2
10	5.85	7.46	8.64	9.59	10.4	11.1	11.7	12.3	12.8
11	5.32	6.70	7.68	8.48	9.15	9.73	10.3	10.7	11.2
12	4.91	6.10	6.95	7.63	8.20	8.69	9.13	9.53	9.89
13	4.57	5.63	6.37	6.96	7.46	7.88	8.26	8.61	8.92
14	4.30	5.25	5.91	6.43	6.86	7.24	7.57	7.87	8.14
15	4.07	4.93	5.52	5.99	6.37	6.71	7.00	7.27	7.51
16	3.87	4.66	5.20	5.62	5.97	6.27	6.53	6.77	6.98
17	3.71	4.43	4.92	5.30	5.62	5.90	6.14	6.35	6.54
18	3.56	4.23	4.68	5.04	5.33	5.58	5.80	5.99	6.17
19	3.43	4.05	4.48	4.80	5.07	5.30	5.50	5.68	5.85
20	3.32	3.90	4.29	4.60	4.85	5.06	5.25	5.42	5.57
21	3.22	3.76	4.13	4.42	4.65	4.85	5.02	5.18	5.32
22	3.12	3.64	3.99	4.26	4.48	4.66	4.82	4.97	5.10
23	3.04	3.53	3.86	4.11	4.32	4.49	4.65	4.78	4.90
24	2.97	3.43	3.74	3.98	4.18	4.34	4.49	4.61	4.73
25	2.90	3.34	3.64	3.86	4.05	4.21	4.34	4.46	4.57
26	2.84	3.26	3.54	3.76	3.93	4.08	4.21	4.32	4.43
27	2.78	3.18	3.45	3.66	3.83	3.97	4.09	4.20	4.30
28	2.72	3.11	3.37	3.57	3.73	3.86	3.98	4.08	4.18
29	2.67	3.05	3.30	3.49	3.64	3.77	3.88	3.98	4.07
30	2.63	2.99	3.23	3.41	3.56	3.68	3.79	3.88	3.97
40	2.30	2.56	2.74	2.87	2.97	3.06	3.14	3.20	3.26
60	1.96	2.15	2.26	2.35	2.42	2.47	2.52	2.57	2.61
120	1.61	1.71	1.77	1.82	1.86	1.89	1.91	1.94	1.96
9999	1.00	1.00	1.00	1.00	1.00	1.00	1.00	1.00	1.00

引用）山内二郎(1972)統計数値表, 日本規格協会：東京, pp.72-75.

Excel関数一覧

関数名	説明
AVERAGE	平均を求める
BINOMDIST	二項分布の確率を求める
CHIINV	自由度と確率に対するχ^2値を求める
CHITEST	χ^2検定を行い、分布上の確率を求める
COMBIN	組み合わせを求める
CONFIDENCE	母平均の信頼限界を求める
CORREL	相関係数を求める
FACT	階乗を求める
FINV	2つの自由度に対するF値を求める
FISHER	フィッシャーのz変換をする
FISHERINV	フィッシャーの逆z変換をする
FORECAST	回帰式による予測値を求める
FREQUENCY	度数分布表を求める
FTEST	F検定を行い、分布上の確率を求める。
INTERCEPT	回帰式の定数項（切片）を求める
KURT	尖度を求める
MAX	最大値を求める
MEDIAN	メジアンを求める
MIN	最小値を求める
MODE	モードを求める
NORMDIST	正規分布のz値に対する確率を求める
NORMSINV	正規分布の確率に対するz値を求める
PERMUT	順列を求める
QUARTILE	パーセンタイルランクを求める
RANDBETWEEN	乱数を求める
RANK	順位を求める
SKEW	歪度を求める
SLOPE	回帰式の回帰係数（傾き）を求める
STANDARDIZE	標準得点（z得点）を求める
STDEV	母標準偏差を求める
STDEVP	標本標準偏差を求める
SUMPRODUCT	積和を求める
SUMSQ	二乗和を求める
TINV	自由度と確率に対するt値を求める
TTEST	t検定を行い、確率を求める
VAR	母分散を求める
VARP	標本分散を求める
ZTEST	正規検定を行い、確率を求める

引用・参考文献

1. 安藤貞一、田坂誠男(1986)『実験計画法入門』日科技連.
2. 青柳領(1997)『BASICによる体育情報処理入門』櫂歌書房.
3. 青柳領(1997)『電卓による体育統計学』櫂歌書房.
4. エクスメディア(1997)『超図解Excel97基礎編』エクスメディア.
5. エクスメディア(1997)『超図解Excel97関数編』エクスメディア.
6. エクスメディア(1997)『超図解Excel97応用編』エクスメディア.
7. エクスメディア(1999)『Excel関数活用SUPER MASTER』エクスメディア.
8. 遠藤健治(1996)『Excel, SAS, SPSSによる統計入門』培風館.
9. Graham,A. (1999) "Statistics," Teach Yourself Books.
10. 芳賀敏郎、橋本茂司(1989)『統計解析プログラム講座3　実験データの解析(1)』日科技連.
11. 芳賀敏郎、橋本茂司(1990)『統計解析プログラム講座4　実験データの解析(2)』日科技連.
12. 肥田野直、瀬谷正敏、大川正明(1961)『心理・教育統計学』培風館.
13. Howell,D.C. (1997) "Statistical Methods for Psychology, 4th Edition," Duxbury Press.
14. 池田央(1989)『統計ガイドブック』新曜社.
15. 池田央(1976)『統計的方法Ⅰ　基礎』新曜社.
16. 石川馨、中里博明、松本洋、伊東静男(1963)『初等実験計画法テキスト』日科技連.
17. 石川馨、米山高範(1963)『QCシリーズ19　分散分析入門』日科技連.
18. 石村貞夫(1992)『分散分析のはなし』東京図書.
19. 石村貞夫(1997)『SPSSによる分散分析と多重比較の手順』東京図書.

20. 岩原信九郎(1965)『教育と心理のための推計学』日本文化科学社.

21. 和泉貞男(1978)『体育統計学』道和書院.

22. Kanji,G.K. (1999) "100 Statistical Tests" SAGE Publications.

23. 小林龍一(1972)『相関・回帰分析入門』日科技連.

24. 松田岩男(1976)『運動心理学入門』大修館書店.

25. 松浦義行(1980)『統計解析学(Ⅰ)』逍遥書院.

26. 松浦義行(1981)『統計解析学(Ⅱ)』逍遥書院.

27. Morehouse,C.A. and Stull,G.A. (1975) "Statistical Principles and Procedures with Applications for Physical Education," Lea & Febiger.

28. 永田靖(2000)『入門実験計画法』日科技連.

29. 永田靖、吉田道弘(1997)『統計的多重比較法の基礎』サイエンティスト社.

30. 中村義作(1997)『よくわかる実験計画法』近代科学社.

31. 中里博明(1967)『統計的手法(Ⅰ)』日科技連.

32. 直井優(1983)『社会調査の基礎』サイエンス社.

33. 佐藤信(1985)『統計的官能検査法』日科技連.

34. Thomas,J.R. and Nelson,J.K. (1985) "Introduction to Research in Health, Physical Education, Recreation, and Dance," Human Kinetics.

35. 内田治(1999)『すぐわかるEXCELによる実験データの解析』東京図書.

36. 山内光哉(2008)『心理・教育のための分散分析と多重比較－エクセル・SPSS解説付き－』日科技連.

37. 吉川英夫(1977)『統計解析手順集』日科技連.

38. 吉川英夫(1984)『電卓による統計解析手順集』日科技連.

〈著者略歴〉

青柳　　領（あおやぎ・おさむ）

1954 年	千葉県生まれ
1977 年	東京教育大学体育学部卒業
1984 年	筑波大学体育科学研究科博士課程修了
	筑波大学体育科学系文部技官を経て
1986 年	福岡大学体育学部講師
1993 年	福岡大学体育学部教授
現　在	福岡大学スポーツ科学部教授
	教育学博士，第 2 種情報処理技術者
専　門	スポーツ情報処理，スポーツ統計学，体力測定及び評価，発育発達老化
著　書	『UNIX によるスポーツ統計学』九州大学出版会（単著），『Excel によるスポーツ統計学』九州大学出版会（単著），『数理体力学』朝倉書店（分担執筆），『新訂　体育の測定・評価』第一法規（分担執筆），『Excel・VBA による組み合わせ抽選』九州大学出版会（単著），『体育科教員のための Excel による OR 事例集』九州大学出版会（単著）

新版　スポーツ統計学概論
基礎から学ぶスポーツ科学実験計画法

2002 年 4 月 15 日　初版発行
2005 年 4 月 15 日　増補版発行
2011 年 4 月 30 日　新版発行

著　者　青　柳　　　領

発行者　五十川　直　行

発行所　（財）九州大学出版会
〒812-0053　福岡市東区箱崎 7-1-146
九州大学構内
電話　092-641-0515（直通）
振替　01710-6-3677
印刷・製本／大同印刷㈱

© 2011 Printed in Japan　　　　ISBN 978-4-7985-0051-5